Jakob Haringer

Du bist für keinen Stern,
kein Glück geborn!

Leben, Prosa & Lyrik
Eingeleitet und ausgewählt
von Dieter Braeg

Die Buchmacherei

Erste Auflage 2018

Die Buchmacherei
Postfach 61 30 46
10964 Berlin
Tel: 030 / 81 85 77 59
Fax: 03212 - 103 29 81
Mail: diebuchmacherei@gmx.net
URL: www.diebuchmacherei.de

ISBN 978-3-00-057859-5

Wir danken dem Magistrat für Kultur, Bildung und Wissen der Stadt
Salzburg für die Gewährung eines Buchkostenzuschusses.

Lektorat: Camilla Elle
Satz, Layout, Titelgestaltung: Camilla Elle
Titelbild: Paul Klee, „Mit der dunkelgelben Kugel"
Druck: Pro Business Digital Printing, Berlin

Du bist für keinen Stern,
kein Glück geborn!

Vorwort

„Ich lebe zu einsam, um einsam zu sein. Aber von Goethe möchte ich nichts geschrieben haben. Schon deshalb nicht, weil ich ihn dann mit dem teutschen Professorendreckgeschwerl und allen übrigen Hakenkreuzlern gemein hätte, die alle die Dummheit gepachtet und keine zwanzig Zeilen in ihrem Leben schreiben, ohne sich auf ihn zu berufen, Ihn zu zitieren. Wo nimmt die Bande nur die Frechheit her, vom Großen Hellenen zu quitschen.“

In seiner gänzlich eigenen Interpretation der deutschen Rechtschreibung rechnet Jakob Haringer 1928 in dem Text „Leichenhaus der Literatur oder über Goethe“ mit dem Literaturbetrieb ab.

Die in diesem Buch veröffentlichten Gedichte und Texte wollen den Dichter Jakob Haringer ein wenig jener Vergessenheit entreißen, die dem von Bestsellerlisten getriebenen Literaturbetrieb eigen ist, in dem kaum Zeit bleibt, sich um in Vergessenheit geratene Werke zu bemühen. Haringers „Räubermärchen“ passt mit seiner beißenden Kritik an Hierarchie und Bürokratie auch in die heutige Zeit. Seine nach 1933 in verschiedenen österreichischen Zeitungen und Zeitschriften abgedruckten Texte („Ich, der Kater Josef Mayer“, „Der Affe als Heiratsvermittler“, „Nekrolog auf die arme Dienstmagd Leopoldine Weiss“, „Die Heimkehr“ und „Der Bürger von Russo“) zeigen, wie sehr er ein Schreibender war, was er sah, was er empfand, wie er lebte und erlebte. Seine Begegnungen mit den Menschen und Gegenden, vor allem im bayerisch-österreichischen Grenzgebiet, finden sich in vielen Gedichten wieder. Salzburg, Bad Reichenhall oder Wien werden durch ihn in einer Weise lebendig, die mitunter an Georg

Trakl und Haringers Text „Über die Liebe zu Büchern" erinnert. In einer Zeit, die den Untergang der gedruckten Magie verkündet, ist er heute aktueller denn je.

Peter Härtling schrieb im März 1962 in der Zeitschrift *Der Monat*: „*Die Pilger wie die Gaukler werden gern vergessen, wenn sie das Nichts erreicht haben. Ihre Gestalt geht auf ins Unsichtbare, nach dem sie sich gesehnt haben. Was sie zurückließen, das sollte gepflegt werden. Es ist eine Form des Gedenkens, die am Ende Freude macht. Und Jakob Haringer war der letzte deutsche Dichter, der sich vor dem unerreichbaren Bild der Blauen Blume verneigte.*"

Im Jahre 1988 erschien, herausgegeben von Hildemar Holl, die 206 Seiten starke Sammlung ausgewählter Lyrik, Prosa und Briefe Jakob Haringers mit dem Titel „Aber des Herzens verbrannten Mühle tröstet ein Vers" im österreichischen *Residenz Verlag*. Anlass war wohl auch der Beschluss des Salzburger Gemeinderates, eine Straße nach dem in Vergessenheit geratenen Dichter zu benennen. Nach 30 Jahren ist es nun abermals an der Zeit an diesen Dichter, der im Grenzgebiet Bad Reichenhall-Salzburg viele Jahre lebte und dichtete und dabei Freundschaften wie Feindschaften pflegte, zu erinnern. Neben einer Auswahl seiner Prosa und Dichtung werden wir uns auf die Suche nach Zeugen und Bekundungen seines Lebens und seines Lebenswandels begeben, die es uns erlauben, einen tieferen Blick in diese Dichterseele zu werfen.

Die der eigentlich harmlosen „Teppichschmuggelaffäre" entsprungenen Aktenberge sind dabei ebenso Auskunftsquelle über Person und Denkart des Dichters wie bisher unveröffentlichte Gutachten und Briefe von Förderern. Darunter etwa Alfred Döblin, der Haringer als einen der „genialsten Dichter des neuen Deutschland" lobte. In dem beim *Gustav Kiepenheuer Verlag* im Jahre 1925 veröffentlichten Band „Dichtungen" schreibt Döblin in einer Beilage „Einen Gruß für Jakob Haringer als Vorrede zu seinen Dichtungen": „*... Es gibt in der deutschen Lyrik feine Köpfe, kluge Herzen, die manches fühlen, gute Geschmäcker, tüchtige Könner, die es ernst mit ihrer Arbeit nehmen. Dieser Typ ist unerwartet da: Ein lyrischer Poet, ins Heute verschlagen, ein beständig hintapsender Träumer; der wirkliche, komplette, kranke, verängstigte, psychopathische Romantiker. Manche Lyriker hatten das teilweise, manche spielen es. Er ist es, durch Geschick,*

Unglück, konstitutionell . . . Haringer ergeht sich lässig, einfach, bis zum Knittelvers, bis zur Trivialität. Er ist bloß Mensch, kein repräsentierender deutscher Dichter."

Neben den im Literaturhaus der Dokumentationsstelle für neue österreichische Literatur Wien gesammelten Briefen und Zeugnissen ist die größte Sammlung von Dokumenten zu Jakob Haringers Leben und Werk in der Schweizer Nationalbibliothek zu finden. Dieser Nachlass umfasst Manuskripte, Typoskripte, amtliche Akten, Einzelblätter, Zettel, Zeitungsausschnitte und Briefe von Haringer selbst, darunter Briefwechsel mit Wilhem Altwegg, Francois Bondy, Hermann Hesse, Paul Ilg, Otto Karrer, Ossip Kalenter, Gertrud Kurz, Emil Ludwig, Hans Oprecht, Fritz Strich und Hans Zbinden. Zusammen mit den Akten aus dem Staatsarchiv München sind dies die Quellen zur Kenntnis über Leben und Werk Jakob Haringers. Sie laden zu weiteren Recherchen und vertiefenden Studien ein. Mitunter wurden der vorliegenden Recherche Grenzen gesetzt, beispielsweise sind gerade Haringers Handschriften nicht ohne größere Ausgaben zu entziffern oder etwa die Auflagen zur Arbeit in den Archiven mitunter sehr hoch. Ohne zeitgemäße Behandlung des Materials in den nächsten Jahren dürfte darüber hinaus ein Teil der Sammlung aufgrund seines schlechten Zustandes nicht mehr zu retten sein.

Im Anhang des Buches findet sich darüber hinaus erstmals die vollständige Kritik zu Haringers Werk von E. Wolfram aus der Nazi-Kulturzeitschrift *Nationalsozialistische Monatshefte*. Der Herausgeber und Dichter Theodor Sapper, der im Jahre 1965 im *Stiasny Verlag*, Graz, den Band „Der Hirt im Mond" mit Haringers Texten veröffentlichte, schildert in den handschriftlichen Anmerkungen „Allererste Begegnung mit Jakob Haringer" seine Eindrücke vom Leben und Schaffen des Dichters. Als Zugabe findet sich im Anhang ein Originalnachdruck von Haringers Zeitschrift *Die Einsiedelei – Ein Stundenblatt* Nr. VIII. bis Nr. XV, die selbst antiquarisch kaum mehr zu finden ist.

Dieter Braeg, Januar 2018

LEBEN

M it 17 Jahren war ich, gerade fertig ausgelernter Großhandelskaufmann, nicht nur Science-Fiction-Fan, sondern auch an Literatur interessiert. Im Bahnhof von Zell am See, (Land Salzburg/Österreich), dem Ort, der sich „Bergstadt" nannte und heute noch nennt, gab es einen Zeitschriftenkiosk, bei dem man neben *Utopia-Großbänden* vom *Pabel Verlag*, auch die *Akzente-Zeitschrift für Dichtung* erstehen konnte. In dieser fand ich 1957 einen Text über Haringer. Was ich hier über den Autor las, beeindruckte mich sehr. Der Schriftsteller und Literaturkritiker Paul Hühnerfeld, der bei der *Zeit* bis 1957 Feuilleton-Chef war, schrieb damals in seinem *Versuch über Jakob Haringer*:

> „Dies ist in wenigen Sätzen der Steckbrief des Vergessenen: Am 16. März 1883 zu Dresden geboren, bürgerliches Elternhaus, Gymnasium, Abitur, Studium, Doktor der Philosophie in Königsberg, gibt seinen ersten Gedichtband „Das Marienbuch des Jakob Haringer" „im Unglücksjahr 1917" (so Haringer im Untertitel) heraus. In den zwanziger Jahren weitere Werke: „Abschied", „Heimweh", „Ufer im Regen" werden die bedeutendsten. 1925 Gerhard-Hauptmann-Preis, 1926 Kleist-Preis – und damit Inhaber der beiden wichtigsten deutschen Literaturauszeichnungen. Dennoch schwimmt er gegen den Strom, schreibt ein wüstes Pamphlet gegen Goethe, den er einen „literarischen Freibeuter" und „Kellner nennt, welcher „nie in der Einsamkeit rang". 1936 emigrierte Haringer vor Hitler, den er glühend hasste, nach Salzburg. 1938 weiter in die Schweiz. In großer Armut, nur von wenigen Schweizer Freunden, vor allem von dem Basler Mäzen Dr. Richard Doetsch-Benziger, unterstützt, lebt er seine letzten Jahre in Köniz bei Bern – auch nach 1945 nicht wiederentdeckt. Am 3. April 1948 stirbt er, vollkommen vergessen und unbeachtet in Zürich."

Schon beim Geburtsdatum fängt jene seltsame „Datenvielfalt" an, die wir bei Haringer häufiger antreffen werden. Sie betrifft neben dem

Geburtsdatum auch seine Wohnorte, Titel, Literaturpreise und seine tatsächlichen Lebensumstände. Allein zum Geburtsdatum gibt es nach seinem Tod große Verwirrung.

Er starb am 3. April 1948 in Zürich. Die *Neue Zeitung* vom 11. April 1948 meldete, er sei „… dreiundsechzig Jahre alt in Zürich gestorben." Der *Pustet Verlag* in Salzburg teilte in seinem *Salzburger Almanach* mit, Haringer sei 1888 im Bayerischen geboren. Bei Haringers Realschule in Traunstein findet sich das Geburtsjahr 1897 vermerkt und das Autorenlexikon *Kutzbach* ist flexibel, hier heißt es, 1883 oder 1898 sei sein Geburtsjahr. Nach *Kürschners Deutschem Literaturkalender* von 1924 wurde Haringer am 16. März 1893 geboren.

Laut Geburtsregister des Standesamtes III in Dresden ist Haringer jedoch am 16. März 1898 in Dresden-Neustadt als Johann Franz Albert zur Welt gekommen. Nach diesen wenigen Daten also beginnt das Abenteuer Jakob Haringer.

Das folgende Gedicht zeichnet ein erstes Bild einer Gemütsverfassung, die für den Dichter ausgesprochen typisch werden soll. Es ist in der *Weltbühne*, XXII. Jahrgang, Nummer 42 vom 19. Oktober 1926 erschienen:

Die Bestimmung

Wieder ein Vorbei, das lächelnd blutet,
Wieder eine Nacht die ewig schreit,
Du kleines Schiff, das durch die Nebel tutet,
Was trägst du diese bittre Ewigkeit.
O so allein die Sterbstund' verprassen,
Vertröst mich keines Heil'gen arger Tod,
Kein Morgenstern grünt an die Menschengassen,
Und keine Wirtin bringt mir weißes Brot.
Kein goldnes Einmaleins sprießt silbrig Dolden,
An keiner Brücke harrt ein junges Weib,
Die letzten Stern' im Menschensand verrollten,
Und war so schön dein blonder Frühlingsleib,

Vorbei die Verse, die verliebt gewunken,
Zerfetzt ihr Fahnen, die so pfingstlich tau'n.
Vielleicht find' wieder ich zu mir Verklungnem,
Und morgen wird' ich keinen Himmel schau'n.

In der gleichen Ausgabe der *Weltbühne* ist denn auch einige Seiten weiter, ohne Angaben eines Verfassers, in der Rubrik *Antworten* folgendes zu lesen:

Menschenfreunde

„Von Jakob Haringer sind erschienen: „Dichtungen" (im Verlag Gustav Kiepenheuer); „Kind im grauen Haar" und „Das Räubermärchen" (im Frankfurter Iris Verlag); „Das Marienbuch" (im Amsterdamer Verlag Christof Brundel); und ein paar Privatdrucke. Wie Jakob Haringer dichtet? Das sagen die Verse in dieser Nummer. [Es war allerdings nur ein Gedicht!] Wie Jakob Haringer lebt? Das sagt folgender Brief von Alfred Pabst: „Haringer 'wohnt' in einem Keller, der feucht ist, so daß Bücher und Bilder schimmeln, und der nur notdürftig durch eine Gasflamme erhellt werden kann. Sein Bett ist eine Matratze am Fußboden. Da er bisher für seine ‚Dichtungen', die ihn berühmt gemacht haben, zwar den Gerhard-Hauptmann-Preis, aber noch keinen Pfennig Honorar erhalten hat, so hungert er. Selbstverständlich haben Keller und Gas (das auch am Tage brennen muß) seine Gesundheit zerrüttet. Und ebenso selbstverständlich ist es ihm in diesem feuchten Loch, bei dieser Beleuchtung und dank diesem Mangel an Nahrung unmöglich, geistig und künstlerisch zu arbeiten. Hier vollzieht sich in aller Stille das bekannte deutsche Dichterschicksal. Wenn Haringer verreckt sein wird, werden wir uns vor scheinheiligen Nekrologen nicht retten können. Da wollen wir doch lieber ihn retten. Jakob Haringer besitzt von vieren seiner Werke 25 - 100 Stück. Sie kosten 2,3,4, und 6 Mark. Außerdem besitzt er von dem Privatdruck „Die Einsiedelei" 40 Exemplare zum Preise von je 20 Mark. Laßt euch davon kommen, was Ihr bezahlen könnt. Die Adresse des Dichters ist: Bad Reichenhall."

Mir liegen verschiedene Buchausgaben über und von Jakob Haringer vor, herausgegeben von Paul Heinzelmann („Jakob Haringer in memoriam", *Steinklopfer-Verlag* 1955, 2. Auflage 1963), Peter Härtling („Lieder eines Lumpen", *Werner Classen Verlag* 1962 und *Der Monat* Nr. 162, März 1962), Theodor Sapper (1965), Jürgen Serke (1979/1980) und Wulf Kirsten (1982). In den Texten dieser fünf Herausgeber entsteht ein verwirrendes Bild von Haringers Lebenslauf, der, wie nicht nur Wulf Kirsten feststellt, von Haringer selbst erfunden wurde. Haringers Doktor der Philosophie und seine Literaturpreise sind, ebenso wie einige seiner Beschreibungen des eigenen Befindens, nach Karl Kraus „Grubenhunde" und würden heute wohl als Enten oder Tartarenmeldungen firmieren. Die meisten aufklärenden Fakten hat Werner Amstadt im Jahre 1966 in seiner Dissertation „Jakob Haringer – Leben und Werk"[1] zusammengetragen, die leider nur in wenigen Archiven zu finden ist.

Wie Haringer seine eigenen Lebensumstände beschrieb, erfahren wir aus dem folgenden, auf 1932 datierten Text, den er in Form einer A4 Seite zahlreichen Bettelbriefen beilegte:

Mein Leben

Schließlich muss mich auch eine Mutter geboren haben. Ich weiß es nimmer. Ich bin heimatlos, habe nie auf Erden einen treuen Freund gefunden. Mein einsames Bett verweint in ewiger Erinnerung an die paar kleinen Mädel, die mich auch so bald wieder verlassen. Bei mir schläft keine Frau und ziert mein karges Nachtmahl mit mütterlichen Rosen. Ich habe meine schönsten Verse, Märchen, Erzählungen als Kind geschrieben. Sie wurden alle von einem wütenden Vater vernichtet, denn ich sollte ja lernen, um was Tüchtiges zu werden. Mein Rektor Metschnabel nannte mich immer einen windigen Dichterling. Meine Jugend war unsäglich einsam. Ich habe sie zu Salzburg verbracht, das immer wieder lockt, mich dort begraben zu lassen. – Meine einzige Freude war: ein Klavier. Ich wurde als Wunderkind

---

1 Werner Amstadt: „Jakob Haringer – Leben und Werk" 1966, Dissertation Universität Freiburg/ Schweiz.

bestaunt. Aber ich bekam oft Ohrfeigen, denn der Vater wollte seine Zeitung in Ruhe lesen. Mein ganzes Leben war ein furchtbares Auf-schreien. Weinen. Ich habe all mein Leid, mein Unglück in meine Dichtung gepresst. Wer mein Leben finden will, lese sie. Die Lawinen der Trauer, des Verzweifelns zerdonnern mich. Ich wundere mich, dass ich noch leben darf. Gott hat mich vergessen.

Ich habe über 30 Werke geschrieben, aber man schickt mir seit Jahren die Gendarmen auf den Hals, denn: „A so a Rotzbua ko do koa Schriftstölla sei, a Schriftsälla muaß do a Geld habn, aba der Depp hot do koa Geld." Die Gendarmerie rät mir immer eine nützliche Arbeit zu ergreifen. Aber ich bin krank, ich kann nicht wie früher Lastträger, Ausgeher, Fabrikarbeiter sein. Meine Gemeinde möchte mich ins Irrenhaus stecken. Sie fürchtet, ich könnte ihr eines Tages zur Last fallen.

*Es sind nicht zehn Menschen in Deutschland und Oesterreich, die um mich wissen. Wenn ich heute ganz tot bin, werde ich sicher als einer der größten Dichter „gefeiert". Du lieber Himmel, was feiern die Deutschen nicht alles. Ich bekomme oft monatelang keinen Brief, keine Ansichtskarte. Meine Einsamkeit würgt und steinigt mich jede Sekunde. Wenn ich doch einen schönen Traum hätte. Ich liege im Spital. Betrachte die Tage her mit hilflosen Kinder – und Greisenaugen, die grauen Wände des Zimmers und die grauen Wolken des Himmels. In den Gängen schlürfen uralte Männlein und Weiblein. Ein Handwerksbursche, der ein paar Tage bleiben darf, pfeift sich ein Lied. Ich möchte heulen wie ein – Hund.
Und das Leben könnte so schön sein – . . . .*

Mein Leben war und ist das eines jeden Menschen, der Augen und ein Herz hat. Man weiß, dass alles Schöne vergänglich ist, das Leid aber und der Kummer bleiben – und die Sehnsucht verbrennt uns. Was mich freut, sind ein spielendes Kind, ein süßer Walzer von

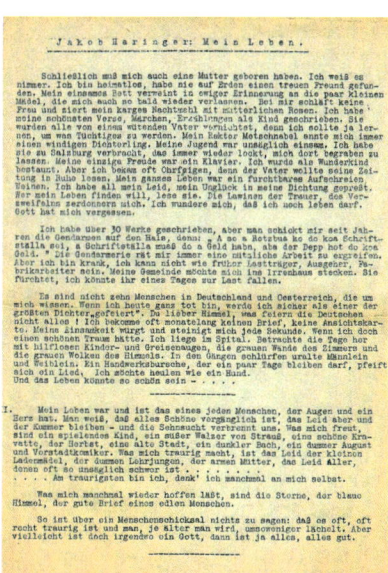

Strauß, eine schöne Krawatte, der Herbst, eine alte Stadt, ein dunkler Bach, ein dummer August und Vorstadtkomiker. Was mich traurig macht, ist das Leid der kleinen Ladenmädel, der dummen Lehrjungen, der armen Mütter, das Leid Aller, denen oft so unsäglich schwer ist .... Am traurigsten bin ich, denk ich manchmal an mich selbst.

Was mich manchmal wieder hoffen lässt, sind die Sterne, der blaue Himmel, der gute Brief eines edlen Menschen.

So ist über ein Menschenschicksal nichts zu sagen: dass es oft, oft recht traurig ist und man, je älter man wird, umsoweniger lächelt. Aber vielleicht ist doch irgendwo ein Gott, dann ist ja alles, alles gut.

Trotz seiner Geburt in Dresden fühlte sich Jakob Haringer als Bayer. Seine Mutter Franziska Albert kam am 20. Dezember 1874 als eines der zahlreichen Kinder des römisch katholischen Volksschullehrers Sebastian Albert in Kirchberg im Bezirk Eggenfelden zur Welt. „*Bei den schlechten Einkommensverhältnissen des Lehrers damals und bei der großen Kinderzahl* (sechs Mädchen und drei Jungen) *wuchsen die Albertkinder sehr einfach auf. Sie wurden von jung an zur Arbeit angehalten und streng religiös erzogen*", berichtet Hilda Stelzenberger,[2] eine Kusine von Haringer, über den Familienhintergrund. Haringers Mutter arbeitete nach dem Ende ihrer Schulzeit in einem Kaufhaus in Taufkirchen und wurde zur Verkäuferin ausgebildet. Später war sie als Ladnerin in München in einem Tabakladen beschäftigt. In München lernte sie den Vater ihres Sohnes kennen und

---

2 Hilda Stelzenberger teilte dies vor 1966 Werner Amstadt schriftlich mit. Ebd.

lieben. Johann Baptist Haringer war jedoch verheiratet. Franziska Albert verließ vor der Geburt des Knaben München, reiste nach Dresden und brachte dort in der Markgrafenstraße 16[3] einen Sohn zur Welt. Kurze Zeit darauf erkannte der in München wohnende Bücherreisende Johann Baptist Haringer beim Königlich Bayerischen Amtsgericht in München die Vaterschaft an. Ein Jahr später kam am 17. Dezember 1899 in München die Tochter Franziska Pauline Albert zur Welt. Franziska Albert blieb – darauf hoffend, den Vater ihrer beiden Kinder heiraten zu können – in München und betrieb dort „Kleinkrämereigeschäfte".

Im Jahre 1908 wurde die erste, lange zerrüttete Ehe von Johann Baptist Haringer dann geschieden. Die Trauung mit Franziska Maria Theresia Albert fand am 17. August 1908 vor dem Standesamt München in der Mariahilfstraße statt. Die Familie zog im Herbst 1908 von München nach Salzburg.

Hilda Stelzenberger notiert: „*Haringer wollte immer schon zurück nach Österreich, so hatte Franziska das Geschäft an der Pariser Straße in München aufgegeben. Sie hoffte auch durch die Pacht einer Gastwirtschaft mehr zu verdienen, und es war ihr lieb, dass ihr Mann nun zu Hause mitarbeiten konnte und nicht mehr dauernd auf Geschäftsreisen gehen musste, von denen er wenig zum Unterhalt der Familie heimbrachte.*"

In Hellbrunn nahe der Stadt Salzburg, damals noch per Kleinbahnlinie erreichbar, betrieben die Eheleute nun für kurze Zeit ein Bahnhofsrestaurant. Anschließend lebte man bis zum Frühjahr 1910 in der Stadt Salzburg. Der Sohn besuchte ab September 1910 die Realschule in Traunstein und auch das Ehepaar siedelte nach Traunstein (Sonnenstraße, Haslacherstraße, Marienstraße) über, zog aber im Jahre 1914 wieder zurück nach Hellbrunn. Die Suche nach einer einträglicheren Arbeit samt eines Wohnortes des Ehepaars ging weiter. Aus den Meldedaten der Stadt Salzburg geht hervor, dass Jakob Haringer vom 3. Mai 1914 bis 17. Februar 1915 in der Feinkosthandlung Ludwig Bachmayer in der Getreidegasse 38 als Lehrling beschäftigt war.

1916 übernahmen Haringers Eltern in Simbach am Inn den *Simbacher*

---

3 Diese wurde im Jahre 1946 wurde in Rothenburger Straße umbenannt.

Hof, um darauf, im Jahre 1919, nach Braunau zu ziehen. 1923 kehrte man nach Simbach zurück und wechselte im Jahre 1925 abermals den Wohnsitz. In Aigen bei Salzburg lebten die Eheleute dann bis zum Jahre 1936 und führten dort sehr erfolgreich das *Schloss-Restaurant* in Pacht. Kurz vor Beginn des zweiten Weltkriegs kauften sie in der Stadt Salzburg in der Rottmayrstraße ein Geschäftshaus, in dem noch kurze Zeit eine Gemischtwarenhandlung betrieben wurde. Johann Baptist Haringer starb im Alter von 81 Jahren halb erblindet am 15. August 1941 in einem Salzburger Altersheim. Franziska Pauline Haringer, geborene Albert, starb verarmt am 7. Mai 1946 nach kurzem Aufenthalt in der Landesheilanstalt Salzburg. Beide wurden auf dem Salzburger Kommunalfriedhof beerdigt.

Die vielen Wohnorte und Umzüge, die Unruhe, die Schicksalsschläge zweier Weltkriege und die wechselnden Arbeitsplätze bestimmten auch das Leben des Dichters, der in der Taufeintragung als Johann Franz Albert vermerkt war und in Kindheitstagen Hans oder Hansl gerufen wurde. Meldeakten aus Salzburg führen ihn als Johann Franz oder Johann Jakob. In Bad Reichenhall lässt sich auf einem Meldezettel Franz Johannes entziffern. Er selbst aber nannte sich als Dichter Jakob, vermutlich weil sich das besser anhörte.

Bei den häufigen Wohnorts- und Arbeitsplatzwechseln der Eltern hatte Jakob Haringer keine besonders wohl geordnete und glückliche Kindheit. Ob er die ersten Lebensjahre in Dresden bei Verwandten der Mutter verbracht hat oder in München, ist bis heute nicht geklärt.

Post＊

Alte Pakete wir, von Eltern abgesandt,
Von „Unbekannt nach „Unbekannt" versandt.
Doch glaubst du Freund. Du seist ein „Wertpaket" –
Bist nur ein „Muster ohne Wert", man wirft dich weg,
Oder du irrst umher, weil ewig „Adressat unbekannt".

＊ veröffentlicht 1932, „Der Reisende oder die Träne".

Ab 1926 meldete sich Haringer in Salzburg mit einem gültigen deutschen Reisepass an, bei dem als Zuständigkeit Bad Reichenhall vermerkt war. In der Folge wechselte auch er häufig den Wohnort.[4]

Seine Kindheit beschreibt der Dichter an verschiedenen Stellen als „unsäglich einsam". Er besuchte Schulen in Salzburg, Traunstein, und in Ansbach die königliche Realschule. Mit der 4. Klasse beendete er seinen Schulbesuch. Seine schulischen Leistungen waren mittelmäßig. Zu einem Klassenfoto bemerkte er: „*Ganz außen links steht frischfrommfröhlichfrei unser Herr Lehrer sehr imposant, fast wie Napoleon oder ein anderer Friseur, man merkt genau, er ist der geborene Führer und Freiheitszerstörer …*". Und weiter lässt sich lesen: „*Ja, wie schön meine Eltern geträumt – halt wie alle Eltern träumen. Und sie haben sich's vom Mund abgespart – und mich in die Schule geschickt – damit der Bub sich nicht so plag'n braucht – wie unsereins, und dass er vielleicht später – wenn er Beamter oder Pfarrer – für seine alten Leut ,was übrig hat'. Aber der Bub ist kein Pfarrer geworden, sondern ein Taugenichts, der dem lieben Herrgott den Tag stielt. Darüber all die Fleißigen spotten.*"[5]

Die von Haringer in die Welt gesetzten akademischen Titel, dass er etwa 1919 an der Uni Wien zum Dr. phil. promoviert, oder einen Doktortitel an der revolutionären Hochschule in Moskau erworben habe, entsprechen nicht der Wahrheit. Weitere Titel: Dr. phil. H.c. der Académie Française, Dr. h.c. Königsberg, Dr. phil. H.c. der Universität Moskau und natürlich der Titel eines Hofrats, der österr. Akademikern verliehen wird, sind Früchte Haringerscher Phantasie, der damit das Bürgertum samt dem etablierten Literaturbetrieb an der Nase herumführte. Aus der Schweiz, wo er ab 1938 lebte, schrieb er seiner Mutter Briefe mit dem Absender: Professor Dr. J. Haringer, Mottastraße, Bern.

Nach Ende der Schulzeit begann Haringer in Salzburg, wie bereits

---

4 Aus Meldescheinen der Stadt Salzburg aus Akt PR.Ze 1932 23/4800 Landesarchiv Salzburg sind die weiteren Aufenthalte des Dichters in Salzburg dokumentiert:
16.11.1926 - 2.7.1926, Waagplatz 2 bei Berger in Wohnung
10.8.1928 - 14.9.1928 Igna Harrer Straße 32, 3. Stock bei Pohl in Wohnung
12.10.1928 - 4.11.1928 Mayburgerkai 6 bei Weiermann in Wohnung Aufenthalt in Aigen:
10.11.1928 - 1.11.1930, Ernst Creinstraße 84, 1. Stock bei Mag. Rat Reseke, übersiedelt am
1.2.1930 nach Abfalter (Gemeinde Aigen) Aufenthalt in Morzg –
25.8. 1926 - 22. 9.1926 Gneis 83, wohnt bei Benjamin Tuzzi.
5 *Weimarer Blätter*, Heft Nr. 12, 3. Jahrgang 1921.

erwähnt, eine Lehre bei der Feinkosthandlung Ludwig Bachmayer. Seine Eltern wohnten damals in Hellbrunn. Haringer arbeitete dann in Traunstein im Geschäft einer Frau, bei der er als Realschüler gewohnt hatte.

In seinem Text „Bruchstück eines Lebens" erwähnt er die Arbeit vor Gasöfen, in Glasschmelzereien und Verbrecherspelunken. Die Arbeitswelt spielte jedoch weder im Prosa- noch Lyrikwerk des Dichters eine Rolle. In einem Programm der *Gruppe Strom* für einen Vortragsabend in Berlin am 28. Januar 1927 liest man zwar, dass Haringer sich als Tagelöhner, Knecht, Lastträger und Fabrikarbeiter durchs Leben schlug, ob das jedoch zutrifft, lässt sich kaum herausfinden. Fest steht hingegen, dass er am 27. Februar 1917 als Rekrut des 1. Bayerischen Feldartillerieregiments für den ersten Weltkrieg eingezogen und nach einem dreiwöchigen Aufenthalt in einer Münchner Kaserne im März 1917 als Kanonier in Flandern eingesetzt wurde. Zahlreiche Lazarettaufenthalte, die vor allem auf seine Herzbeschwerden zurückzuführen waren, folgten. Anfang 1918 war Haringer auch zwei Monate im Reservelazarett Bad Reichenhall untergebracht. Im Juni 1918 wurde er in ein Passauer Lazarett überstellt und laut einer Bescheinigung über seine Militärdienstzeit[6] am 30. September 1918 als „dienstunbrauchbar mit monatlicher Rente in Höhe von 47,50 Mark nach Simbach am Inn entlassen".

Im Jahre 1919 hat sich Haringer in München aufgehalten und will bei den Ereignissen rund um die Räterepublik und die Revolution involviert gewesen sein: *„In München sagte ich Tor, als nach herrlichen Stunden der Freiheit wieder die Weißgardisten einmarschiert, einer Rotte Spießer meine Meinung. Sie fielen an sechzig, über mich her und verprügelten mich. Dann sollte ich erschossen werden. Stand, eine Zigarette rauchend, an der Wand. Welche Teufel nur retteten mich, als bereits geladen war? Damals sagte mein bester Freund, der für mich bürgen sollte: 'In diesem Falle ist sich jeder selbst der Nächste.' Ich kam ins Gefängnis. Unter meiner Zelle erschossen sie, um sich zu unterhalten, die roten Helden. Ich litt monatelang auf der Festung, wurde hierauf als ,schuldlos' entlassen. Aber der Revolutionär Haringer hat kein Geschäft daraus gemacht."*[7]

---

6 Bescheinigung vom 25.7.1931.

7 Aus: *Die neue Bücherschau,* Jg. 1925, S. 41.

Der Herausgeber der *Weimarer Blätter*, Carl Stang, schrieb im Jahre 1921, wahrscheinlich durch Haringer selbst „desinformiert": *„Nach der Räterepublik in München beschuldigte man ihn, Landauer und Levien zur Flucht verholfen zu haben, wollte ihn erschießen lassen und zwang ihn in die weiße Hölle – das Gefängnis zu Stadelheim. Unmittelbar unter seiner Zelle erschoß man Menschen! Hierauf Monate auf der Festung Ingolstadt, bis er endlich schuldlos entlassen ward …".*[8]

In den Akten der Standgerichte und des Volksgerichts München, die für die Verurteilung der Beteiligten an der Münchner Räterepublik verantwortlich waren, ist der Name Haringer nicht zu finden. In den Tagebüchern Erich Mühsams, der mit allen wichtigen Revolutionärinnen und Revolutionären nach Ende des 1. Weltkriegs in München zusammen arbeitete, taucht der Name Haringer ebenso wenig auf, wie in den von ihm herausgegebenen 5 Jahrgängen des „Kain"[9]. Die Polizeidirektion München[10] teilt hingegen auf Anfrage der Staatsanwaltschaft[11] beim Landgericht Traunstein am 25. Juli1931 mit:

„Betreff:
Haringer Johannes
Geb. 16.3.1898 in Dresden
Meineidsverleitung.

Haringer war – angeblich vom Dezember 1918 bis Ende April 1919 – Büroangestellter des Bauernbundes, der damals unter Leitung Karl Gandorfers [in der Novemberrevolution unter Eisner Vorsitzender des Zentralbauernrats] Sekretär im Landtag gewesen sei. Ein Nachweis,

---

8 Carl Stang: Jakob Haringer. „Der Mensch und Dichter" – *Weimarer Blätter*, Heft 12, 3. Jahrgang Weimar 1921.

9 Erich Mühsam gab *Kain. Zeitschrift für Menschlichkeit* mit sich als einzigem Autor von 1911 bis 1914 und nach Beendigung des 1. Weltkrieges und dem Beginn der Revolution in Bayern 1918 bis 1919 erneut heraus. Die zweite Kain-Periode wurde durch Mühsams Verhaftung am 13. April 1919 beendet. Die letzte Nummer erschien, nachdem Mühsam bereits im Zuchthaus Ebrach in Untersuchungshaft saß.

10 Aktenzeichen Via 1751/31.

11 Aktenzeichen A.Z.F346/27,C 786/29.

daß sich Haringer während der Rätezeit aktiv oder führend auf Seiten der Aufrührer betätigt hat, konnte nicht erbracht werden. Einigen Sitzungen des Arbeiter- und Soldatenrates will Haringer als unbeteiligter Zuhörer beigewohnt haben. Mit Erich Mühsam hatte H. dadurch Verbindung, daß er für dessen Zeitschrift „Kain" Artikel verfaßte. Von einer Zugehörigkeit des H. zum revolutionären Hochschulrat ist nichts bekannt geworden."

Erich Wollenberg[12] lernte Haringer während seiner Haftzeit in Ingolstadt kennen: *„Ich war nur kurze Zeit mit Haringer zusammen, da er schon nach etwa acht Tagen aus der Haft entlassen wurde."*[13]

Die „monatelange" Haft Haringers im Jahre 1919 dürfte denn auch tatsächlich nur von kürzerer Dauer gewesen sein, denn Haringer schrieb schon am 17. Juli einen Brief an Erich Wollenberg, aus dem hervorgeht, dass er in Freiheit und gut untergekommen war. Erich Wollenberg hatte mit den religiösen Passagen vermutlich seine Schwierigkeiten:

St. Otilien, d. 17 Juli 1919

Liebster Bruder!

Dein aus dem Brutherd gleißnerischen Lügentums kommender Trauriger Gruß hat mich leider erst heute erreicht. Ich selbst flüchte von Ort zu Ort. Letzte Woche fand ich bei barmherzigen Benediktinern ein gastliches Heim. Vor allem möchte ich Dir wenigstens durch Rat ein bisserl helfen. Brauchst Du Essen u. Schlafstelle, so wende Dich

---

12 Erich Wollenberg (1882 – 1973), in Königsberg geboren, begann ein Medizinstudium, um 1914 als Freiwilliger in den Krieg zu ziehen. Fünfmal verwundet war er ab 1917 Leutnant. Im Oktober 1918 trat er in die USPD ein und wurde in Königsberg Chef des Sicherheitsdienstes des Arbeiter- und Soldatenrates Ostpreußen und Führer der Matrosenvolkswehr. Als Freiwilligenverbände aufgestellt wurden, um gegen die Revolutionäre in der Sowjetunion zu kämpfen, trat er zurück. Er übersiedelte nach München, um sein Studium fortzusetzen. Während der Bayerischen Räterepublik (April 1919) war Wollenberg militärischer Führer der Roten Nordarmee (Dachau). In der Reportage „Als Rotarmist vor München. Reportage aus der Münchener Räterepublik" schildert er seine Erlebnisse. Der weitere Lebenslauf von Erich Wollenberg wäre es wert, in einem eigenen Buch samt seinen weiteren Texten einer größeren Öffentlichkeit zugänglich gemacht zu werden.
13 Persönliche Schilderungen von Erich Wollenberg an Werner Amstadt.

vertrauensvoll an die dortigen katholischen Klöster, Du bekommst es. Dann betreffend *Maria Dolze* [dies ist der Titel eines Lyrikwerkes von Wollenberg]: *gehe sofort zum Verlag Paul Kassirer, Berlin W. Victoriastr. 2, der hat sehr viel Geld, hat manches in Deiner Richtung; vielleicht würde er sich sichern, wenn nicht für die Dichtung, dann doch für nationalökonomisch-politische Abhandlung, die Du machtest, interessieren. Auch verlange von der Unterstützung, des weiteren sende eine Abschrift der Maria Dolze unter Berufung auf mich an den Dresdner Verlag von 1917, Dresden-A 20, Robert Kochstr. 9, Herrn Heinr. Schilling, der würde Dir vielleicht etwa vierhundert Mark zahlen. Dann wende Dich vielleicht zwecks Unterstützung an den Vorstand der Kleiststiftung, Berlin-W 62 (?) – Berliner Verleger, zu denen Du aber persönlich mit dem Manuskript gehen mußt und Deine Erlebnisse kundtust. Von Bedeutung wären noch: G. Kiepenheuer, Potsdam. Erich Reiss. Berlin-W. 62. Fritz Gurlitt. Berlin-W. 35. S. Fischer (ich glaube Bülowstr.)*

Sicher, ein paar Mark springen überall heraus. Nur Kopf hoch und sich durch blödsinnige, eingeimpfte Etiketten nicht einschüchtern lassen. Schau, ich weiß nicht, von was ich, da ich das Kloster hier verlasse, morgen und übermorgen leben soll, dazu die Spitzel mehr auf der Ferse als Dir. Und trotzdem können mich diese erbärmlichen Spießeriche, scheuseeligen und größenwahnsinnigen Gleißner nicht meinen. Wir bleiben doch wir! Wert unserer Schmerzen sind wir frei. Freie Brüder und Schwestern! Ich kann Dir leider nur fünf Mark beilegen. Ich habe ja selbst nichts als ein krankes Herz, das mir aber doch wieder öfters Mut schenkt. Zeruntners Adresse erfährst Du sicher. Schreibe an die „Bücherkiste", München, Kurfürstenstraße 8, Herrn Leo Schapenbach (unter Berufung auf mich). Der weiß, wo Zeruntner in Berlin steckt. Lenin soll in Berlin sein. In München hörte ich etwa 14 Tage nach meiner Entlassung von Hartmann, von einem ändern Häftling erzählen: Du bist entsprungen; aber man hätte Dich fotografiert. (das Bild ist quadratisch). Darunter steht: Leutnant und Student Erich Wollenberg ist wegen Hochverrats festzunehmen. Daß Du entsprungen und so weiter steht nicht darauf. Sollte es mir möglich sein, eins zu erreichen, sende ich es Dir, habe nur Mut und

Glauben an unsere Sache – wir können es nicht durch Politik, wohl aber durch unser künstlerisches Schaffen erreichen. Du hast doch wenigstens einen --------,! die Dir helfen. und ich bin ewig allein. Aber weshalb soll ich mich grämen, wo ich weiß, unser gütiger Gott lebt und ewig. Er weiß alles, was uns fehlt und gibt's uns, wenn wir gläubig hoffen. Freilich wäre mir recht, Du würdest mir die Maria Dolze senden, vielleicht kann ich doch was Sicheres damit anfangen. Sende mir schreibe mir nur alles an Jan Jakob Haringer, Simbach am See, Niederbayern. Von dort wird's mir schon nachgesandt. Ich gedenke wahrscheinlich nach Dresden zu gehen, denn hier ist man unsicher –. Heuchler, verdammte! O Herz-Bruder! Verzeih! Weil wir elend an blutenden Mauern harren der süßen Sommerworte des Heilands Psalm – Weil wir elend und arm sind – O eine Mutter führt mich auf rote Sterne zu spielenden Vögeln. Schwestern! Dazu flehe ich die stillen Sänge des Lebens auf einen trüben Bronnen –.

So wollen wir sein, wenn auch vieler Aufstieg uns wieder in die Laster und Schmutz des Alltags zurückwirft, wenn wir auch Sünder sterbenskrank – wir sind doch alles Bilder des Ewigen. Glaube sieh: ich habe nichts, sondern man nahm mir in München meine letzten Habseligkeiten und Kleider – aber ich weiß, daß mein Untergang erst dann, wenn ich ihn selbst gewollt. Noch aber sind wir. Und um rein und kindlich zu sein, müssen wir arm und demütig sein. So bin ich denn in Armut Dein Bruder.

Fromme heilige Benediktinermönche beten für Dich. Solltest Du einmal München wieder flüchten und so weiter, so spreche getrost bei Pater Emmeran Fehrenholz, St. Ottilien, Oberbayern vor. Er wird Dir helfen. Sei getrost, es wird noch alles gut. – Ich bin noch einige Tage im Kloster St. Ottilien, dann – wer weiß wo."[14]

In St. Otilien in der Benediktiner Abtei war Haringer vom 7. bis 20. Juli 1919 Gast. Als Mönch, wie einige Haringer-Experten zu berichten wussten,[15] hat er sicher nicht gewirkt. Nachdem er im August 1919 kurze

---

14 Staatsarchiv München, Staatsanwaltschaft Nr. 3046/1.
15 Briefe von Pater Rochus Schroth, St. Otilien, der dem Haringer-Forscher Gerhart Baron in Linz/ Österreich berichtete.

Zeit bei seinen Eltern in Simbach verweilte, lebte er ab dem 5. November 1919 in Bayerisch Gmain. Hier suchte der steckbrieflich gesuchte Erich Wollenberg, dem Haringer ja Hilfe angeboten hatte, Anfang des Jahres 1920 Unterschlupf. Wie einen „Bruder" hat er ihn nicht behandelt.

Wollenberg schreibt zu diesem „Hilfsaufenthalt" in Briefen:

> … da habe ich Tage bei Haringer und dessen Gefährtin verlebt, die an das Märchen von Hänsel und Gretel erinnern. Beim Auspacken fing die Tragödie an. Die Frau wurde ganz wild beim Anblick meiner Siebensachen, seidene Hemden usw. Sie packte sie zwischen ihre und Haringers Wäsche, angeblich um zu verhindern, dass meine Wäsche und damit ich selbst entdeckt würde, wenn die Polizei käme. Schließlich wurde im Nebenzimmer der salomonische Beschluss gefaßt, man wolle mir sagen, die Polizei sei hinter meinen Aufenthalt gekommen, ich müsse bei Nacht und Nebel über die Grenze. Am nächsten Tag stürzte die Frau, die einen Spaziergang gemacht hatte, in die Wohnung mit der Alarmmeldung, die Polizei. Ich war immerhin froh, als ich in einer stürmischen Winternacht bei Regen und Schneematsch über die Grenze ging und am selben Tag noch in Salzburg ankommen konnte. Die Verbindungsadresse wohin Haringer meinen Koffer bringen wollte, erwies sich natürlich als falsch …

Rudolf Adrian Dietrich,[16] eine der schillerndsten Figuren des literarischen Spätexpressionismus, schrieb nach einem Besuch bei Haringer:

> … In Bayerisch Gmain war ich im Sommer (oder Vorsommer) 1920 bei Haringer etwa drei Tage unter schwierigen Umständen. Wovon er damals lebte, weiß ich nicht. Seine Freundin war von satanischem

---

16 Gegen Ende des 1. Weltkriegs gehörte Rudolf Adrian Dietrich (1894-1969) in Dresden zum engsten Kreis der avantgardistischen *Gruppe 1917*. Benannt nach seinem Hauptwerk „Der Gotiker", machte er nicht nur durch seine Texte von sich reden, sondern vor allem auch als Projektemacher, Herausgeber literarischer Flugblätter und Lebenskünstler. Berühmtheit erlangte er ab 1919. Er flüchtete vor allem wegen der schlechten Ernährungslage, ausgelöst durch die Revolution und ihre Nachwehen aus Sachsen. In Süddeutschland, wo die Lage besser war, ließ er sich in Konstanz mit seiner Familie nieder.

Geiz und Hass, so daß ich selbst, eben von Regensburg kommend, unterwegs in finanziellen Schwierigkeiten, mir tatsächlich aus Berlin telegraphisch einen Betrag kommen lassen mußte, obwohl Haringer in jenen Tagen durchaus über Geld verfügte, denn er zeigte es mir, ‚durfte' mir aber nichts davon für die Rückfahrt nach Konstanz leihen …

In der Zeitschrift *Der Monat*, Ausgabe März 1962, Heft Nr. 162, beschäftigt sich Peter Härtling unter dem Titel „Jakob Haringer – Hinweis auf einen Vergessenen" mit dem Leben und Werk des Dichters. Peter Härtling war auch Herausgeber des Buches „Lieder eines Lumpen – Aus dem Gebetbuch des armen Jakob Haringer"[17]. Zum Ende seines kurzen und kompetenten Vorworts erklärt Härtling: *„Diese Auswahl, an der ich keinen Teil habe, richtet sich nach einem Manuskript, das Haringer kurz vor seinem Tod dem Verleger Werner Classen übergeben hatte."* In dem fast achtseitigen Text – er enthält auch die in Haringers Handschrift gehaltene Reproduktion des Gedichtes „Gelbe Elegie" – berichtete Ludwig Kunz,[18] Dichter und Herausgeber der expressionistischen Flugblätter *Die Lebenden,*[19] über seinen Besuch bei Jakob Haringer Anfang der Zwanzigerjahre:

Ich kam aus Salzburg. Das Dorf Bayerisch Gmain befindet sich dicht bei Reichenhall. Der Doktor der Philosophie Jakob Haringer saß auf dem Dach des kleinen Hauses unter dem Berg, die Laute in der Hand und sang seine Lieder. Dies war der Willkommensgruß. Kahl waren die Wände des Zimmers, in das er mich führte. In einer Ecke entdeckte ich einen großen geschnitzten Engel, der ein paar hundert Jahre alt sein mochte. Das Zimmer wirkte kahl und ungastlich. Dieser Mann kannte keine feste Wohnung, kein Zuhause. Ich bin heimatlos,

---

17 *Werner Classen Verlag* Zürich/Stuttgart 1962.

18 Dichter Ludwig Kunz geb. 15.2.1900 in Görlitz; † 1976 in Amsterdam, gab zwischen 1923 bis 1931 die Zeitschrift *Die Lebenden* im Selbstverlag heraus. Das Buch „Gerhart Hauptmann und das junge Deutschland" gehört neben vielen Essays zu seinen Werken; Kunz lebte während des Kriegs im niederländischen Exil im Untergrund und später bis zu seinem Tod in Amsterdam.

19 In den Blättern wurden etwa Wilhelm Lehmann, Oskar Loerke, Alfred Döblin, Max Herrmann-Neisse und andere mit bis dato unveröffentlichten Texten abgedruckt.

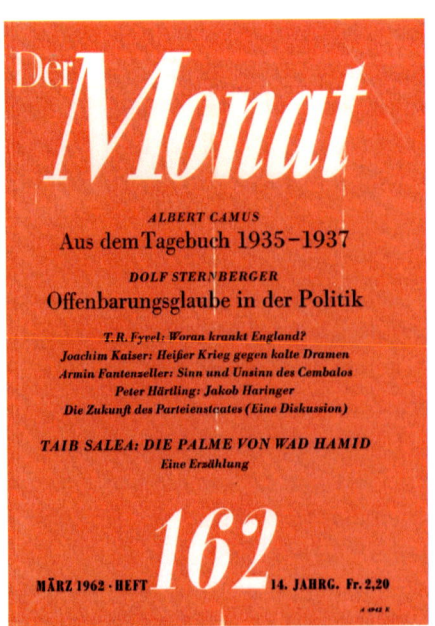

Der Monat

ALBERT CAMUS
Aus dem Tagebuch 1935–1937

DOLF STERNBERGER
Offenbarungsglaube in der Politik

T.R. Fyvel: Woran krankt England?
Joachim Kaiser: Heißer Krieg gegen kalte Dramen
Armin Fantenzeller: Sinn und Unsinn des Cembalos
Peter Härtling: Jakob Haringer
Die Zukunft des Parteienstaates (Eine Diskussion)

TAIB SALEA: DIE PALME VON WAD HAMID
Eine Erzählung

162

MÄRZ 1962 · HEFT   14. JAHRG. Fr. 2,20

sagte er, das einzige, das mich ein wenig an Heimat erinnert, ist Salzburg, denn dort verbrachte ich meine Kinderjahre. Auf den ersten Augenblick überraschte mich seine kräftige, gewandte Gestalt. Die hageren, nervös spielenden Hände glichen denen eines Musikers. Aus dem gut gebildeten Kopf drangen die hochgewölbte, beinahe faltenlose Stirn und das scharf geprägte Kinn. Dazu kamen die tiefliegenden, doch klaren und guten Kinderaugen, die einen in wunderlicher Schärfe anzublicken vermochten, bald in jungenhafter Fröhlichkeit, dann wieder, in raschem Wechsel, in schmerzlicher Resignation. Um den Mund herum herrschte ein Zug von Pfiffigkeit. Seinem Gesicht war die Lust am Zuschauen abzulesen, die Freude an allem, was ihn umgab. Sein Ernst war stets gepaart mit einer Art von Donquichotterie. So hatte er seine täglichen Späße mit vielerlei Menschen, denen er begegnete: dem Briefträger, den Kindern, den Bauern und ein paar alten Weiblein des Dorfes und den Kellnerinnen der kleinen Kneipen in den Nachbarorten. Die einzigen Mitbewohner, die Haringers Späße als Beleidigung empfanden – so erzählte er mir – seien die Polizisten, die sich empört hätten, als er seinen Beruf mit Schriftsteller angegeben hatte ...

Gelbe Elegie

Laßt uns von schöneren Zeiten träumen
Wenn das Herz nimmer voll Heimweh die Sterne zerschreit
Wo wir nach Jahren mit süßen Mädchen unter
    Akazienbäumen
Lächeln über der Jugend sehnsüchtigem Winterleid
Amerikawünsche – Mansardengewitter . . . Adele
Wollte Kunstreiterin werden. Und ich
Briefträger. O ewig bliebst Du fremd kleine
    Vogelseele
An Bahnhofwartesaal verlaßenem Ostertisch
Und in den Nächten waren die Kirchen verschloßen
Im Cino vertrankst Du Jesu Seligkeit
Sebastian hat sich damals am Schloßweiher erschoßen
Du gingst ins Kloster und hast lind mir
    Gebete gestreut
Auch dies ging vorüber – nun singen wir
    wieder beim Wein
Und freun uns silbern auf sommerlich Liebesboot

Laßt ihn leben den alten Schulmeister Tod
Heut wollen wir nimmer traurig sein . . .

Eine Anfrage bei der Gemeinde zu den Aufenthaltszeiten Haringers in Bayerisch Gmain ergab nach Zahlung einer Gebühr von 10€ folgende Auskunft:

Sehr geehrter Herr Braeg,

ich habe nun wiederholt unser Archiv durchsucht und keinerlei Eintragungen über den Dichter Jakob Haringer gefunden. Auch taucht er nicht in den Chroniken der Gemeinde auf. Wenn sich oben genannte Person in

Bayerisch Gmain aufgehalten hat, so hat er sich hier nicht wohnhaft gemeldet und somit haben wir keine Aufzeichnungen im Gemeinde Archiv. Es tut mir leid, Ihnen keine positivere Antwort geben zu können.
Hinweis: Für die erteilte Auskunft kann keine Gewähr übernommen werden, insbesondere nicht dafür, dass die gesuchte Person hier wohnhaft gemeldet war. Die Gebühren sind auch dann zu zahlen, wenn keine oder keine positive Auskunft erteilt werden kann.

Das Stadtarchiv Bad Reichenhall schickte eine kaum entzifferbare Kopie eines Meldescheins. Aus dieser einzigen bisher gefundenen amtlichen Spur zum Leben von Jakob Haringer in dieser Stadt geht hervor, dass es zumindest drei Adressen in Bad Reichenhall gab, bei denen Haringer im Jahre 1925 gemeldet war. Haringers Aufenthalt und Leben spielten sich bis zum Beginn der Machtergreifung durch die Nazis im Jahre 1933 über mehrere längere Zeiträume an beiden Orten ab. Es verwundert, dass man gerade in Bad Reichenhall, dem „königlichen" Kurort, so tut, als pflege man Kultur, sich aber an den bekannt berüchtigten Dichter Jakob Haringer scheinbar nicht erinnern will.

Haringers erste Veröffentlichung „Hain des Vergessens" erschien 1919 im *Dresdner Verlag*. Darauf folgte im selben Jahr im Verlag *Die Wende*, München, der Titel „Abendwerk". Im Jahre 1921 erschien im *Regensburger Verlag* die erste größere Lyriksammlung von Haringer mit dem Titel: „Die Kammer". Auf der Innenseite dieses 62 Seiten starken Bandes ist vermerkt: *„Die Stücke dieses Buches sind in den Jahren 1907 bis 1915 geschrieben. Das ‚Sonett vom Alleinsein', der ‚Abend' und die ‚Kinderstunden' entstanden im Jahre 1921."* Haringer war für mehrere Wochen Gast des Verlegers und erhielt damals als Honorar eine Pauschale von 800,- Mark. Es darf jedoch bezweifelt werden, dass Haringer bereits im Alter von 9 Jahren einen der in diesem Band enthaltenen Texte geschrieben hat.[20]

---

20 Unter https://archive.org/details/kammerjakobharin00hari findet sich die Originalausgabe im Internet. Antiquarisch werden die Exemplare mit einem Preis von etwa 100,- € gehandelt.

Albumblatt

Frühling zog vorbei –
Sing mir noch ein kleines Lied –
Kleines Lied vom Mai.
Wasser plätschern – trinken sacht
Meiner Armut Bild;
Einst ach hat die Frühlingsnacht
Mich in Samt gehüllt.
Sommer durch die Lauben glüht,
Frühling zog vorbei …
Sing mir noch ein kleines Lied –
Kleines Lied vom Mai

In der Kolumne „Neue Lyrik" in der *Wiener Zeitung* vom 22. Februar 1922 erschien folgende Kritik:

„Nur 60 Seiten stark ist die Sammlung Verse „Die Kammer" des Jakob Haringer, aber die frische, seelige Inbrunst, die feurige Liebe zur Welt, das Wissen um das Geheimnis des Wortes als Bild, die Demut vor dem Geist des Lebens, alles dies, das aus diesem Büchlein in reicher Flut strömt, macht es zu einer der wertvollsten Neuerscheinungen der deutschen Lyrik. Da läuft ein junger Dichter durchs deutsche Land, dem ins Gesicht zu schauen ein Labsal ist inmitten der Fratzen und Masken. Alfons Petzold."

Haringer war Volksdichter, Kind von Wirtsleuten und beschrieb in seinen Gedichten eindrücklich Gegenden und Stimmungen:

Reichenhall[*]

Ein alter Mann kehrt ab das Trottoir;
Sehr interessiert schaun ihm drei Kurgäst zu.
Ein Stadtrat wackelt stolz und meckt krukru.
Ein Jüngling wedelt in die Ochsenbar.
Ein Kurmusiker schreitet weltverachtend,
Er hält sein Winseln faustisch.
Eine Hur Stelzt durch die Affenstraßen rot und lachend,
Auf einmal bellt dich an die Rathausuhr.
Und einer Köchin brennt die Suppe an.
Drei fette Christen wackeln rund zur Bahn.
Ein Servierfräulein träumt von Mond und Nacht.
In diesem Nest hab ich an Gott gedacht.
Ein Polizist bewacht stolz Reichenhall.
O Fremdling geh aus diesem Leichenstall!!
Die Bürger muffeln Bier, Profit und Ruhm –
Mein Salzburg lächelt Stern und Avalun.

Abend in Salzburg[*]

Durch Zaubergassen summt der Mädchen Heimwegstern,
Die Klosterglocken zerläuten dein Rosenherz – Bloß ich bin fern.
Der Herbstwind guckt süß in der Sommerkeller Bürgerwein,
Wie muß ich unter fremden Fraun elend und trostlos sein.
Der Liebenden Kinderkuckuck grast aus goldnem Kahn,
Daß ich in der Ferne nachts einsamer sterben kann.
Knaben durchstreunen den Juli … eine Seele zirp Winter
aus rotem Klee.

---

*veröffentlicht 1931
*veröffentlicht 1925

In der Fremde tut mir die schönste Abendstunde weh.
Maria und der Liebe Gott und der Himmel ist bloß bei dir,
Draußen aber martern die Menschen mich wild und irr.

Der Hausmeister und Hausbesitzer Franz Schweiger schrieb, wahrscheinlich 1924, an das Bezirksamt Bad Reichenhall:[21]

In meinem Hause Villa Centa in Gmain wohnte als Einleger der Frau S. ein Johann Haringer [Haringer verwendete beide Vornamen, Johann und Jakob, wobei er als Autor ausschließlich den Namen Jakob verwendete.]; *der Mann ist mir während Ausgang des Krieges bekannt geworden, als er im damaligen Lazarett und Erholungsheim Kirchberg* [Bad Reichenhall] *behandelt wurde, da er sich in der belgischen Etappe ein Herzleiden zugezogen haben soll. … Haringer wurde ihr Wohnungsgenosse, indem mir Frau S. die baldige Auflösung ihrer ersten Ehe in Aussicht stellte, um dann mit ihrem Geliebten eine neue Ehe einzugehen. Es kam aber nicht dazu, woran wohl hauptsächlich die Haringersche Meinung Schuld war, dem ein Leben als unterhaltender Mann bequemer erschien als die Übernahme von Ehemannspflichten. Wirtschaftlich wäre er auch dazu nicht im Stande gewesen, denn er bezog nur eine kleine Kriegsrente, die kaum dazu langte, seine nicht ganz billige eigene Kleidung zu bezahlen. Er war erwerbslos und versuchte sich nun als Neu-Erotiker modernster Form, doch hatte er keinen wesentlichen Erfolg, und infolgedessen legte er sich auf die Briefstellerei, die dann dem ‚armen‘ notleidenden Dichter mancherlei Gaben an Lebensmitteln, Kleidung und auch Bargeld eintrug. Als 1924 eine Räumungsklage gegen Frau S. erhoben wurde, war plötzlich Haringer der Mieter und Frau S. seine Pflegerin, da er ein todkranker Mann sei, der beständige Pflege – bei Tag und Nacht bedürfe. Sein Geisteszustand hat ihm aber dabei gestattet, das Armenrecht zu erwirken, so dass er die Gerichte ganz nach Belieben in Anspruch nehmen darf, ohne dass es ihn einen Pfenning kostet.*

---

21 Das Stadtarchiv bzw. andere amtliche Stellen in Bad Reichenhall haben heute keine weiteren Unterlagen zu diesen Vorgängen.

Obwohl nach meiner Anfrage keinerlei Unterlagen zu Haringer in der Gemeinde Bayerisch Gmain zu finden sind, hat die dortige Polizei, wenn man der genauen und ausführlichen Dissertation von Werner Amstadt aus dem Jahre 1966 folgt, dem Bezirksamt Bad Reichenhall zu Haringer u.a. berichtet:

„Haringer gilt hier als Sonderling (…) Er ist fast allen Gemeindeangehörigen unbekannt. (…) Wir betrachten ihn als einen Taugenichts." Im September 1925 gab es eine Anfrage des Polizeipräsidiums in Berlin, die wie folgt beantwortet wurde: „Ohne sich abzumelden, hat er sich am 8. Mai 1925 auch in Reichenhall polizeilich in Wohnung gemeldet. Beim Gemeindeamt Gmain hat Haringer darauf bestanden, daß dort seine Abmeldung nicht bestätigt werden darf, und führt infolgedessen 2 Wohnungen zur Täuschung der Öffentlichkeit. In dem eine halbe Stunde entfernten Gmain holt Haringer noch immer täglich seine Post."

Aus dem besagten Meldezettel aus dem Stadtarchiv Bad Reichenhall geht hervor, dass er im Jahre 1925 in Bad Reichenhall in der Klosterstraße und der Kurfürstenstraße gemeldet war. Hier hat er beim Bildhauer Franz Xaver Zerle gewohnt. Dieser hat von Haringer eine Büste erstellt, die im Buch „Die Dichtungen" (1925, *Gustav Kiepenheuer Verlag*) veröffentlicht wurde. Die Wohnorte in Bad Reichenhall waren wohl nur mit dem nötigsten ausgestattet. Die Vermieterin Frau Guggenberg erinnerte sich dunkel, dass Haringer ein Sonderling war und Gedichte schrieb, *„die gar keinen Sinn hatten"*, Frauengeschichten heraufbeschwor, einen ganz niedrigen Tisch besaß, einen breiten Diwan und ein paar Stühle, die Wände mit Teppichen und Tüchern verhängte und immer gut gekleidet gewesen sei.[22]

In dieser Zeit besuchte Theodor Sapper, der damals etwa 20 Jahre alt gewesen sein dürfte, Jakob Haringer in Bad Reichenhall. Bei meinen Recherchen fand ich in der Dokumentationsstelle für neuere österreichische Literatur, im Literaturhaus Wien, ein Manuskript von Theodor Sapper mit dem Titel „Allererste Begegnung mit Jakob Haringer – Irgendeinmal in

---

22 So berichtete Frau Guggenberg Werner Amstadt.

den 20er Jahren"[23], das im Anhang (ab Seite 244) vollständig zu lesen ist. Theodor Sapper, dessen großartiger Roman „Kettenreaktion Kontra" im *Verlag Anton Pustet* in Salzburg 2006 erschien, gehört heute noch immer zu den wenig beachteten Schriftstellern. Er war vermutlich öfter Gast bei Haringer und seine Bewertungen zu Haringers „Alltag" bestätigen dessen unsteten Lebenswandel.

Im Folgenden siedelte Haringer nach Salzburg über. Dort meldete er sich mit einem deutschen Reisepass an. In dem Dokument war als Zuständigkeit Bad Reichenhall vermerkt. Ende Oktober 1926 beendete er seinen Aufenthalt in Salzburg/Morzg, um wieder nach Bad Reichenhall zu ziehen. Leider sind über seinen dortigen weiteren Aufenthalt keine Meldedaten auffindbar. Er hat in einem Haus am Stadtrand, das einem Herrn Dufter gehörte, drei Zimmer bewohnt.

Haringers Besitz beim Umzug ist in der Zollliste aufgeführt: 3 Bücher-gestelle, 1 Tisch, 4 Polsterstühle, 1 Schreibtisch, 1 Grammophon mit 43 Platten, 44 alte Bilder (teilweise ohne Rahmen), 12 geschnitzte Figuren, 1 Kruzifix, 1 große Figur, 10 Leuchter und 2 Laternen und 2 altmessingene Wandleuchter, dazu 2 Perserteppiche. Nachdem Haringer unbehelligt die Grenze passiert hatte, wurde festgestellt, dass sich unter Haringers Ge-genständen jene zwei Perserteppiche befanden, die nicht ihm gehörten, sondern einer Frau Dr. Sterner, welche die Teppiche in Salzburg gekauft und die Gelegenheit wahrgenommen hatte, sie im Umzugsgut Haringers nach Deutschland zu schaffen. Haringer hatte nach der behördlichen Beglaubigung sein Übersiedlungsverzeichnis um die beiden Teppiche und einige eigene Gegenstände erweitert. Am 2. Oktober 1926 wurde Haringer beschuldigt, zwei Perserteppiche ohne Einfuhrbewilligung und ohne Gestellung und Anmeldung zur Verzollung, über die Reichsgrenze eingebracht zu haben. Haringer, der immer wieder unterwegs zwischen Salzburg und Bad Reichenhall war, wurde Mitte Dezember von einem österreichischen Zollbeamten angehalten und gestand das Zollvergehen. Noch am Tag seines Geständnisses widerrief er seine Aussage, bezeichnete

23 N 1.40 Teilnachlass Jakob Haringer, Schreibmaschinenschrift mit Titelvorsatzblatt 8 Seiten DIN A 4.

sie als erzwungen und ersuchte die Staatsanwaltschaft, den betreffenden Akt der Zollämter Reichenhall und Salzburg anzufordern und gegen die betreffenden Beamten Anklage wegen Erpressung einer falschen Selbstbezichtigung zu erheben.

Nach einer Voruntersuchung erfolgte eine Gegenanzeige durch die betroffenen Beamten mit der Folge, dass Haringer Mitte Februar schließlich vom Hauptzollamt Bad Reichenhall einen Strafbescheid wegen Vergehens gegen das Vereinszollgesetz über RM 4000,- erhielt. Haringer war nicht gewillt, dieses Bußgeld zu bezahlen und beantragte dagegen eine gerichtliche Entscheidung.

Zum ursächlichen Vergehen lautete die Anzeige[24] wie folgt:

Reichenhall, den 28. Mai 1927.

„In der Strafsache gegen den Schriftsteller Jakob Haringer in Reichenhall, Hallgrafenstrasse 10 und gegen die Prokuristengattin Emilie Sterner – Rainer in Neckarsulm (Württ.), Wilhelmstr. 57 wegen Zuwiderhandlung gegen die V.O. über die Regelung der Einfuhr vom 16.1.1917 R.G.Bl. S.41 (Einschwärzung von zwei Persertteppichen) werden in der Anlage die Strafakten Nr. A 127/26 übersandt mit dem Antrag, gemäß § 427 der Reichsabgabenordnung vom 15. Dezember 1919 (R.G.Bl. S. 1995) die Entscheidung des Gerichts herbeizuführen – da beide Beschuldigte gegen die Strafbescheide des Hauptzollamtes Reichenhall, Akt Bl. 67/70 und Bl. 72/77, Antrag auf gerichtliche Entscheidung gestellt haben (Bl. 79 und 82); diese Anträge sind frist- und formgerecht gestellt.

Haringer wird vertreten durch die Rechtsanwälte Geh. Justizrat Dr. Dispecker & Dr. Fritz Dispecker, München, Neuhauserstr. 7/2. Rechtsbeistand der Sterner-Rainer ist Justizrat Dr. Burnhauser in Reichenhall; Strafprozessvollmachten liegen an.

Der Beschuldigte Haringer hatte laut Verhandlung vom 16.12.1926,

---

24 Nr. 4688 Hauptzollamt Reichenhall. StrNr. A 127/26: Aus dem 800seitigen Aktenberg, der im Staatsarchiv München unter der Signatur StAM 15664 aufbewahrt wird.

Bl. 52, dem österreichischen Oberfinanzrat Dr. Hwistalek und dem Zollinspektor Buchmayer gegenüber in einem umfassenden Geständnis dahingehend abgelegt, dass er zwei Perserteppiche eingeschmuggelt habe; er widerrief aber nachträglich sein Geständnis, Bl. 56, erklärte es für erzwungen und stellte gegen den bei der Vernehmung vom 16.12.1926 mit anwesenden Torsteher der Zollfahndungsstelle München, Zollrat Hoffmann, bei der Staatsanwaltschaft Strafantrag wegen Erpressung; dieses Verfahren ist inzwischen eingestellt worden. Haringer ist durch die Angaben der Buchhalterin Frau Maria Ingram in Salzburg, Judengasse 5 bei Pfanzelter, des Schmuggels mit zwei Teppichen überführt (Bl. 13/16).

Die Angaben der Ingram belasteten auch die Beschuldigte Sterner-Rainer so schwer, dass sie wegen Mittäterschaft zum Vergehen des Haringer zur Bestrafung gezogen wurde.

Haringer hat inzwischen durch zahlreiche Berichte an die höchsten Regierungsstellen und durch Veröffentlichungen in Tagesblättern die öffentliche Meinung für sich zu gewinnen versucht. Es schwebt gegen ihn bei der Staatsanwaltschaft München I (2. St. Anw. Dr. Billmann) ein Verfahren wegen Urkundenfälschung, wegen falscher Anschuldigung und wegen Meineidsverleitung.

Als Zeugen benenne ich für die in vorliegender Strafsache anzuberaumende Hauptverhandlung:
1.) den Vorsteher der Zollfahndungsstelle München, Zollrat Hoffmann, München, Arnulfstr. 94,
2.) den Oberzollsekretär Schuster dieser Fahndungsstelle,
3.) den Zollassistenten Steinbauer dieser Fahndungsstelle,
4.) den österr. Oberfinanzrat Dr. Hwistalek,
5.) den österr. Zollinspektor Ferdinand Buchmayer,
6.) den österr. Zollinspektor Josef Kriegner und die letztgenannten vier Zeugen sind Beamte der österr. Finanzlandesdirektion Salzburg. Ich bitte, mich von der Anberaumung der Hauptverhandlung rechtzeitig zu verständigen, damit ich die Nebenklägerrechte wahrnehmen kann. Als Beweismittel werden bezeichnet: Geständnis, Zeugen und beschlagnahmte Gegenstände.

Im Falle der Erhebung der öffentlichen Klage hat das Hauptzollamt nach § 432 Abs. 1 der Reichsabgabenordnung die Rechte eines Nebenklägers. Entscheidungen und Urteile sind daher dem Hauptzollamt als Nebenkläger zuzustellen, auch wenn es bei der Verkündung vertreten gewesen ist (§ 432 Abs. 2 a.a.O.)."

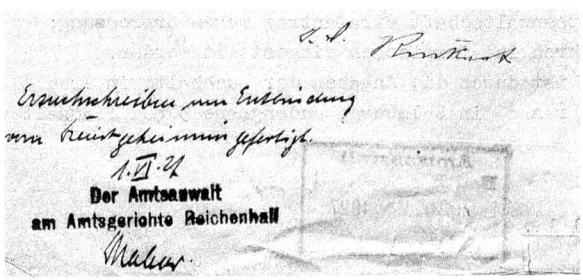

Vier Wochen später wurde das Verfahren wegen Erpressung, das Haringer angestrengt hatte, eingestellt und von der Zollfahndungsstelle München ein neues Verfahren gegen Haringer eingeleitet, welches nun den Vorwurf falscher Anschuldigung beinhaltete. Im Staatsarchiv München gibt es zu diesen juristischen Vorgängen, der „Teppich-Schmuggelei", wie bereits erwähnt über 800 Seiten Dokumentation.[25] Darunter befinden sich Schriftstücke, handschriftliche Briefe und Notizen von Jakob Haringer aus den Jahren 1927 bis 1943. 1943 wurde der Gesamtvorgang geschlossen. Diese Sammlung ist ein Beweis, wie aus einem lächerlichen Delikt ein bürokratisches Aktengebirge entstehen kann.

Es gab Klagen, Gegenklagen, Solidaritätserklärungen und einen Attest auf dem Originalrezeptblock von Alfred Döblin, der Haringer „Verhandlungsunfähigkeit" bescheinigte. Diesen Freundesdienst erwies ihm auch Dr. med. Otto Pachmayr im Jahre 1927, neun Monate nach der „Straftat". Im Anhang (siehe Seite 273) ist der Haftbefehl wegen Beleidigung dokumentiert, der am 4. August 1931 ausgestellt wurde und auch zur „Teppichschmuggelaffäre" gehört.

---

25 Akt Staatsanwaltschaft Traunstein 15664.

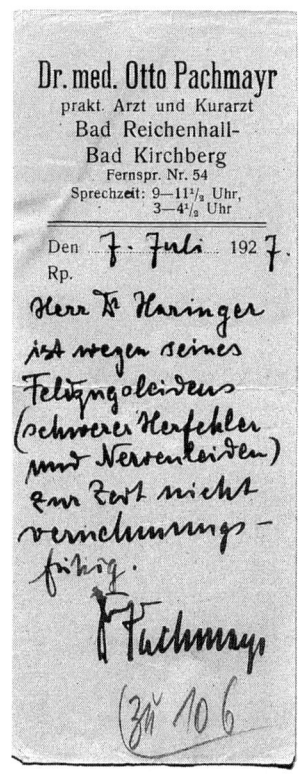

Dr. med. Otto Pachmayr
prakt. Arzt und Kurarzt
Bad Reichenhall-
Bad Kirchberg
Fernspr. Nr. 54
Sprechzeit: 9—11¹/₂ Uhr,
3—4¹/₂ Uhr

Den 7. Juli 1927.
Rp.

Herr Dr Haringer ist wegen seines Feldzugoleidens (schwerer Herzfehler und Nervenleiden) zur Zeit nicht vernehmungsfähig.

Pachmayr

In dieser Zeit muss Haringer über Geld verfügt haben, das er vermutlich seinen zahlreichen Bettelbriefen zu verdanken hatte. Damals erschien auch seine Gedichtsammlung „Die Dichtungen" im *Gustav Kiepenheuer Verlag* Potsdam.

Der Hausbesitzer Dufter erinnerte sich an zahlreiche kostspielige Besuche, die Haringer oft mit längerer Bleibedauer empfangen hätte. Er wurde am 16. Mai 1929 vom Gericht in Bad Reichenhall im Rahmen der „Perserteppichaffäre" vernommen und sagte aus:[26]

„Haringer hat vom 1. Okt. 1926 bis 3. November 1928 hier bei mir gewohnt. Er hatte Küche und 3 Zimmer mit Nebenräumen und bezahlte dafür monatlich in der ersten Zeit 50,- , zuletzt 75,- M. Von hier ist Haringer nach Aigen bei Salzburg gezogen. Dort habe ich bei ihm vorgesprochen, da er mir noch Geld schuldete (80,-), die er mir nicht bezahlte. In Aigen bewohnte er zwei große Zimmer und war sehr gut eingerichtet.

So lange er hier bei mir wohnte, hat er fortgesetzt ein junges Mädchen [Hilde Reyer] bei sich gehabt, die mit ihm zusammen wohnte. Außerdem hatte er häufig noch mehrere Frauenzimmer hier bei sich, denen er auf 4 bis 5 Tage oder noch länger den Unterhalt gewährte. Einmal hatte er 3 Weiber auf einmal ca. 14 Tage bis 3 Wochen hier bei sich. Diese Weibergeschichten haben Haringer sehr viel Geld gekostet.

Haringer hat sehr viele Bettelbriefe geschrieben und auf diese Weise sehr viel Geld und alle möglichen Waren erhalten. Die Esswaren hat er selbst verbraucht, die anderen Waren hat Haringer verkauft oder durch

---

26 („Hans Dufter, geb. 8.6.97 Inzell B.A. Traunstein, Vater: Maurer Hans Dufter, Mutter: Gertraud, geb. Kitzinger, ledig, wohnhaft in Bad - Beichenhall, Hallgrafenstr. 10.")

Johann Scharrer, in der Lindenstraße in Bad Reichenhall verkaufen lassen. Eine Not hat Haringer nicht gelitten, im Gegenteil, er hat das Geld häufig mit vollen Händen fortgeworfen.

Wie die Sache mit den geschmuggelten Teppichen aufgekommen war, hat mir Haringer eines Tages gesagt, er habe mich in der Sache als Zeuge angegeben. Wenn ich vor Gericht komme, solle ich angeben, er habe sich in Salzburg Teppiche gekauft und dann seien ihm beim Umzug falsche Teppiche eingepackt worden. Die richtigen Teppiche seien noch in Salzburg bei Pfanzelter. [Die Firma Pfanzelter GmbH betrieb in der Salzburger Altstadt im Pfanzelter Haus, Judengasse 3 bis zum März 2005 ein Vorhänge- Teppich- und Tapezierer Geschäft.] Weiter solle ich angeben, er habe mir schon vor Wochen den Auftrag gegeben, diese Teppiche zur Pfanzelter Filiale Reichenhall zwecks Umtausch zu bringen. Ich hätte aber keine Zeit gehabt und dann habe ein anderer die Teppiche zu Pfanzelter gebracht. Haringer sagte mir damals noch, wenn ich diese Angaben vor Gericht mache, dann gehe er straffrei aus. Er zeigte mir auf meiner Treppe den Strafbescheid, den er zugeschickt erhalten hatte. Soviel ich mich erinnere, lautete dieser auf etwas über 8000,- M. Haringer sagte weiter, wenn er auf meine Aussage hin freigehe, dann würde er mir die Hälfte von diesem Betrag geben [schenken], dann könne ich weiter bauen. Ich gab dem Haringer zur Antwort, daß wir, wenn diese Sache aufkomme, wegen Meineid eingesperrt würden. Haringer sagte darauf, das kommt doch nicht auf, wenn du standhaft bist.

An dem Tage vor der Verhandlung beim Amtsgericht Reichenhall kam Haringer nochmals zu mir, in meine Küche und sagte: Du weißt, was du morgen zu sagen hast. Er sagte mir nochmals vor, was ich schon eben angegeben habe und ich sollte dieses wiederholen. Ich sagte ihm, ich wisse, was ich zu sagen habe und sei kein kleines Kind mehr, um wiederholen zu müssen.

Am Tage der Verhandlung fuhr Haringer schon früh nach Salzburg. Als ich ihm sagte, er müsse doch zur Verhandlung, sagte er: „Ich gehe doch nicht hin zu diesen blöden Kerlen." Als Haringer am gleichen

Tage Abend kam, fragte er mich, wie es gegangen sei. Ich sagte ihm, ich sei wohl aufgerufen worden, es sei dann aber auf meine Aussagen verzichtet worden. Haringer schimpfte daraufhin auf das Gericht und sagte: 'Diese blöden Kerle, auf den Hauptzeugen haben sie verzichtet. Ich werde denen aber helfen.' Zur Gerichtsverhandlung nach Traunstein wurde ich nicht mehr geladen."

Wie in Dufters Aussage bestätigt, bewohnte Haringer in Bad Reichenhall mit seiner Freundin Hilda Reyer drei Zimmer eines Hauses am Stadtrand, wo außer ihnen noch der Hausbesitzer, Herr Dufter, wohnte, den Haringer vielfach als seinen Hauswart vorstellte.

Der Dichter, seine Freundin und die Besuche – wenn welche da waren – lebten von Haringers Honoraren und den Bettelbriefen. Geld wurde mit vollen Händen verschwendet, Esswaren und Geschenke seiner Gönner wurden zu Geld gemacht und dann verjubelt.

Im Dezember 1926 wurde die Freundin Hilde Reyer Mutter einer Tochter. Das Kind hieß mit Vornamen Ruth und starb nach wenigen Tagen. Hilda Reyer hatte Tuberkulose, der Aufenthalt im „Luftkurort" Bad Reichenhall trug jedoch nicht zu ihrer Gesundung bei.

Sie musste Haringer verlassen und starb mit 21 Jahren am 18. Mai 1927 in Grieskirchen/Oberösterreich.

In der im Jahre 1927 von Haringer herausgegebenen Zeitschrift *Die Einsiedelei – Ein Stundenblatt* Nr. XVIII. erinnert er an diesen Schicksalsschlag. Diese Ausgabe wurde als Manuskript in zehn Exemplaren für die Freunde des Dichters geschrieben. Es folgen zwei Gedichte, die in dieser Ausgabe enthalten waren.

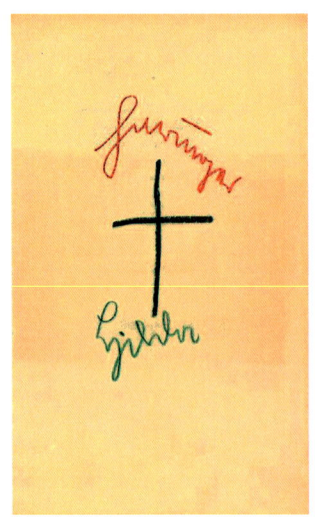

Märchen

Bat sie sanft: spiel mir das Lied,
das mein Liebster sang ...
draußen rann der Regen müd,
ward ihr todesbang.
Lief sie in die Nacht hinaus,
Nimmer fand ich sie ...
löschst mir alle Lichter aus,
Kleine Melodie!
Such ich stets das braune Kleid,
denk ans goldne Haar ...
bat sie sanft: spiel mir das Lied,
das mein Leben war!

Winter

laß dich nicht unterkriegen
wenn auch Alles dir bricht!
wenn man Alles dir nahm,
was einst Frühling und Glanz.
Wenn dir gar nichts mehr glückt,
Und Alles so ganz
ohne Zweck, ohne Sinn,
ohne Trost, ohne Licht,
wenn man dich martert und jocht,
dich vergißt wie ein Licht
in der Nacht ...
Bruder! gib acht:
Mit ein kleins bißchen Mut
wird Alles wieder gut
denn Dich, ja Dich hast du ja noch

Haringers Hoffnung mit Hilda Reyer den Weg in ein bürgerlich geordnetes Leben zu finden, waren zerstört.

Die „Perserteppichaffäre" führte zu weiteren Gerichts- und Amtsmaßnahmen. So gab es ein Verfahren gegen Haringer wegen Verleitung Hilda Reyers zum Meineid, das eingestellt wurde und aus den 4000 Reichsmark des Strafbescheids des Zollamtes, blieben nur 200 übrig. Selbst diese blieb Haringer schuldig. Den Gerichtsverhandlungsterminen, die vom Amtsgericht Traunstein wegen falscher Anschuldigung anberaumt waren, blieb Haringer fern und teilte mit, solchen „Vergnügungsreisen" nicht Folge zu leisten. Folglich wurde Haringer steckbrieflich gesucht. Gegen ihn lagen Strafanzeigen wegen Beleidigung, Gotteslästerung, Meldevergehen und Verleitung zum Meineid vor. Es kam zu einem kurzen Gefängnisaufenthalt, dann wurde Haringer in eine Klinik eingewiesen.

Zur „Teppichaffäre" fand ich im Archiv der österr. Nationalbibliothek Zeitungsberichte. Das *Salzburger Volksblatt* vom 4. April 1927 veröffentlichte unter der Rubrik:

Aus dem bayrischen Nachbarlande
Ein Dichter des Teppichschmuggels beschuldig

„Es wird uns geschrieben: In literarischen Kreisen erregt eine Angelegenheit Aufsehen, in die der in Bayrisch-Gmain bei Bad Reichenhall ansässige Dichter Jakob Haringer verwickelt ist. Die bayrische Zollbehörde behauptet, Dr. Haringer habe im Auftrage einer Salzburger Firma, die in Reichenhall eine Zweigniederlassung besitzt, Teppiche nach Deutschland geschmuggelt. Die Behörde stützt sich auf ein Protokoll, das der Zollbedienstete H o f m a n n angeblich mittels Freiheitsberaubung erpresst habe. Die Traunsteiner Staatsanwaltschaft hat übrigens die Untersuchung gegen Hofmann eingeleitet. Haringer ist inzwischen zu 8900 Mark Geldstrafe oder im Uneinbringlichkeitsfalle zu Gefängnis verteil worden. Literarische Persönlichkeiten in Deutschland haben den Fall aufgegriffen und protestieren gegen die Behandlung, die

Haringer erfährt, der nach ihrer Überzeugung und nach den Aussagen von vier Entlastungszeugen schuldlos sei."

Heinz Elm, der sich in der Angelegenheit für Haringer einsetzte, schrieb einen „offenen Brief an den österreichischen Justizminister", in dem er den Freund als *einen Deutschen von Weltruf, von unerhörter Größe und Güte* bezeichnete und ankündigte, *gegen diese Willkür und Gesetzlosigkeit mit allen uns zur Verfügung stehenden Mitteln einzutreten* […]"[27]

Eine sich anschließende Petition „Gnade und Gerechtigkeit" sollte Haringer helfen und war von folgenden Dichterpersönlichkeiten unterzeichnet: Arno Holz, Ernst Barlach, Hermann Stehr, Alfred Mombert und Alfred Döblin.[28]

Salzburger Volksblatt vom 24. Februar 1928 – Nr. 46, Traunstein 23. Februar.

Verworfene Berufung

„Bei den hiesigen Landgerichten fand kürzlich die Berufungsverhandlung des Reichenhaller Schriftstellers Dr. Jakob Haringer statt, der wegen Teppichschmuggels von Salzburg nach Bayern im Herbst zu einer Geldstrafe von 4000 Reichsmark verurteilt worden war. Dr. Haringer war der ersten Gerichtsverhandlung unentschuldigt ferngeblieben, worauf der vom Hauptzollamt ausgesprochene Strafbefehl in Rechtskraft gesetzt wurde. Die Berufung des Verurteilten wurde abgewiesen."

Nach der Machtergreifung der Nazis 1933 wurde der Haftbefehl gegen Haringer erstaunlicherweise erst am 6. August 1943 vom Amtsgericht Traunstein aufgehoben.

---

27 So bereits bei Amstadt.
28 Ebd., S. 52.

Lied[*]

Gehst du mit einem Regierungsrat,
so mußt Du Dich benehmen,
Ein Mann der so viel Pflichten hat,
der muß sich sonst mit Dir schämen.
Und wenn du mal sprichst, sprich reines Deutsch,
damit man's deutlich weiß,
und wenn du wirklich mal lächeln willst,
so lächle nur amtlich und leis.
Im übrigen mach dich unsichtbar,
sonst kompromittierst du den Stern …
von mir aus kannst du mit dem Rindvieh gehen –
Ich scheiß auf Amt und Herrn

Teutsche Richter[*]

Wer zu blöd fürn ärgsten Mist,
Wird ein teutscher Sau-Jurist

Haringer war vor allem bis 1933 Weltmeister darin, seinen Wohnort zu wechseln: Wien, Graz, Kloster Seckau, Aurezzino im Tessin, Essen, Hamburg, Berlin, Zürich, Prag, München, Stuttgart, Ottersberg bei Bremen waren seine Stationen.

Neben seinen zahlreichen dichterischen Eigenproduktionen erschien im Jahre 1925 beim *Gustav Kiepenheuer Verlag* Potsdam, sein Buch „Die Dichtungen"[29].

Alfred Döblin, wie viele andere auch Empfänger Haringerscher Bettelbriefe samt in Eigenproduktion hergestellter Gedichtbände schrieb:

---

[*] veröffentlicht 1931
[*] veröffentlicht 1931
29 241 Seiten mit einem Vorsatzblatt: Jakob Haringer – nach einer Büste von Franz Xaver Zerle einem Steinmetz aus Bad Reichenhall.

Vor sieben, acht Monaten bekam ich, wie andere, mit der Post ein mise-
rabel eingepacktes Heft: „Weihnacht im Armenhaus", Gedichte, ein
Amsterdamer Verlag; eingelegt ein gedruckter Bettelbrief. Der Buchtitel
war kläglich, larmoyant, dilettantisch übel; zum Lesen kam ich nicht;
dass die Leute immer glauben, ihre Gedichte drucken lassen zu müssen.
Das Heft trieb sich ein paar Tage auf meinem Tisch herum; dann nahm
ich's, blickte dahinein. Einige Wendungen machten mich aufmerksam,
zogen mich an. Ich schnitt die Blätter auf, las Einzelnes durch. Wurde
überrascht. Die Gedichte waren echt; er sprach andern nicht nach, er war
durch die Sprache zu sich vorgestoßen. Die Gedichte sind echtes Gewächs,
keine lyrische Ware. Dreierlei gehört zur Kunst: einmal, dass einer etwas
ist, – einmal, dass er zu sich gefunden hat, – einmal, dass er etwas kann.
Das ist dreifache Gnade. Haringer schreibt, wie ihm zu Mut ist. Dabei
wäre nichts. Aber er ist von Haus aus Lyriker und Könner. Und darum ist
es alles. Selbst wenn die Gedichte zu einem Teil sich formal nicht schließen,
als Einzelwesen schwer bestehen. Woran denke ich bei diesen Stücken? An
Tübingen, Hölderlin, den Maler Spitzweg, an Richter, Blechen. Eine sehr
deutsche Pflanze. Verschollener Typ eines vagierenden Poeten. Er schreibt
von Kinos, Cafés, aber fühlt Rothenburg und Nürnberg ...

An anderer Stelle beschreibt er Haringer als *„wirklich komplett kranken,*
verängstigten, psychopatischen Romantiker".

Herbert Gerstner vom Graph. Institut, Wolfegg-Württemberg, erstellte auf
Ansuchen einiger Föderer von Haringer am 30. November 1925 folgende
Schriftdiagnose anhand von Haringers Handschrift, den er in Person nicht
kannte: *„Fadenförmige Handschriften ohne ausgeprägten Rhythmus wie*
vorliegende, deuten nach meinen Erfahrungen durchwegs auf krankhafte
Gemütsverfassung. Wer so schreibt, kennt kein Maß und Ziel, wird von seinen
Stimmungen beherrscht und vermag sich den Anforderungen des praktischen
Lebens schwer anzupassen. Es handelt sich um einen phantasievollen, wohl
stark sinnlichen Menschen (Bleistiftschrift für diese Diagnose unsicher), der
kindlichen Züge, naive Anschauung mit einem gewissen Strebertum, viel
Wertlegen auf Anerkennung, Empfänglichkeit für Schmeichelei vereinigt.
Der Schreiber möchte unter allen Umständen die Aufmerksamkeit anderer

auf sich richten. Er scheint aber durch mancherlei Enttäuschungen verbit-
tert zu sein, benimmt sich daher launenhaft, oft schroff und formlos. Um-
ständlichkeit, Pedanterie, Eigenbrödelei sind ihm im hohen Grad eigen. Ein
Mensch, aus dem nicht leicht klug zu werden ist."

In der *Literarischen Welt*, einer Wochenschrift, die von 1925 bis 1933
von Willy Haas und dem Verleger Ernst Rowohlt herausgegeben wurde,
urteilte der Lyriker Max Hermann-Neiße über Haringer: *„Alles ist erlebt,*
aus Glück und Not eines freien Lebens unmittelbar zum Gedicht erblüht,
noch hängt der Tau des ersten Schöpfungsmorgens an manchem zarten
Blatt. Einer tippelt durch sein fragwürdiges verqueres Dasein und singt auf
Bergstraße und Großstadtasphalt, wie's kommt, vor sich hin, von seinem
Gram und Grauen, von allen kleinen Leiden und großen Enttäuschungen
seines Weltabenteuers."

Haringer erfuhr auch Unterstützung durch Hermann Hesse. In der
Wochenschrift *Die Weltbühne* vom 2. November 1926 schrieb Hesse über
Haringer: *„Da singt ein vereinsamter Dichter am Abend vor sich hin, krank*
und hungrig, spielt zärtlich mit den Trümmern seiner Jugend, und viele holde
Bilder schimmern auf, welken schnell wieder hin. Die hurtigen Menschen
nennen das ‚Romantik', mit einem Ton von Mitleid und Verächtlichkeit.
Einige aber fühlen, dass dies arme Sonntagskind in einer Welt ohne Sonntage
ein Dichter ist."

Hermann Hesse fiel aber auch in Ungnade, weil er Haringer nicht in
dem Maß unterstützte, wie dieser es „erbetteln" wollte. Das bekundet ein
Brief Hesses an Haringer vom 28. Juni 1928:

Herrn Jakob Haringer!

Ihre vorwurfsvollen Zeilen habe ich erhalten, ich bitte Sie also
um Entschuldigung dafür, dass ich augenleidend bin und täglich
nicht die ganze Post lesen kann, und dass ich es wagte, Ihnen den
kleinen Geldgruss zu senden, Ich bitte Sie aber, die unfruchtbare
Korrespondenz einzustellen. Ihre Gedichte beim Simplicissimus
oder bei andern Redaktionen anzubringen ist mir ebenso wenig

möglich wie meine eigenen anzubringen. Im Simplicissimus ist seit anderthalb Jahren nichts mehr von mir gedruckt worden, auch fast alle anderen deutschen Blätter senden mir lyrische Einsendungen stets mit Bedauern zurück.

Bitte lieber Kollege, lassen Sie mich in meiner Höhle leben und untergehen, ohne mir das Freundliche, das ich Ihnen hatte erweisen wollen, durch Vorwürfe und Beleidigtsein zu vergelten!

Ihr Hermann Hesse

Haringer war ein phantasiebegabter, erfinderischer Verfasser der eigenen Biographie samt dazugehöriger schriftstellerischer Leistungen. Seine von ihm selbst erdichtete Biographie zierten ein Gerhard-Hauptmann-Preis, ein Schiller-Preis und darüber hinaus – angeblich im Jahre 1926 verliehen – der Kleist-Preis. Dieser allerdings ging in jenem Jahr an Alexander Lernet Holenia und Alfred Neumann. In der Gesamtliste der Kleist-Preisträger ist der Name Jakob Haringer nicht zu finden. Allerdings stand Haringer in den Jahren 1925 und 1927 auf der Kandidatenliste. Der Gerhard-Hauptmann-Preis für Dramatiker, verliehen von der *Freien Volksbühne Berlin*, vermerkt als ersten Preisträger im Jahre 1927 Max Hermann Neiße. Auch hier ist in weiterer Folge der Name Haringer nicht zu finden.

Über 1000 Gedichte hat Haringer geschrieben, während seine Prosastücke selten blieben. Im Jahre 1925 veröffentlichte der *Iris Verlag* aus Frankfurt Haringers Erzählung „Das Räubermärchen", das er wie folgt widmet: *„In ewiger Erinnerung an den toten Kasperl Larifari, der mich in seliger Kinderzeit so überglücklich lachen ließ"*. Im Jahre 1982 erschien eine Neuauflage im *Buntbuch Verlag* Hamburg mit Zeichnungen von Ernst Kahl und einem Vorwort von Ludwig Fels, der dort feststellte: *„Wüsste man nicht, dass das „Räubermärchen" 1925 zum ersten Mal erschienen ist, könnte man meinen, es sei in seinem Ursprung teilweise aus den heutigen Zuständen gegriffen worden, denn schließlich haben wir noch Nazis wie damals, liberalisierende Industrielle und fossile Politiker, so national und konservativ wie ehedem, alles, alles, alles da, alles wie gehabt, alle im Frieden untergeschlüpft. Dass die Welt verkehrt tickt und alle guten Geister auf dem*

Kopf stehen, war immer so, da hilft weder Hexer-, noch Zauberei, da muss Genosse Kasperl mit Pauken und Trompeten dazwischen fahren, da muss uns ein starkes Lachen auskommen und Zeit muss da sein, um zu fühlen, was man liest." Das „Räubermärchen" gehört aus diesem Grund neben einigen Kurzgeschichten, die im *Salzburger Tagblatt* und anderen österreichischen Wochen- und Monatszeitungen, vor allem in den Jahren ab 1930 bis 1938 erschienen sind, in den vorliegenden Sammelband.

Haringer trat auch in Rundfunkanstalten auf. Die insgesamt 12 Sendetermine bei unterschiedlichen deutschen Rundfunkanstalten lassen ahnen, an wie viel verschiedenen Orten er sich aufgehalten hat:

13.10.1927 Süddeutsche Rundfunk AG Stuttgart / 21:30-22:50 Mein Leben / Stücke aus dem "Räubermärchen" / Ungedruckte Lieder, Oden, Verse für mein totes Lieb. Beiträge in: Jakob Haringer (mit Musik). Aus der Reihe: Stunde der Lebenden [Fred A. Angermayer: Einleitender Vortrag – vermutlich rezitiert].
18.12.1929 Mitteldeutsche Rundfunk AG Leipzig / 21:00-21:30 Jakob Haringer, Dresden, liest aus eigenen Werken.
01.01.1930 Funkstunde Berlin / 19:35-20:00 Jakob Haringer liest eigene Dichtungen.
11.02.1930 Westdeutsche Rundfunk AG Köln / 16:25-16:45 Gedichte. Eine Folge der Reihe: Lebende Dichter.
08.02.1931 Mitteldeutsche Rundfunk AG Leipzig / 17:00-17:30 Jakob Haringer liest eigene Lyrik.
02.03.1931 Funkstunde Berlin / 17:30-17:50 Jakob Haringer liest eigene Dichtungen.
28.05.1931 DST München / 21:55-22:20 Eine Folge der Reihe: Der Autor liest.
01.06.1931 Funkstunde Berlin / 18:35-19:00 Jakob Haringer liest eigene Erzählungen.
28.07.1931 Nordische Rundfunk AG Hamburg / 16:15-16:45 Lyrische Dichtungen. Beitrag in einer Folge der Reihe: Dichterstunde.
13.09.1931 SFS Breslau / 19:10-19:30 Jakob Haringer liest aus eigenen Werken.

15.12.1931 Funkstunde Berlin / 15:20-15:40 Jakob Haringer liest eigene Dichtungen.
03.04.1932 Funkstunde Berlin/ 12:10-12:20 Eine Folge der Reihe: Junge Lyrik.

Die Gedichtsammlung „Das Schnarchen Gottes" erschien im *Christof Brundel Verlag*, Amsterdam – einer der „Phantasieverlage" von Haringer – in einer Auflage von 200 Exemplaren im Jahre 1931 als Privatdruck für die Freunde des Dichters. Illustriert wurde die Sammlung von Marcus Behmer, der auch ein „Geldgeber" Haringers war.

Für diese Gedichtsammlung hatte sich kein Verlag gefunden, was in Anbetracht des ersten Gedichts des Bandes, dem inhaltlich viele ähnliche folgten, wenig überraschend ist:

macht nichts

für euch blöde Schullehrer und verschißne Affen –
für euch feige Richtertrichinen und Abortbanditen,
für eure Gerechtigkeit, eure Ehre –
Oh ihr falschen Hottentotten, bin ich nicht auf der Welt!
Wenn ihr lang verfault in fünfzig Jahren –
Ihr feigen Schufte, blöden Kamele
denken die Einsamen meiner Wehmut –
Denn für euren Krempel war ich nicht auf der Welt!!
Rührt euch Polizisten noch ein Maronibrater –
Senkt ihr vor Gott noch eure Scheißgesichter?
Leckt mich am Arsch ihr Arschlöcher, nein,
Er ist für euch zu gut –
Denn für euch, merkt euch's, bin ich nicht auf der Welt …
Gottes sind Frösche und Nachtigallen!
aber nicht ihr standesgemäße Rotznasen!!
O ihr bürgerlichen und geistigen Henker –
für euch war ich nicht auf der Welt!

Flöh und Wanzen, Freund! und andere menschlein
kannst du leider nicht so ganz ignoriern. Doch
Gott, Du! was bildest du dir überhaupt ein?
Ist das noch leben … pah! für das bin ich nicht auf der Welt.
Feiges Herz Du! bang – für Was denn überhaupt??
O ihr Götter! ich verachte euch –
bin ich nicht stärker als ihr Alle …
Wenn nur das Herz nicht so feig, ach so feig wär

Haringer zügelte seine Wut nicht. In seinen Gedichten trifft es immer die „Anderen", die Schuld haben an seinem verpfuschten Leben, an dem, was er erlebt hat. Als katholischer Anarchist und Vagabund adressierte er die Schuldfrage im Notfall auch an Gott, Maria, Josef und die Heiligen.

Vom 21.-23. Mai 1929 fand in Stuttgart der Vagabundenkongress statt, an dem auch Haringer teilnahm. Im Jugendgarten der Freidenker, auf dem Killesberg trafen sich 600 Teilnehmerinnen und Teilnehmer. Auf der Rednerliste standen u.a. Gregor Gog („Was will die Bruderschaft der Vagabunden?"), Heinrich Lersch („Der Kampf um die Freiheit"), Alfons Paquet („Gruss der Dichter und Künstler aus aller Welt"), Hans Tombrock („Landschaft-Kunden-Vagabunden"), Willi Hammelrath („Kapitalistische Gesellschaft und Kunde"), Philipp Hainz („Justiz und Kunde"), Rudolf Geist („Der Kunde als revolutionärer Agitator"), Jakobus Weidemann („Die Heimat der Heimatlosen") und Karl Roltsch („Von unterwegs. Sozialpolitische Erfahrungen eines akademischen Trippelfreiwilligen).

Gregor Gog, der Mitorganisator dieses Kongresses verkündete in seiner Begrüßungsrede: *„Tief unten liegt Stuttgart. Der prahlerische Sechzehnstock-Turm des Stuttgarter Neuen Tagblattes, aus dem Kapitalismus, Kirche und bürgerliche Schmockerei ihre öffentlichen Zungen blecken, erscheint im wahren Lichte: ein wesenloses Gebäude, klobig und unwichtig; wie all die anderen Ämter und Kulturlaboratorien der ‚Fürsten dieser Welt‘, der Hetzer und Heuchler und Aktionäre an der Lebenskraft der Armen… Generalstreik das Leben lang! Lebenslänglicher Generalstreik! Nur durch einen solchen Generalstreik ist es möglich, die kapitalistische, ‚christliche‘, kerkerbauende*

Gesellschaft ins Wackeln, ins Wanken, zu Fall zu bringen! … Lieber verrecken wir, als diese Welt noch länger zu stützen!"

Otto Basil, dessen großartiger Roman „Wenn das der Führer wüsste" vor kurzem eine Neuauflage erlebte, berichtete Werner Amstadt in einem Brief: „… *in Stuttgart hat er* [Haringer] *als Redner auch teilgenommen. Mit meinem Freund, einem Wiener Vagantendichter Rudolf Geist, der gleichfalls als Redner nominiert war, tauschte er Ohrfeigen …"* Hier irrte Otto Basil, auf diesem Kongress hat Haringer nicht gesprochen, dafür sprach jedoch Rudolf Geist, so berichtet sein Sohn Till Geist in *Profile*[30] zur Rede seines Vaters auf diesem Kongress: *„Rudolf Geist hielt eine … unvergessene Rede über die Freiheit und Würde des Menschen, dass man sie nicht antasten dürfte, auch nicht die Würde der einfachen Brüder von der Landstraße. Große Teile dieser Rede, über die und deren Anlass Basil und Geist miteinander korrespondierten, hat Gregor Gong unter dem Titel „Der Kunde als revolutionärer Agitator" als Broschüre 1929 drucken lassen – dann aber die noch verfügbare Auflage auf Moskauer Weisung eingestampft."*[31]

Die Teilnahme Haringers an diesem Kongress ist belegt. Otto Basil, der mit Rudolf Geist eng befreundet war, erwähnt in einem Brief vom 11. Mai 1972 an Friedhelm Spicker: *„In Stuttgart, anlässlich des auch Ihnen bekannten internationalen Vagabundentreffens, gab er* [Geist] *bei einem Saufgelage Jakob Haringer eine Ohrfeige. Es handelte sich dabei aber nicht um ein weltanschauliches Zerwürfnis, sondern um ein Mädchen, eine Kellnerin. Geist wurde damals eingelocht und nach Österreich abgeschoben."*

Ausrichtung und Thematik dieses Kongresses, bei dem es auch einen Empfang der Vagabunden beim Stuttgarter Bürgermeister gegeben haben soll, entsprachen sicher nicht Haringers Auffassungen. Eine Kritik an der kapitalistischen Gesellschaftsordnung lässt sich bei ihm kaum finden, wenn er auch heute vermutlich Kämpfer für das bedingungslose Grundeinkommen und dazu ein konsequenter Gegner gegen das sich vor allem in den Fremdenverkehrsregionen ausbreitende, „Bettelverbot"[32]

---

30 Magazin des österr. Literaturarchivs, Nr. 2/1998.

31 Rudolf Geist in einem Brief an Otto Basil am 8. Juni 1929 und 28. Dezember 1932.

32 Beschämend ist insbesondere, wie sich die Stadt Salzburg heute verhält, wie sie per „sektoralen Bettelverboten" Bettler aus jenen Stadtteilen ausschließt, in denen sich die Reichen und Schönen treffen, um Hochkultur zu genießen.

wäre. Haringer hoffte auf Gott als Erlöser, wenn es ihm, was selten der Fall war, gut ging. Sonst aber war dieser an Haringers Elend schuld. Seinen politischen Standpunkt beschrieb er wie folgt:

Es gibt keine Theorie, die an sich revolutionär ist und sich nicht zu reaktionären Zwecken verwenden lässt. Der Marxismus ist von seiner Lehre zur Droge geworden, zu einer Gewissenserleichterung. Vielleicht wird einmal die Losung zu geben sein: der Marxismus ist Opium für das Volk. Lebendig am Marxismus ist vor allem die Ideologiekritik. Marxismus kann als eine kalte Technokratie verstanden werden, ist aber im Wesen eine tragisch-menschliche Schau. Der Sozialismus wird den Marxismus überleben... Es könnte sein, dass der Faschismus militärisch besiegt wird und doch sogar in Siegerstaaten wieder entsteht, und vielleicht sogar unter demokratischer oder sozialistischer Maske als ,Roter Faschismus'.

Im Sommer des Jahres 1929 dürfte Haringer dann einige Zeit in Hamburg gelebt haben. In seiner im Eigenverlag erscheinenden Zeitung *Die Einsiedelei – Ein Stundenblatt*, Nr. 31, erinnert er sich an die Hamburger Zeit und schreibt einer Freundin: *„Denkst Du noch an mich? Ich sitze noch in Deiner Bude. Morgens erst kamen wir nach Haus. Du kochtest noch Kaffee, hast meine Lieblingswurst gekauft und Camembert. Der Himmel guckt zum Dach hinein. Wir deklamierten gerad Eichendorff, statt uns zu küssen, und schwätzten von Chaplin, von Menschenleid, Träumen, Reisen und unseren unglücklichen Liebschaften. (...) Wir standen vorm Kasperltheater, hockten in St. Paulis Varietes, lauschten Zigeunern oder kitschigen Liedern von Untreu und unglücklicher Liebe. Aber mit mir sahst Du doch zum ersten Mal ,Die Fledermaus'. – Weißt Du noch?"*

Wie lange Haringers Aufenthalt in Hamburg genau dauerte, lässt sich nicht herausfinden. In dieser Zeit soll ihm auch der Schriftsteller Werner Helwig, Autor des Romans „Die Raubfischer in Hellas", begegnet sein. Haringer muss sich dann in Essen aufgehalten haben, denn Werner Amstadt zitiert aus einem Schreiben der städtischen Krankenanstalten vom 19. Oktober 1929.

An die Gendarmerie in Bayerisch Gmain, wo Haringer nach Wissensstand von 2017 nie gemeldet war, gerichtet, bewertete ein verantwortlicher Mitarbeiter Haringer augenscheinlich sehr positiv: *„Mir liegt daran, die Heimat auf einen ihrer Großen aufmerksam zu machen, den sie oft verkannt hat und der jetzt schwerkrank ist. Die Heimat sollte sich beizeiten besinnen und großzügig über etwaige Fehler des Betreffenden hinwegsehen. Es wird der Zweck verfolgt, Herrn Haringer in dem Sanatorium des anerkannten und erfolgreichen Forschers und Arztes, Herrn Dr. Gerson in Kassel, Wilhelmshöhe, auf einige Monate unterzubringen, damit sein verschlepptes Herz-, Lungen- und Nervenleiden endlich einmal gründlich durch diesen tüchtigen Arzt, der schwerste Fälle heilte, außerdem Lupusleidende usw. wieder herstellte, geheilt wird. (...) richtig wäre es, wenn die Heimat einem ihrer Großen einen Dienst erweisen würde, wenn sie freiwillig – nur, wenn sie es gerne tut – an Herrn Dr. Gerson in Kassel, Wilhelmshöhe, direkt Beiträge zur Heilung des Herren senden würde."*

Ob Haringer dann wirklich bei Dr. Gerson in Kassel behandelt wurde, lässt sich nicht mehr feststellen. Inhalt und Brief dieses Schreibens allerdings lassen vermuten, dass Haringer in den Besitz von Briefpapier der städtischen Krankenanstalten Essen gekommen ist, und dieses Schreiben selbst verfasst hat.

März/April 1930 dürfte Haringer sich in Berlin aufgehalten haben. Anschließend war er auch in Zürich und darauf im Sommer wieder in Berlin. Nelly Sachs hat ihm hier Kleidungsstücke ihres verstorbenen Vaters geschenkt. Aus Prag hat er dann im November einen Brief an die Kriegsfürsorge Wien geschrieben:

In der Wohnung meiner Eltern in Aigen bewohne ich zwei Zimmer, bin jedoch seit Frühjahr auf Reisen, die mich nichts kosten. So war ich auf Einladung des französischen Kultusministers sechs Wochen in Frankreich, hierauf auf Einladung des Generalkonsul Kühner, Exzellenz von Rheinbolott, Museumsdirektor Dr. Bernoulli, einige Monate in der Schweiz. Seitdem bin ich auf Einladung des tschechischen Ministeriums sowie Prof. Dr. Urianitte und O. Fischer, der meine Bücher ins tschechische übersetzt, in Prag. Da ich dauernd schwer krank, kann ich schon wieder jahrelang nichts mehr arbeiten und lebe auf Kosten meiner begüterten Freunde.

In einem weiteren Brief an diese Behörde folgen weitere Übertreibungen Haringers:

Ich erhalte aus Australien Briefe: Haringer Europa-, während sie[33] den Wohnort meiner Eltern, von dem ich mich meldete, als ‚Deckadresse‘ bezeichnen. Den hingeschmierten Kram, gänzlich unleserlich, mit dem Sie unterschreiben, wollen Sie mir bitte gleichfalls genau leserlich mitteilen. H. z. Z. Prag, Prager Tagblatt.

Zum äußeren Erscheinen und Auftreten Haringers erinnert sich Friedrich Torberg, der dies im Jahre 1963 an Werner Amstadt schrieb:

Er trug einen gelben Flauschmantel, eine Sportkappe und am Ringfinger einen auffallend großen Stein von blauer Farbe. Er wirkte untersetzt und ein wenig füllig, aber in keiner Weise ungepflegt oder gar wie ein Vagant. Man konnte niemals ganz das Gefühl los werden, dass er mit dem Vagantentum ein bißchen kokettiere.

Zu Beginn des Jahres 1931 war Haringer Patient in der psychiatrischen Klinik der städtischen Krankenanstalten in Essen. Die Aufenthaltskosten übernahm das Hauptversorgungsamt München-Land. Anfang Februar 1931 erfolgte auf Haringers Wunsch die Entlassung. In den Krankenakten ist vermerkt: *„Schwere geltungsbedürftige Psychopathie mit teils bewusster Übertreibung."* Noch immer wurde Haringer wegen diverser Vergehen von der Traunsteiner Gerichtsbarkeit gesucht. Aus Berlin kam er nach München und las dort am 23. Mai 1931 im Rundfunk aus seinen Werken. Die Münchner Polizei verhaftete Haringer hier. Nach 10 Tagen kam er aus dem Gefängnis in Stadelheim in die Psychiatrische- und Nervenklinik in München 2 SW, Nußbaumstraße 7. Dort wurde er zur Beobachtung

---

33 *Sie*, – die Behörde ist gemeint.

auf seinen Geisteszustand und zur Untersuchung auf seine Haftfähigkeit eingewiesen.

Im Anhang (ab Seite 256) ist der Briefwechsel von Jakob Haringer mit Hertha Grigat aus dem Jahr 1931 nach Verhaftung in München Stadelheim, soweit gefunden, dokumentiert. Für die Entzifferung der meisten handschriftlichen Texte sei an dieser Stelle Frau Dr. Ilse Stahr gedankt.

Auffällig ist allerdings, dass Haringer mit keinem Wort die schon bekannte Schwangerschaft von Hertha Grigat erwähnt, während Sie ihn liebevoll in ihren Briefen „Papilein" nennt. Anfang 1932 wurde Jakob Haringers Sohn in Ebenau bei Salzburg geboren.

In der Psychiatrie in München erfolgte im Juli 1931 auch jene Untersuchung über den Geisteszustand, die am 13. Juli 1931 der Staatsanwaltschaft bei dem Landgericht Traunstein[34] zugestellt wurde. Sie ist im Anhang (siehe

Hertha Grigat um 1930
Bild: Bürgerstiftung für verfolgte Künste, Else-Lasker-Schüler-Zentrum; Kunstsammlung Gerhard Schneider/Zentrum für verfolgte Künste.

Seite 260) vollständig dokumentiert und sagt sehr viel über die damalige Lebensweise von Jakob Haringer aus.

Nach dieser Untersuchung verschwand Haringer und die Staatsanwaltschaft in Traunstein bekam auf Anfrage beim Gendarmeriepostenkommando in Aigen, wo Haringers Eltern eine Gastwirtschaft betreibend wohnten, mitgeteilt, Haringer sei in Südfrankreich.

In Berlin, wo sich Haringer, wie im bayerisch-österreichischen Grenzgebiet an unterschiedlichsten Adressen aufgehalten hat, lernte er, vor seinen Klinikaufenthalten, die damals 18 Jahre alte Hertha Grigat kennen und lieben. Am 15. Oktober 1931 gab es mit ihm eine Radiosendung beim

34 Aktenzeichen C 786/29, F. 246/27.

Deutschschweizer Landessender. Am 11. November 1931 kaufte er in Ebenau bei Salzburg ein Haus. Es war das einstöckige Klammhäusl Nr. 9, das mit Efeu überwuchert war. Bei der Polizei Salzburg ist vermerkt: „*Der*

Das Ebenauer Klammhäusl um 1930.

Schriftsteller Jakob Haringer hat sich durch den Ankauf eines Häuschens um 5000 Schilling in Ebenau, Gemeinde Koppl, im Winter 1931 niedergelassen. Die Wirtschaft führt seine Sekretärin Hertha Grigat aus Deutschland, während er selber sich stets in Berlin und in den übrigen größeren Städten Deutschlands aufhält…"[35]

Haringer hatte schon vor dem Kauf als Mieter in diesem Haus gewohnt, das er für 5000 Schillinge (2017 sind das etwa 15000€) gekauft hatte. 3000 Schillinge streckte ihm sein Freund Georg Rendl vor.[36]

---

35 Akt PR.Ze 1932 23/4800 1932, Salzburg, zur Verfügung gestellt vom Landesarchiv Salzburg.

36 Georg Rendl war Schriftsteller und Maler (1.2.1903 - 10.1.1972). Vom Geburtsort Zell am See übersiedelte die Familie Rendls bald nach der Geburt Georgs nach Salzburg, wo er während seiner Schulzeit erste literarische Versuche unternahm und mit seinem Freund Josef Kaut an der an Trakl orientierten Zeitschrift „Der blaue Föhn" mitwirkte. Er verließ 1920 vorzeitig die Schule und musste sich während der Inflationszeit als herumziehender Bettler und Gelegenheitsarbeiter durchschlagen. Von Stefan Zweig gefördert und von der Neuen Sachlichkeit beeinflusst, gelang ihm 1931 mit dem „Bienenroman" die erste Veröffentlichung, 1932 folgte der Arbeitslosenroman „Vor den Fenstern", 1935 »Die Glasbläser von Bürmoos«. Von nun an bestimmte die Textproduktion sein Leben, 1938 zog er sich, zunehmend tief religiös, in den nördlichen Flachgau zurück, wo er 1972, mit seiner Art zu schreiben kaum noch gefragt, vereinsamt starb.

Am 2. Dezember 1931 erfolgte der Eintrag ins Grundbuch der Gemeinde Ebenau[37] und es verwundert gar nicht, dass Haringer hier als „Dr." eingetragen wurde, obwohl er sicherlich keine gültigen Dokumente dazu vorlegte. Der nächste Eintrag im Grundbuch lautet: „1. März 1933 TZ 693. Auf Grund des Kaufvertrages am 28. Februar 1933 wird das Eigentumsrecht für Georg Rendl einverleibt." Am 12. Juli 1938 wurde das Haus dann an Ferdinand Altwagner verkauft. Ebenau mit dem Klammhäusl war wohl Haringers letzter Versuch sesshaft zu werden. Aber auch der scheiterte.

Im Jahre 1932 wurde sein Sohn Johannes geboren und 1933 die Tochter Ingeborg. Meine Anfrage an die katholische Pfarre Ebenau, ob zu beiden Geburten Daten vorlägen, wurde wie folgt beantwortet:

Folgende Daten bezüglich des Sohnes habe ich gefunden und übermittle sie Ihnen hiermit gerne!

Name: Johannes Franziska, Geboren am 15. Jänner 1932, Taufe am 21. Jänner 1932, Geburtsort: Unterberg 9 (Gemeinde Koppl, Pfarre Ebenau) Röm. Kath. Unehelich, Verstorben am 18. August 1992 in Großhansdorf, BRD lt. Mitteilung Standesamt Großhansdorf, Nr. 288/1992.
Vater: wurde erst später mit Bleistift eingetragen: Jakob Haringer
Mutter: Hertha Gigat, evangelisch reformiert, eheliche Tochter des Franz Karl Grigat, Friseur und der Maria Christine Elisabeth, geb. Göhler,

---

37 Grundbuchauszug Gemeinde Ebenau.

Sekretärin in Ebenau, Unterberg 9, geboren in Essen-Rüttenscheid, Preußen, am 16. Oktober 1911 in Essen
Pate: Frz. Haringer (wahrscheinlich Franziska, steht aber nur die Abkürzung im Taufbuch!), Schlosswirtin in Aigen (Anmerkung: Nachbargemeinde), röm. Kath., Taufspender: Pfarrer Josef Rosenstatter. Von der Tochter Ingeborg habe ich leider nichts in unseren Unterlagen finden können.

Elisabeth Seigmann Pfarrsekretärin.

Bei der Geburt seines Sohnes war Jakob Haringer anwesend, als die Tochter Ingeborg auf die Welt kam, war er wieder unterwegs und hatte wohl den Traum von Familie samt ständigem Wohnort aufgegeben. Trotz zweier Kinder war auch Ebenau für Haringer kein Zuhause. Er reiste durch Deutschland, lebte auch sehr oft in Berlin und im bayerisch österreichischen Grenzgebiet und hinterließ Spuren in Morzg, Hellbrunn, Aigen, Bayerisch Gmain und Bad Reichenhall.

Haringers Kinder: Johannes und Ingeborg
Bild: Bürgerstiftung für verfolgte Künste,
Else-Lasker-Schüler-Zentrum;
Kunstsammlung Gerhard Schneider/
Zentrum für verfolgte Künste.

Zu seiner Mutter Franziska Haringer dürfte in dieser Zeit die Beziehung nicht zerrüttet gewesen sein, denn sie war die Patin seiner Tochter Ingeborg. Die Kinder erfuhren erst nach dem Krieg, wer ihr Vater ist.

Hertha Grigat gab auch Ihren Namen für den Verlag her, in dem 1932 „Der Reisende und die Träne" erschien – 68 Seiten mit dem kaum glaubwürdigen Vermerk „Geschrieben 1915". In diesem Band gibt es auch das Gedicht „Der Hertha Grigat, dem bösen Mucki", die Haringer ja Anfang der 1930er Jahre in Berlin kennengelernt hatte.

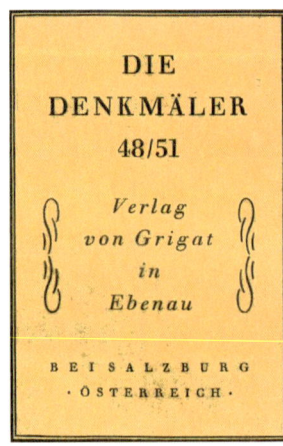

DIE
DENKMÄLER
48/51

Verlag
von Grigat
in
Ebenau

BEI SALZBURG
· ÖSTERREICH ·

Der Herti Grigat,
dem Bösen Mucki

Du mein Trost im Weh,
Oh du liebes Reh!
Bei den Toten nur und Dir ist Trost.
Ach die Welt ist schlecht,
Aber Du warst echt –
Schönste Ostern! Liebste Weihnachtspost!
Alle trogen arg,
Alle warn mein Sarg –
Aber Du warst echt und ohne Trug!
Unser Kind – es lacht
Licht die tiefste Nacht,
Hell des Lebens ärgsten menschenspuk.
O es war zu schön …
Doch, auch DU wirst gehen,
Wirst verlöschen wie ein kleiner Stern.
Sei bedenkt und bleib
Noch die Abendzeit,
Ach bald bin ich alt und tot und fern

Jürgen Serke beschäftigt sich in seinem Buch „Die verbrannten Dichter"[38] auch mit Jakob Haringer und dessen Beziehung zu Hertha Grigat: *„Nach einem Zerwürfnis war sie nach Deutschland zurückgekehrt. Haringer hat sie nicht wiedergesehen. Hertha Grigat überlebte den Krieg in Braunschweig, kurz vor Kriegsende heiratete sie in die Kruppdynastie ein, wurde die Frau von Berndt-Rembrandt v. Bohlen und Halbach. Haringers Kinder, die zunächst in einem Heim lebten und dann zur Mutter zogen, erfuhren erst nach dem Kriege wer ihr wirklicher Vater war. Der Sohn Johannes ist heute, (das war um 1980) 40 Jahre alt und lebt als Restaurator in Norddeutschland. Er sagt: 'Ich habe mit meiner Mutter nie über meinen Vater reden können, ohne dass sie Hassausbrüche bekam. Ich weiß nicht warum. Aber wenn man*

---

38 *Fischer Taschenbuchverlag*, letzte Auflage im Jahre 1980.

einen Menschen so hasst, dann muss eine starke Liebe vorausgegangen sein.“
Haringer hat wohl auch nach dem Verkauf des Klammhäusels in Ebenau weiter dort gelebt. Am 24. November 1932, laut Poststempel, schrieb er dem damals amtierenden Landeshauptmann Franz Rehrl, der ihm kleine Geldunterstützungen überwiesen hatte, eine Postkarte:

Sehr verehrter Herr Dr.

Ich danke Ihnen aufrichtigst für Ihre große Güte. Ich habe mich sehr gefreut, daß es in diesen eiskalten Ungeheuerlichkeiten noch solche Menschen gibt. In edelster Weise haben Sie mir ein wenig Schaffen u. Leben ermöglicht. Ich werde Ihnen diese Güte nie vergessen.

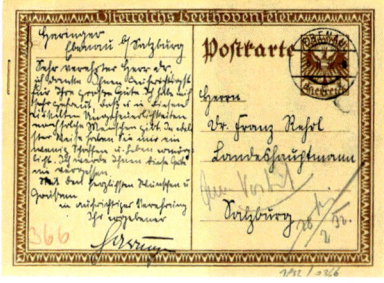

Mit den herzlichsten
Wünschen u. Grüßen
in aufrichtiger Verehrung
Ihr ergebener
Haringer[39]

Weniger schön ist aber dann eine Geschichte, die Haringer dem Chef-redakteur des bürgerlich konservativen *Salzburger Volksblattes,* Reinhold Glaser, nach 1938 wahrscheinlich aus der Schweiz, in einem undatierten Brief schrieb:

Ich bitte Dich dringendst & von ganzem Herzen mir gegen den Falotten Rendl [d. i. der Schriftsteller Georg Rendl, 1903-1972] zu helfen, der nun, nachdem er das Haus total ausgeplündert, alles gestohlen – dabei ist, die Hütte zu verkaufen. Es wird Dich bestimmt an maßgebender Stelle bloß ein Wort kosten, um diese schmutzigste Hyäne unschädlich zu machen. Dabei ging dieses Schwein, samt seiner ‚besseren Hälfte‘, noch vor dem 11. März täglich beichten &

39 Zur Verfügung gestellt durch das Landesarchiv Salzburg.

kommunizieren, weil, er, der früher Rote, sich eben von den Pfaffen allerhand erhoffte, um natürlich, als echter Gesinnungslump heute den einzig echten Nat. Sozialisten zu spielen. Rendl hat, R[egierungs-] Rat Libsch ist Zeuge, keinen Groschen f. d. Hütte bezahlt, im Gegenteil mir noch ein paar Schilling herausgelockt, R. hat das Haus ohne mein Wissen[,] mit nahezu 4000 Schilling belastet & um sein edles Maß voll zu machen & mich gänzlich ausrauben zu können mich bei den Behörden derart denunziert, daß mir eine Rückkehr z. Zt. unmöglich ist. Ich beschwöre Dich, zu sorgen, daß diesem jesuitischen, teuflischen Stückchen Scheiße, der ja in Salzburg schon Dutzende beschissen, nun endlich das Handwerk gelegt wird, bevor er, noch dazu jetzt – als echter (Hü!) Nationalsozialist die Partei noch mehr bedreckt & beschmutzt [...] "[40]

Eine weitere Andeutung zu diesen Vorwürfen findet sich in einem Text (vollständiger Text – siehe Anhang Seite 279) von Rudolf Felmayer, der im *Österreichischen Tagebuch – Wochenschrift für Kultur, Politik, Wirtschaft* erschien: „*... Der 1898 Geborene wurde 1938 von einem freundlichen Berufskollegen, der noch heute sehr aktiv und hochgeehrt im Salzburgischen wirkt, radikal von seinem kleinen Grundbesitz samt Haus, Kunstschätzen und Habe befreit, wobei allerdings dieser Kollege sämtliche Manuskripte Haringers gewissenhaft der Gestapo übergab. Die ganze Umgebung dort kennt den genauen Vorgang. Man teilte dieses Wissen auch dem im Ausland weilenden Dichter mit, aber sonst befleißigte man sich vornehmster Nichteinmischung...*"[41]

Herr Wilhelm Leitner, Kustos des Museums in der Gemeinde Ebenau, den ich persönlich zu diesen Aussagen befragte, konnte die von Felmayer übernommenen Vorwürfe Haringers nicht bestätigen. Georg Rendl, der hier „belastet" wird, war nie Mitglied der NSDAP und politisch war er „christlich" eingestellt. So dürfte auch dieser Vorwurf zu jenen unschönen und bösartigen Seiten Haringers gehören, die er vielen Helfern gegenüber an den Tage legte, wenn sie nicht in seinem Sinne auf Hilferufe handelten.

---

40 Dieser Brief wurde mit weiteren anderen Briefen und 4 Postkarten über *Kotte Autographenhandel* verkauft.

41 *Österreichisches Tagebuch – Wochenschrift für Kultur, Politik, Wirtschaft*, Nr. 33 29.8.1947.

Kurz vor seiner Flucht aus Deutschland mit Beginn der Nazidiktatur im Jahre 1933 hat der Komponist Arnold Schönberg drei Gedichte von Jakob Haringer im strengen zwölftönigen Stil der Orchestervariationen op. 31 komponiert. Schönbergs Flucht über Paris nach Amerika ließ diese Lieder in Vergessenheit geraten. Sie wurden erst im Jahre 1948 bei dem Verleger *Bomart Music Publications* herausgegeben.[42]

Sommermüd[*]

Wenn Du schon glaubst,
Es ist ewige Nacht –
Hat Dir plötzlich ein Abend
Wieder Küsse und Sterne gebracht.
Wenn Du dann denkst,
Es ist Alles, Alles vorbei –
Wird auf einmal wieder Christnacht
Und lieblicher Mai.
Drum dank Gott und sei still,
Daß Du noch lebst und noch küsst –
Gar mancher hat ohne Stern
Sterben gemüßt

Tot[*]

Ist alles eins
Was liegt daran,
Der hat sein Glück,
Der seinen Wahn.
Was liegt daran!

---

42 Die drei Lieder, Dauer etwa 6 Minuten, sind zu hören unter: http://www.schoenberg.at/index.php/ en/joomla-license-sp-1943310036/drei-lieder-fuer-tiefe-stimme-und-klavier-op-48-1933
* Der Reisende oder Die Träne = Der Werke X. Band. In: Die Denkmäler 48/51, Ebenau bei Salzburg: Grigat 1932, S. 35.
* Abschied. Gedichte. Berlin-Wien-Leipzig: *Paul Zsolnay Verlag* 1930, S. 51.

Ist Alles eins,
Der fand ein Glück!
Und ich fand keins

Mädchenlied[*]

Es leuchtet so schön die Sonne
Und ich muß müd ins Büro,
Und ich bin immer so traurig,
Ich ward schon lang nimmer froh.
Ich weiß nicht, ich kanns nicht sagen,
Warum mir immer so schwer,
Die anderen Mädchen alle
Gehn lächelnd und glücklich einher.
Vielleicht spring ich doch noch ins Wasser,
Ach, mir ist alles egal,
Käm doch ein Mädchenhändler
Und es war doch Sommer einmal!
Ich möcht ins Kloster und beten
Für Andre, daß's ihnen besser geht
Als meinem armen Herzen,
Dem hilft kein Stern, kein Gebet

Die Beziehung Haringers und Schönbergs zueinander schildert Theodor W. Adorno in folgendem Brief an die Zeitschrift *Der Monat*:[43]

Haringer und Schönberg
Sehr geehrte Redaktion,

die Lyrik Jakob Haringers, diese Mixtur aus Verlaine und

---

43 Der Monat 1962, Heft 163, S. 92.
* Abschied. Gedichte. Berlin-Wien-Leipzig: *Paul Zsolnay Verlag* 1930, S. 111.

Infantilismus, der Peter Härtling seinen sensiblen und schönen Aufsatz widmete (Heft 162), ist mir seit den frühen zwanziger Jahren vertraut. Dass aber Haringer nicht vergessen werde, wird dadurch gesichert, dass Arnold Schönberg drei Gedichte von ihm, darunter auch das im Monat abgedruckte »Ist alles eins«, komponiert hat. Es handelt sich um die einzigen Klavierlieder, die Schönberg in der Zwölftonepoche schrieb. Wenn ich mich recht erinnere, hatte Haringer auch an ihn mit der Bitte um Hilfe sich gewandt; sicherlich nicht vergebens. Freilich hat das Fatum Haringers auch die Lieder nicht verschont. Sie entstanden 1933, in den ersten Monaten des Naziregimes, kurz vor Schönbergs Emigration. Er hatte sie, unter dem Schock der Ereignisse, völlig vergessen, ist erst in Los Angeles wieder darauf gestoßen und hat sie dann mit einer Opuszahl, die gegenüber der Chronologie viel zu hoch ist, publiziert. Bis heute sind die Lieder nicht sehr bekanntgeworden und werden selten gesungen. Dabei ist zumal das letzte etwas wie ein Solitär im Schönbergschen Werk; ein Mädchenlied, bei kunstvollster Rhythmik und reich gewobenem Klaviersatz chansonähnlich, vielleicht in Erinnerung an die noch nicht gedruckten Stücke, die Schönberg in seiner Jugend für Wolzogens Buntes Theater schrieb. Etwas an Haringer muß dem wahlverwandt gewesen sein, der in das zentrale Werk seines Durchbruchs, das Zweite Streichquartett, die Melodie von „Oh Du lieber Augustin" hineinarbeitete. Auf jene Lieder sei, des Dichters wie des Komponisten wegen die allgemeine Aufmerksamkeit gelenkt.[44]

Haringer dürfte auch nach der Machtergreifung im Jahre 1933 im kleinen Grenzverkehr zwischen dem Land Salzburg und Bayern unterwegs gewesen sein. Dazu kannte er, der viel zu Fuß unterwegs war, genügend Schleichwege.

---

44 Gesammelte Schriften Band 18, *Suhrkamp Verlag Frankfurt a. Main* 1984.

Deutschland-Ode[*]

O Herrgott! Dank! Ihr Schufte! Es gewittert!
Ihr habt euch viel zu lang mit Dreck zersplittert –
Mein armes Land!!

Mit brauner Pest wardst todwüst du umnebelt,
Sie haben feige dich zum Lump geknebelt –
Mein schönstes Land!

ein Volk läßt ewig sich mit Knüppeln morden,
ihr seid am Ende schwarze Mörderhorden!
Geduld mein Land!

Durch all dies Leid wirst du in Freiheit strahlen,
Aus Liebe sandte Gott dir diese Qualen –
Mein armes Land!

Du bist nicht so mein Land, ich glaub an deine
Verborgnen Himmel noch – was kümmern mich die
Schweine!
Du liebes Land ...

Es hocken Mücken wohl am schönsten Spiegel,
Das Glück verbirgt sich hinter schwarze Sigel –
Mein deutsches Land!

Ich fleh zu Gott mit all den Millionen,
Herr! Mach uns frei von diesen feigen Drohnen!
Geduld mein Land!

Es blitzt ... es stürzen balde deine Mauern,
Vorbei der braune Mord, das finstre Trauern,
Geduld mein Land!

---

* Veröffentlicht in *Das Neue Tagebuch* Paris Amsterdam 2. Jahrgang, 1934, Heft Nr. 41.

Du wirst bald wieder goldne Sonne schauen,
Verreckt die Mörder und ihr eisern Grauen,
Mein armes Land ...

Sie haben dich mit lauter Mord zersplittert ...
O Herrgott! Dank! Ihr Schufte! es gewittert ...
Wach auf! Mein schönstes Land!

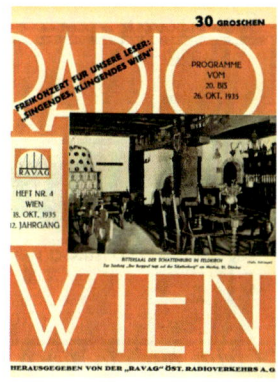

Vor der Machtergreifung der Nazis war Haringer noch einige Zeit in Berlin, hatte aber Breslauer Tarnadressen (Kreuzstraße, Kaiser Wilhelm Straße, Nenndorfstraße). Im Jahre 1933 war es vorbei mit den Deutschlandbesuchen.

Bis zum Einmarsch der Nazitruppen in Österreich am 11. und 12. März 1938 publizierte Jakob Haringer in folgenden Zeitungen und Zeitschriften in Österreich: *Arbeiter Zeitung, Illustriertes Familienblatt, Radio Wien/Rundfunkzeitschrift, Die Bühne, Salzburger Chronik, Das kleine Frauenblatt – unabhängige Wochenzeitung für Frauen, Wiener Zeitung,*

Wiener Magazin und *Salzburger Volksblatt.* Im *Salzburger Volksblatt* waren viele Gedichte und Kurztexte zu lesen. Kleine Prosatexte wurden vor allem in der Monatszeitschrift *Die Bühne* veröffentlicht. Daneben gab es aber auch zahlreiche Sendetermine bei österreichischen Rundfunkstationen, wo Jakob Haringer aus eigenen Werken las. Die damals wahrscheinlich nicht geringen Honorare dürften sehr wohl für ein

auskömmliches Einkommen gereicht haben. Haringers „Reisetätigkeit" setzte sich fort. Jetzt waren es Orte in Österreich und in der Schweiz, an denen er sich aufhielt. Carl Paeschke, Kaufmann, Journalist und Pazifist entging im August 1932 einem Bombenattentat der SA. In der Schweiz fand der Mitarbeiter der NZZ – der in die Schweiz geflüchtet war – im Haus von Professor Dr. Rudolf Bernoulli, der Jakob Haringer freundschaftlich unterstützte, Unterschlupf. Er berichtet Werner Amstadt in einem Brief vom 11. November 1962 über Jakob Haringer: *Jakob Haringer war – so möchte ich es formulieren – ein deutscher François Villon. Im Grunde eine weiche, feinfühlige, übersensible Natur, die sich irgendwie mit ihrer Umgebung auseinandersetzen mußte und dies nur konnte, wenn sie grob und ausfallend wurde. Er war ein guter Kamerad, hilfsbereit, gutmütig und konnte, wenn er wieder etwas angestellt hatte, demütig und schüchtern sein. Er liebte das gute Leben. Er ließ sich – um ein Beispiel zu nennen – seidene Hemden anfertigen oder elegante Anzüge; aber was half das? Er gehörte zu den Menschen, die, wenn sie ein Kleidungsstück tragen, es schon unansehnlich machen. Und so wirkte er, auch fein gekleidet, salopp, irgendwie unordentlich."*

In Wien lebte Haringer in einem Hotel im 2. Bezirk, in der Weintrauben-gasse. Daneben gab es noch eine weitere Wiener Adresse – Haringer, Opernring 7 bei Gold. In einem Brief an Richard Doetsch-Benziger, einem beutenden Schweizer Sammler von Büchern[45] schrieb er: „*… nachdem ich mich gründlich hier durchgehungert – mehr als gründlich – bleibt mir nichts übrig, als zurück nach Wien. Es ist ja nicht tragisch, daß man stets wieder auf Vorspiegelungen hereinfliegt, trotz aller Gereiztheit. Bitte senden Sie mir doch das Fahrgeld zurück nach Wien (in dem mich freilich auch nichts erwartet), aber es gibt doch um 20 Groschen einen Teller Goulasch, Suppe, etc.*" Ende Jahres folgte eine weitere Klage: „*Dank Ihrer Güte war es mir doch möglich, wieder in diese häßliche, verlogene, aber immerhin billigste Stadt zu reisen. Schade um das schöne Geld. Dabei besitze ich keinen Mantel, keine Unterhose und zerrissene Schuhe.*"

Ebenau war, obwohl er das Haus nicht mehr besaß wohl auch einer seiner Aufenthaltsorte, denn gegen Haringer gab es einen

---

45 Richard Doetsch-Benziger sammelte Erstausgaben, bibliophile Bände, Bilder, Zeichnungen, Druck-grafiken und Plastiken.

„Abschaffungsbescheid", der ihm verbot, sich in Salzburg aufzuhalten.

1935 erschien von Jakob Haringer im Verlag *Anton Pustet*, Salzburg-Leipzig, der mit feinem Ganzleinen gebundene 256 Seiten starke Band: „Vermischte Schriften".

Im *Salzburger Volksblatt* vom 29.10.1935 schreibt der Redakteur Reinhold Glaser u.a.:

„Haringer ist wohl ein Dichter – ein Heiliger ist er nicht! Davon gibt er in seinen Dichtungen wiederholt Kunde. Dass ein Verlag sich eines Dichters, wie Haringer es ist, nicht zu schämen braucht, ist sicher. Wie es aber der katholische Verlag Anton Pustet, Salzburg-Leipzig, mit seinem Gewissen vereinbart, Dinge zu drucken, die sich über das Vierte Gebot hinwegsetzen, Anklagen, die sich geradenwegs gen Himmel richten, das stimmt zumindest nachdenklich. Haringer klagt an – wie schon gesagt – ohne jegliche Absicht anzugreifen. Er kann bellen, er kann heulen – beißen kann er nicht. Er ist ein Fremder, ein Verwaister auf Gottes schöner Erde: ‚Ich hab' all mein Leid, mein Unglück in meine Dichtung gepresst. Wer mein Leben finden will, lese sie. Die Lawinen der Trauer, des Verzweifelns, zerdonnern mich. – Gott hat mich vergessen!'

Dem heimatlosen Dichters Hirn ist zerquält, seine Gedanken gehen schauerlich einsame Wege und aus eines Menschen wundem Herz quillt eines Dichters Lied:

Ich möcht so gern ein anderes Leben leben!
Könnt ich vergessen was ich war und bin,
So wie ich lebe, ach das ist kein Leben
Und so hat alles – alles keinen Sinn!"

Zum Aufenthaltsverbot meldete das *Salzburger Volksblatt* vom 25. November 1935:

Gibt es kein Zurück?

„Diese etwas pathetische Frage möchte man an jene Stellen richten, in deren Macht es liegt, einen Abschaffungserlaß rückgängig zu machen. Soll ein Dichter, der mit seiner ganzen Liebe an Salzburg hängt, nie mehr salzburgischen Boden betreten dürfen? In der „Wiener Zeitung" vom 23. ds. schreibt Edwin Rollet über die Dichtungen Jakob Haringers. (Dr. Rollet, der verantwortliche Schriftleiter des von der Bundesverwaltung herausgegebenen Blattes, ist ein Bruder des Sanitätsrates und Prosektors am St. Johannsspital Dr. Humbert Rollet.) Hier seien nur Auszüge aus der für Haringer sehr ehrenden Besprechung wiedergegeben: „Denn er ist, wie er ist... Er hat seine Fehler wie jeder Mensch und bekennt sich in einer seltsam liebevollen Demut auch zu ihnen." Und dann heißt es wortwörtlich über den laut Bescheid vom 16. November (Zahl 30.871) – „für immer aus dem politischen Bezirk Salzburg und dem Stadtgebiet Abgeschafften" weiter: „Bayerischem Heimatblut entsprungen, ist Haringer schon seit vielen Jahren geistig zum Sohn Österreichs, und zwar zu einem treuen, festen und verlässlichen Sohn Österreichs geworden, wo die Melodie seiner Seele ihre eigentliche Heimat gefunden hat... Instinktsicher... hat er... seine geistigen Wurzeln in die neue Heimat einzusenken vermocht." – Vermag das Organ der Bundesverwaltung nicht zum Anwalt für Haringer zu werden, der nach Rollets Urteil nur „mit den Augen rein äußerlicher Konvention gesehen als Eigenbrötler und Sonderling" erscheint?"

Es ist der auch noch heute in Salzburg erscheinenden Literaturzeit-schrift zu verdanken, dass folgender Schriftwechsel bekannt wurde, in dem sich der im Jahre 1935 in Henndorf in der Nähe der Stadt Salzburg wohnende Schriftsteller Carl Zuckmayer mit der „Abschaffung" Haringers beschäftigte:

Henndorf bei Salzburg, 28. November 1935

Lieber Herr Eisenprobst!

Ich lese im »Volksblatt« von gestern etwas von einer »Abschaffung« Jakob Haringers, was mir nicht ganz klar geworden ist. Könnten Sie mir darüber etwas Näheres mitteilen? Hat Haringer

*nicht in Ebenau gewohnt und weshalb sollte er von da „abgeschafft"
werden? Und kann man da irgendwie helfen? Es würde mich sehr
interessieren, eine Nachricht darüber zu erhalten.*

*Mit herzlichem Gruß
Ihr Carl Zuckmayer*

Henndorf bei Salzburg, 20. Dezember 1935

Sehr geehrter Herr Dr. Glaser!

*Ich komme erst heute dazu, Ihren freundlichen Brief zu beantworten,
da ich in der Zwischenzeit verreist war. Ihrem Wunsch nach einem
Beitrag zur Weihnachtsnummer kann ich nur noch durch Überlassung
eines älteren, schon gedruckten Gedichtes nachkommen, es ist jetzt
zu spät, um Ihnen noch einen »Originalbeitrag« zu schreiben. Aber
ich hoffe, dass das Gedicht, das ich selbst sehr gern habe, seinen
Zweck erfüllt, die Leser des Volksblattes werden es durchweg nicht
kennen.– Ihre Mitteilungen über das Schicksal Haringers haben
mich sehr interessiert. Wenn ich ihm in der Sache irgendwie helfen
könnte, würde ich's von Herzen gern tun. Wissen Sie, wo er jetzt lebt,
und ob er zurück möchte? Ich kenne ihn persönlich gar nicht, aber
er muss ja ein ziemlich schwieriger Knabe sein. Im letzten Winter
bekam ich aus heiterem Himmel mal eine saugrobe Postkarte von
ihm, in der er mir vorwarf, ich hätte ein Buch, das er mir geschickt
haben will und das ich im Leben nie bekommen habe, nicht bezahlt
– die ganze Karte war mir völlig rätselhaft und ich wusste gar nicht,
was ich damit anfangen sollte, denn ich hatte mich erst kurz vorher
an einer Sammlung, die für seinen Lebensunterhalt gemacht wurde,
so wie ich es konnte, beteiligt. Vermutlich wusste er das nicht und
darauf kommts auch nicht an,– da er ein Dichter ist, ein deutscher
Dichter, dem das Dichten wirklich Schicksal bedeutet, ist es ganz
gleich, ob er im Leben ungeschickt und „unkorrekt" sein mag. Die
Gesellschaft sollte ihm eben helfen, es zu ertragen. Wo, das heißt, bei
welcher Stelle, sollte man eine Fürsprache für ihn machen? Ich kenne
mich mit solchen Sachen gar nicht aus!*

Ihnen und den Ihren freundlichen Grüße und gute Wünsche zu Weihnachten!

Ihr sehr ergebener
Carl Zuckmayer

Henndorf bei Salzburg, 31. Januar 1936

Lieber Herr Glaser!

Sehr entzückt bin ich ja von der „Idioten" -Geschichte nicht – sie hat so eine unerfreuliche Mischung von Rührseligkeit mit (stilistischer) Rohheit. Man fühlt sich beim Lesen weniger ergriffen als geniert. Aber wenn H. damit ein paar Schillinge verdienen kann – so scheint mir der Abdruck doch unbedenklich zu sein. Natürlich wird sichs die Familie Unverdorben in Henndorf nicht ausschneiden und ins Album kleben. Aber es wird auch niemand der ausgegrabenen Mutter wegen das „Volksblatt" abbestellen. „Höheren Orts", wo man was für ihn tun sollte, wird die Geschichte allerdings keine Sympathien für ihn wecken. Haringers Stärke und Besonderheit liegt da, wo er den Weg zum Lied findet. Nicht im Krassen und Bitteren, womit er immer wieder seine Form sprengt. Ich werde jedenfalls versuchen, was ich bei den betreffenden Herren tun kann, – Für die „Osternummer" werde ich einen Beitrag schicken. Bis dahin werde ich wieder zurück sein, ich verreise jetzt für ein paar Wochen.

Mit verbindlichstem Gruß!
Ihr sehr ergebener Carl Zuckmayer[46]

Die Abschaffung dürfte auf Intervention von Carl Zuckmayer aufgehoben worden sein, denn im Jahre 1936 war Haringer einige Zeit in der Wolf-Dietrich Straße Nr. 9 in Salzburg gemeldet. Worum es bei der von

---

46 Abschrift eines Originalbriefes von Zuckmayer an Haringer - Originale in der Sammlung Weinek-Salzburg.

Zuckmayer erwähnten „Idioten"-Geschichte ging, konnte nicht aufgeklärt werden. Dazu ist im Archiv des *Salzburger Volksblatt* nichts zu finden.

Beim 1935 amtierenden Salzburger Landeshauptmann Franz Rehrl bittet Jakob Haringer in einem Brief vom 24. Dezember 1935, mit der Adresse Wien I, Bäckergasse:

Hochverehrter Herr Landeshauptmann!

Ich bitte Sie allerherzlichst das alte Jahr in Güte zu beenden und meine Ausweisung endlich aufzuheben. Ich verweise Sie allerdringendst auf beiliegenden Artikel des Chefredakteurs der Amtlichen Wiener Zeitung, Herrn Regierungsrat Dr. Rollet und auf die zahlreichen Ihnen bereits zugegangenen diesbezüglichen Sendungen.

Auf Ihr gerechtes Empfinden hoffend
bin ich in aufrichtiger Verehrung
Haringer

Der amtliche Bescheid über die Aufhebung der Ausweisung ist bisher nicht auffindbar, dürfte aber Anfang 1936 erfolgt sein.

Jakob Haringer schaffte es insgesamt mindestens 4 mal mit Bettelbriefen[47] an den Landeshauptmann Franz Rehrl, Geldzuwendungen zu bekommen. Am 17. Februar 1932 waren es 30 Schillinge, am 24. August 1932 abermals 30 und am 30. Januar 1935: 40 Schillinge. Trotzdem gab es eine weitere gerichtliche Auseinandersetzung, denn das *Salzburger Volksblatt* berichtete am 25. September 1937 unter dem Titel *Aus dem Gerichtssaal*:

„Zu einem Urteil kam es nicht und mit Brief vom 12. Dezember 1937, der hier im Original dokumentiert ist, ließ der Landeshauptmann Salzburg 100,- Schillinge an Haringer überweisen. Inhalt und Ton des Briefes samt der Wohnadresse Haringers in der Stadt Salzburg beweisen, dass

---

47 Dankenswerter Weise überlassen vom Landesarchiv Salzburg – ein Beispiel ist im Anhang (siehe Seite 291) dokumentiert.

seine Aufhebung sicherlich kein Thema mehr war und die gerichtliche Auseinandersetzung Landeshauptmann und Landesregierung von Salzburg nicht bekannt waren. Bis heute konnte, trotz wirklich intensiver Recherchen nicht ermittelt werden, aus welchen Gründen es zu einem Aufenthaltsverbot Haringers in der Stadt Salzburg kam."

Nicht lange nach dieser Geldzuwendung endete auch die Amtszeit des Landeshauptmanns Franz Rehrl, denn mit dem 12. März 1938 gab es die Republik Österreich, zuletzt ein Ständestaat, nicht mehr. Obwohl Haringer in dieser Zeit nachweislich Lese- und Rundfunkauftritte hatte, schreibt er an seinen Förderer Doetsch-Benzinger: „*Ich habe entsetzliche Tage hinter mir, früher konnte ich mir noch Klostersuppe betteln, nun habe ich so arg Rheumatismus, daß ich mich mühselig (ohne Mantel) von Bank zu Bank schleppe...*" oder „*Ich habe diesmal arg gebangt, schon seit dem*

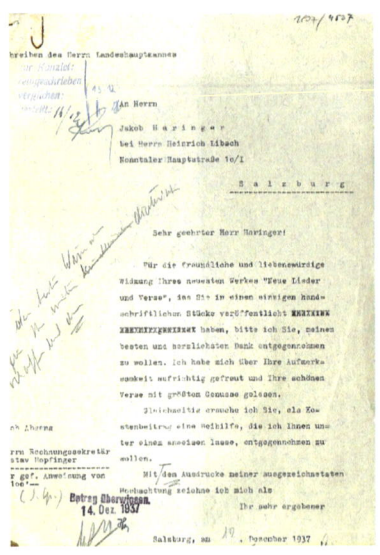

2ten trieb ich mich in Salzburg herum, ohne Groschen, nächtigte meist, da es regnete, in den öffentlichen Aborthütten...".

Zum bisherigen Leben Haringers kam Anfang des Jahres 1936 eine kaum zu überbietende Nachricht. Die *Frankfurter Zeitung* meldete:

Der Dichter Jakob Haringer

„Wer das kleine, nur wenige Seiten fassende Zerrbild einer Selbstbiographie, mit dem Jakob Haringers „Vermischte Schriften" anheben, zu Ende gelesen hat, der weiß hinfort, dass Haringer ein Dichter war, ein wirklicher Dichter. Oder doch das Zerrbild eines Dichters? Das unwirklich scheinende Zerrbild eines wirklichen Dichters, eines Seltenen, der unser Zeitgenosse war. Und wir sind an ihm vorübergegangen und haben nichts daran gefunden, dass einer da stöhnte und litt, weil es ihm nicht und nicht gelingen wollte, das ewige Licht, das sein Schöpfer liebevoll in ihm entzündet hatte, im Morast des Lebens zu ersticken. In dieser sündigen Bemühung hat er sich redlich abgeplagt, und was seine Lebensführung nicht erreichte, wollte er dichtend erzwingen – umsonst: aus dem Unreinen brach immer wieder das Reine, und dem Verzweifelnden zum Trotz brannte in seiner Brust die göttliche Flamme, bis zum letzten Atemzug.

Er war wenig über 35 Jahre alt, als er, erst kürzlich, von der verhassten und geliebten Welt scheiden durfte, und hat ein Werk hinterlassen, das einen andern berühmt gemacht hätte. Was er selbst errang, war auch nur wieder das Zerrbild des Erfolgs. Vielleicht erklärt sich dies aus zwei Stellen jenes selbstbiographischen Aufsatzes, wo es einmal heißt: „Ich bin heimatlos, habe nie auf Erden einen treuen Freund gefunden," ein anderes mal aber: „Ich könnt' mich ja selber nicht zum Freund nehmen."

Nun da Jakob Haringer tot ist, haben sich dennoch Freunde gefunden, die sein Werk in ein großes Sieb taten und kräftig schüttelten, bis nur das blieb, was uns jetzt als ein stattlicher Band von 250 Seiten vorliegt. Die Grundstimmung des Buches klingt schon im Anfangsvers des ersten Gedichtes auf: „Ich möcht' so gern ein anderes Leben leben!" Armer Dichter: du hast in der kurzen Zeitspanne, die dir vergönnt war, tausend Leben gelebt, nur nicht das deine das war dein Fluch. Du sagst es recht: „Wie arg, dass unser Herz sein tiefstes Herz belügt…"

Jawohl, wo andere ihr Lebtag Ausreden stammeln, wenn sie dichten, hast du, gelogen, weil du zu vornehm warst, um dich auszureden. Und hast durch solches Aussparen der Wahrheit am Ende doch dich selbst in Reinheit hergeschenkt und so für dein Teil aufs schönste erfüllt, was dein Landsmann Grillparzer forderte, da er sagte: ‚Mehr als sich

Der Dichter Jakob Haringer.

Wer das kleine, nur wenige Seiten fassende Zerrbild einer Selbstbiographie, mit dem Jakob Haringers „Vermischte Schriften" anheben, zu Ende gelesen hat, der weiß hinfort, daß Haringer ein Dichter war, ein wirklicher Dichter. Oder doch das Zerrbild eines Dichters? Das unwirklich scheinende Zerrbild eines wirklichen Dichters, eines Seltenen, wie unter uns Zeitgenosse war. Und wir und haben nichts daran gefunden, daß einer da stöhnte und litt, weil es ihm nicht und nicht gelingen wollte, das ewige Licht, das sein Schöpfer liebevoll in ihm entzündet hatte, im Morast des Lebens zu ersticken. In dieser sündigen Bemühung hat er sich redlich abgeplagt, und was seine Lebensführung nicht erreichte, wollte er dichtend erzwingen: umsonst; aus dem Unreinen brach immer wieder das Reine, und dem Verzweifelnden zum Trotz brannte in seiner Brust die göttliche Flamme, bis zum letzten Atemzug.

Er war wenig über 35 Jahre alt, als er, erst kürzlich, von der verhaßten und geliebten Welt scheiden durfte, und hat ein Werk hinterlassen, das einen andern berühmt gemacht hätte. Was er selbst errang, war auch nur wieder das Zerrbild des Erfolgs. Vielleicht erklärt sich dies aus zwei Stellen jenes selbstbiographischen Aufsatzes, wo es einmal heißt: „Ich bin heimatlos, habe nie auf Erden einen treuen Freund gefunden," ein anderesmal aber: „Ich könnt' mich ja selber nicht zum Freund nehmen."

Nun Jakob Haringer tot ist, haben sich dennoch Freunde gefunden, die sein Werk in ein großes Sieb taten und kräftig schüttelten, bis nur das blieb, was uns jetzt als ein stattlicher Band von 250 Seiten vorliegt. Die Grundstimmung des Buches klingt schon im Anfangsvers des ersten Gedichtes auf: „Ich möcht' so gern ein anderes Leben leben!" Armer Dichter: du hast in der kurzen Zeitspanne, die dir vergönnt war, tausend Leben gelebt, nur nicht das deine. Du sagst es recht: „Wie arg, daß unser Herz sein tiefstes Herz belügt…"

Jawohl, wo andere ihr Lebtag Ausreden stammeln, wenn sie dichten, hast du gelogen, weil du zu vornehm warst, um dich auszureden. Und hast durch solches Aussparen der Wahrheit am Ende doch dich selbst in Reinheit hergeschenkt und so für dein Teil aufs schönste erfüllt, was dein Landsmann Grillparzer forderte, da er sagte: „Mehr als sich selber geben könne noch, der war." (Jakob Haringer, Vermischte Schriften, Verlag Anton Pustet, Salzburg-Leipzig. Preis geb. R. M. 4.80.)

P. T. H.

73

selbst gab keiner noch, der war.' (Jakob Haringer, Vermischte Schriften, Verlag Anton Pustet, Salzburg-Leipzig. Preis geb. RM 4.80.) P. T. H."[48]

In der Redaktion des *Salzburger Volksblatts* las man die *Frankfurter Zeitung* mit dem „Todesartikel" und berichtete am 12. Mai 1936 unter der Rubrik:

Theater. Kunst und Musik.

„Jakob Haringer, von dem und über den in unserem Blatt schon mancherlei zu lesen war, ist laut Literaturblatt der „Frankfurter Zeitung" vom 10. ds. ein toter Mann. Es heißt da u. a.: „Er war wenig über 35 Jahre alt, als er, erst kürzlich, von der verhassten und geliebten Welt scheiden durfte, und hat ein Werk hinterlassen, das einen anderen berühmt gemacht hätte… Nun da Haringer tot ist, haben sich dennoch Freunde gefunden, die sein Werk in ein großes Sieb taten und kräftig schüttelten…" Freunde haben sich wohl gefunden, aber nicht, um sein Werk in ein Sieb zu tun und kräftig zu schütteln, geschüttelt hat man ihm nur die Hand, da er nach längerer Verbannung wieder zurückkehren durfte in das von ihm so geliebte Salzburg. Es lassen sich nicht alle Menschen über einen Leisten schlagen und vielleicht hat die genannte Zeitung, wenn schon nicht mit ihrer Todesmeldung (Haringer suchte erst gestern die Redaktion heim), so wenigstens mit dem Urteil recht: „Wer das kleine, nur wenige Seiten fassende Zerrbild einer Selbstbiographie zu Ende gelesen hat, der weiß hinfort, dass Haringer ein Dichter war, ein wirklicher Dichter. Oder nur das Zerrbild eines Dichters? Das unwirklich scheinende Zerrbild eines wirklichen Dichters, eines Seltenen, der unser Zeitgenosse war."

Woher diese „Todesnachricht" stammte, lässt sich nicht klären. Graf Dr. Paul Thun-Hohenstein soll von Haringer, der diese Meldung sicherlich in Salzburg gelesen hatte, einen „bösen Brief" bekommen haben. Sicher ist, dass zumindest das „Salzburger Volksblatt" die „Todesmeldung" nicht

---

48 *Frankfurter Zeitung* im Frühjahr 1936. Autor: Graf Dr. Paul Thun-Hohenstein.

dementierte, aber kurze Zeit später wieder Texte, vor allem Gedichte, von Jakob Haringer veröffentlichte, die dieser, da er ja in Salzburg wohnte, persönlich in die Redaktion brachte.

Das störte allerdings die Nazikulturbürokratie des Deutschen Reiches in keiner Weise, denn neben 14 anderen Bürgern wurde auch Jakob Haringer die deutsche Staatsangehörigkeit aberkannt. Dies wurde am 25. Juli 1936 im Deutschen Reichsanzeiger Nr. 171 veröffentlicht:

„Auf Grund des § 2 des Gesetzes über den Widerruf von Einbürgerungen und die Aberkennung der deutschen Staatsangehörigkeit vom 14. Juli 1933 (Reichsgesetzbl. I. S. 480) erkläre ich in Einvernehmen mit dem Herrn Reichsminister des Auswärtigen folgende Reichsangehörige der deutschen Reichsangehörigkeit für verlustig, weil sie durch ein Verhalten, dass gegen die Pflicht zur Treue gegen Reich und Volk verstößt, die deutsche Belange geschädigt haben." Es folgen 15 Namen, an 7. Stelle der von Haringer, darunter eine unleserliche Unterschrift.

Als am 10. Mai 1933 auf dem Berliner Opernplatz – heute Bebelplatz – und in 21 weiteren deutschen Universitätsstädten Bücher verbrannt wurden, war Haringer nicht unter jenen Dichtern, deren Werke den Flammen übergeben wurden.[49]

---

49 Neun Rufer verkündeten:
1. Rufer: Gegen Klassenkampf und Materialismus für Volksgemeinschaft und idealistische Lebenshaltung! Ich übergebe der Flamme die Schriften von Marx und Kautsky.
2. Rufer: Gegen Dekadenz und moralischen Zerfall! Für Zucht und Sitte in Familie und Staat! Ich übergebe der Flamme die Schriften von Heinrich Mann, Ernst Glaeser und Erich Kästner.
3. Rufer: Gegen Gesinnungslumperei und politischen Verrat, für Hingabe an Volk und Staat! Ich übergebe der Flamme die Schriften von Friedrich Wilhelm Foerster.
4. Rufer: Gegen seelenzerfasernde Überschätzung des Trieblebens, für den Adel der menschlichen Seele! Ich übergebe der Flamme die Schriften von Sigmund Freud.
5. Rufer: Gegen Verfälschung unserer Geschichte und Herabwürdigung ihrer großen Gestalten, für Ehrfurcht vor unserer Vergangenheit! Ich übergebe der Flamme die Schriften von Emil Ludwig und Werner Hegemann.
6. Rufer: Gegen volksfremden Journalismus demokratisch-jüdischer Prägung, für verantwortungsbewusste Mitarbeit am Werk des nationalen Aufbaus! Ich übergebe der Flamme die Schriften von Theodor Wolff und Gerd Bernhard.
7. Rufer: Gegen literarischen Verrat am Soldaten des Weltkriegs, für Erziehung des Volkes im Geist der Wehrhaftigkeit! Ich übergebe der Flamme die Schriften von Erich Maria Remarque.
8. Rufer: Gegen dünkelhafte Verhunzung der deutschen Sprache, für Pflege des kostbarsten Gutes unseres Volkes! Ich übergebe der Flamme die Schriften von Alfred Kerr.
9. Rufer: Gegen Frechheit und Anmaßung, für Achtung und Ehrfurcht vor dem unsterblichen deutschen Volksgeist! Verschlinge, Flamme, auch die Schriften von Tucholsky und Ossietzky!

Haringer wurde bei dieser Kulturvernichtungsaktion der Nazis im „Dritten Reich" nicht erwähnt. Bei der einzigen Bücherverbrennung in Salzburg am 30. April 1938 war das nicht anders. Im *Salzburger Volksblatt* gab es vor dem 30. April den „Aufruf an die Bevölkerung!" zwecks Ablieferung der Werke von folgenden Autoren: Stefan Zweig, Josef August Lux, Arthur Schnitzler, Franz Werfel, Emil Ludwig, Vicki Baum „und wie alle die jüdischen Schreiber heißen …" Bemerkenswert ist aber auch, dass Jakob Haringer während der Zeit des Ständestaates in Österreich keinerlei vaterländischen Kontroll- und Zensurmaßnahmen ausgesetzt war. Vielmehr konnte er ohne weiteres in der führenden Salzburger Tageszeitung, dem *Salzburger Volksblatt*, seine Texte veröffentlichen. Die Zensurmaßnahmen des Ständestaates richteten sich gegen Linke und die NS-Bewegung.

Univ. Prof. i. R. Mag. Dr. Karl Müller, Fachbereich Germanistik, bei dem ich nachfragte, schreibt mir dazu: *„Ja, Sie dürfen sicher sein – zumindest nach dem mir bekannten Stand der historischen Forschungen – Jakob Haringer findet sich nicht auf einer der Salzburger Nachrichten zur Bücherverbrennung."*

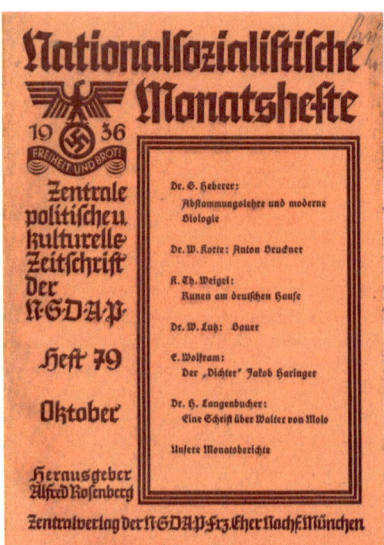

Im Oktober 1936 erschien in einer Auflage von fast 80 000 Exemplaren die Kulturzeitschrift *Nationalsozialistische Monatshefte,* Heft 79. Darin findet sich mit Bezug auf das Erscheinen von „Vermischte Schriften" ein bösartiger Text vom Autor E. Wolfram. Zum Schluss des Artikels, des wohl unter Pseudonym schreibenden Kritikers, der 4 Druckseiten lang im Anhang (Seite 285) vollständig dokumentiert ist, stellt dieser fest:

„Es ist uns unverständlich, wie man sich im katholisch-konfessionellen

Lager für eine solche literarische Erscheinung wie Jakob Haringer einsetzen kann. Nach den Auffassungen und Grundsätzen, welche wir heute im nationalsozialistischen Deutschland vom Dichterberuf haben, ist es ein Verbrechen am deutschen Gedanken, einen Dichter zu propagieren, der so maßlos am deutschen Schrifttum sich versündigt hat, ein Verbrechen am deutschen Volkstum, einen Dichter zu propagieren, der in zahllosen Werken in unglaublichen Schamlosigkeiten und Gotteslästerungen sich ergangen hat. Im Namen der Sauberkeit müssen wir von diesem „Erzbischof deutscher Dichtung, Kardinal der Worte, Papst des Verses" müssen wir von solchem Sänger Katholischer Aktion Abstand halten."

Dieser Kritik wird ein Text gegenüber gestellt, den Dr. Siegfried Freiberg[50] 1930 in der Zeitschrift *Radio Wien*[51] anlässlich einer Lesung Haringers im Rundfunk am 28. Juni 1930 verfasst hat. Der Artikel ist in Kopie im Anhang Seite 284 wiedergegeben. Von jenem *„Verbrechen am deutschen Gedanken"* oder *„Verbrechen am deutschen Volkstum"* ist in Freibergs Kritik im Jahre 1930 nichts zu finden. Wahrlich gekonnt alle politischen Klippen umschiffend, schrieb er zu Haringers Texten und Radiovortrag u.a.:

„Noch einmal: wer Haringer verstehen will, muss auch einfach werden können und kindlich, man muss Gefühl haben für eine warme Dichterstunde. Dann wird sein volkstümlicher Ton, das „Glück seiner Schwermut Guckkasten", die „Trostspielzeuge", die er schenkt, den Mitkameraden auf der Schattenstraße des Lebens erkennen lassen, sie werden den im Mitgefühl beglückten und dankbaren Empfänger finden müssen."

---

50 Dr. Siegfried Freiberg arbeitete bis 1947 als Bibliothekar an der Hochschule für Welthandel in Wien und war dann von 1950 bis 1964 Bibliotheksdirektor der Akademie der bildenden Künste in Wien. Im Ständestaat war er ein Vorzeigeschriftsteller dieser Diktatur, um dann ohne Probleme Mitglied im Bund deutscher Schriftsteller Österreichs zu werden, der schon 1936 die Eingliederung Österreichs in das Deutsche Reich forderte. Kurz vor Kriegsbeginn richtete er mit anderen österreichischen Schriftstellern eine Huldigung an Adolf Hitler aus. Erstaunlich ist seine Karriere nach 1945, denn er konnte diese ohne Probleme fortsetzen. Ausgezeichnet mit der Ehrenmedaille der Stadt Wien in Silber, dem Österreichischen Ehrenkreuz der Wissenschaft und Kunst 1. Klasse, wurde noch vor seinem Tod eine Straße in der Wiener Neustadt nach ihm benannt.

51 6. Jahrgang, Heft 39/1930.

Das *Reichenhaller Tagblatt* veröffentlichte zur Aberkennung der deutschen Staatsbürgerschaft, bösartig nachtretend am 11. August 1936 einen Leserbrief: *"Unrühmliches Ende: Jakob Haringer, unser ehemaliger Mitbürger, als Dichter einst Wegbereiter des literarischen Bolschewismus…, ist durch Erlass des deutschen Reichsministers vom Juli ausgebürgert worden."*

Die damals leserbriefschreibenden Rechtskonservativen haben alle Zeiten überlebt und ihre Meinungen kann man sowohl in Österreich als auch in Deutschland auch heute noch in den hier erscheinenden „Qualitätszeitungen" wiederfinden. Wie gerne würde ich Haringers „literarischen Bolschewismus" in diesem Buch veröffentlichen. Es gibt ihn – ich bedaure dies sehr – nicht.

Haringers letzte Adresse in Österreich war in Salzburg – Nonntaler Straße 10. Sicher ist, dass in der Zeit bis aus Österreich die Ostmark wurde, Haringers Leben weiter verlief wie „immer" – allerdings ohne Honorare aus Nazideutschland. In der österreichischen Zeitung *Der Christliche Standesstaat* erschien am 16. August 1936, ohne Autorenangabe ein zwei Seiten langer Text, hier das Ende des Artikels:

> „Es unterliegt auch für den rigorosesten Moraltheologen kein Zweifel, wer barmherziger sein wird: jene Bürger-Katholiken denen Léon Bloy das Wort vom „geschändeten Ideal" entgegengeschrien hat, oder die himmlische Mittlerin aller Gnaden, die auch für Jakob Haringer das holde Lächeln der großen Verzeihung hat.
> Nicht jeder wird das verstehen. Die meisten haben verstanden, und Jakob Haringer, der der Stolz Österreichs sein könnte, ist heimatlos in seinem Vaterlande. Für Jakob Haringer ein Wort zu sagen, ist darum eine österreichische Pflicht; dann aber, ihm das Wort zu lassen. „Nun, Freund, es ist auch genug, und so du mehr willst lesen, so gehe hin und werde selbst das Buch und selbst das Wesen."
> Die Heimat, die der Dichter braucht, die müssen wir ihm geben: eine Heimat für sein Menschentum in unserem Herzen. Unbescheiden ist er ja nicht, mag er sich auch in seinem Dichtertraum für den Kaiser von

China halten. Aber auch unter dem Salzburger Regenhimmel gedeiht immergrüner Lorbeer."[52]

Einen Tag vor der Annexion Österreichs durch Nazideutschland verließ Haringer Salzburg und machte dann Aufenthalt in Prag. Am 26. März 1938 erreicht den Unterstützer Haringers, Richard Doetsch-Benziger in Basel, eine Postkarte mit der Fluchtschilderung: *„… ich bin den Henkern mit 1000 Todesnöten entkommen. Es geht grauenhaft zu: täglich ca. 150 Ermordungen und ca. 50 Selbstmorde. In allen Auslagen Karten, auf denen die Schweiz schon zu „Großdeutschland" gehört! Größenwahnsinnige Verbrecher! Gestern verbrachte ich ca. zehn Stunden im Wasser, um die tschechische Grenze zu erreichen, gehetzt und „preisgekrönt" von der Gestapo... Wann endlich sieht die Welt ein, was ihr vom Hakenkreuz blüht??... poste restante Wilson-Bahnhof Praha."*

Der Aufenthalt in Prag war kurz, über Etzenheim im Elsass flüchtete Haringer nach Zürich, hielt sich später in Bern auf. Aber bald darauf lebte er wieder im Elsass. Bei einem Dr. Bücher in Soultz, der Haringer wie viele andere unterstützte. Er schildert den Aufenthalt folgend: *„...Er schlief bis in den späten Morgen hinein, arbeitete wenig, aß für drei und strolchte in der Gegend umher. Als er sich anschickte, mein Dienstmädchen zu verführen, mußte ich ihn bitten, abzureisen. Er fuhr [über Straßburg] nach Paris, versehen mit einem ,Freßpaket', wie er es nannte, einem neuen Mantel, Wäsche und Geld, das ihm erlaubte, dreizehn Gedichte unter dem Namen ,Souvenir' drucken zu lassen..."*

In Straßburg wurde er ohne Papiere aufgegriffen, wie die Ortspolizei in einem Bericht feststellte:

„Il est exact que Haringer a été arrêté à Strasbourg le 15 juin 1938 pour défaut de sa carte d'identité étrangère. Présenté au Parquet de Strasbourg et conduit à l'audience de la Chambre Correctionelle qui statuant en matière de flagrant délit, n'a pas confirmé le mandat de

---

52 *Der Christliche Standesstaat*, 16. August 1936, S. 784/785.

dépot, Haringer a été laissé en liberté, à charge pour lui de se présenter à l'audience fixée au 1er juillet 1938. […]"

Übersetzung: Es ist richtig, Haringer wurde am 15. Juni 1938 wegen fehlendem Personalausweis in Straßburg verhaftet. Er konnte sich nicht ausweisen. Vor Gericht in Straßburg zur Anhörung wegen des frisch begangenen Deliktes der Strafkammer vorgeführt, wurde eine Sicherheitsverwahrung nicht bestätigt. Haringer wurde mit der Auflage, sich am 1. Juli 1938 zur Anhörung vor Gericht einzufinden, entlassen. […]

Nach dem Zwischenfall in Straßburg lebte Haringer, wahrscheinlich unterstützt von Dr. Rudolf Bernoulli und seiner Frau, ab August 1938 in Zürich. Im Dezember 1938 reichte er bei der Zürcher Behörde ein „Gesuch um Toleranzbewilligung" ein. Die Schweiz mit ihren rigiden fremdenpolizeilichen Vorschriften stellte fest, dass die Dokumente Haringers nicht in Ordnung waren – er besaß keine anerkannten und gültigen Ausweispapiere. Haringer war geübt in brenzligen Situationen abzutauchen und verschwand aus Zürich. Die Polizei fahndete nach ihm, nachdem im Januar 1939 seine befristete Aufenthaltserlaubnis abgelaufen war. Ein wohl illegaler Grenzübertritt nach Frankreich erledigte zunächst das Aufenthaltsproblem in der Schweiz. Haringer dürfte sich dann in Paris aufgehalten haben, von dort schrieb er an Doetsch-Benziger: *„Ich lebe in grauenhaften Verhältnissen, habe nicht einen Ausweis etc. zur Hand. Gestern fingen sie wieder, die Menschenjäger, 1200 so arme Tiere. Die Revolte ist grenzenlos, Paris ist nicht mehr zu erkennen, plötzlich sperrt man ganze Viertel, Straßen ab."* Später klagte er erneut: *„Sie können sich mein Höllenleben wohl kaum vorstellen. Ganz Paris besteht fast nur noch aus Polizisten, täglich sperrt man ganze Winkel, Straßen, Häuser ab und verladet die Passanten ohne Ausweise in Lastauto. Ein unerhörtes Glück verschonte mich bis jetzt. Aber wie lange??..."*

Haringer gelang es, in die Schweiz zurückzukehren und erst im Februar 1940 kam es zu Konflikten mit der Zürcher Stadtpolizei. Am 31. Oktober 1940 wurde Haringer von der Zentralstelle für Flüchtlingshilfe im Lager der Arbeitskolonie Dietisberg, Baselland, untergebracht. Kurz darauf, im Januar 1941 lebte er in Zürich, wo er trotz seiner nun wirklich großen

Vagabundenerfahrung aufgegriffen und in der kantonalen Polizeikaserne Zürich in Polizeihaft genommen wurde. So wurde Jakob Haringer, in der Schweiz staaatenlos und ehem. Deutscher, zu einem „Fall", wie die Polizei festhielt: *„Haringer kam im April 1938 als Emigrant in die Schweiz. Bis Oktober 1940 hielt er sich ohne fremdenpolizeiliche Bewilligung an verschiedenen Orten in der Schweiz auf und verdiente sich seinen Lebensunterhalt teilweise durch unerlaubte Erwerbstätigkeit. Haringer wurde im Herbst 1940 von einer wohltätigen Organisation in die Arbeiterkolonie Dietisberg eingewiesen, von wo er jedoch nach einiger Zeit fortlief, ohne sich abzumelden."* Am 4. Februar 1941 erfolgte der Internierungsbeschluss: *„Da Haringer zur Zeit nicht ausgeschafft werden kann und über keine eigenen Mittel verfügt, ist seine Internierung in einer geeigneten Anstalt geboten."*

Am 10. Februar 1941 wurde Haringer von Zürich in das Internierungslager, das der Strafanstalt Bellechasse angegliedert war, überstellt. Laut Aufnahmeliste besaß Haringer damals: 1 Cigarettenetui, 1 Bleistift, 1 Armbanduhr, 1 Paar Handschuhe, 1 Nagelfeile, 2 Briefmarken á 10 Rp., diverse Papiere und 4,60 Fr. Bargeld.

Am Vormittag des 10. Februar 1941 brachte ein Begleiter den zu internierenden Haringer von Zürich in das Internierungslager, das der Strafanstalt Bellechasse im Kanton Freiburg angegliedert war. Es dauerte bis zum 30. August 1941, bis die Strafanstaltsdirektion der Polizeibehörde in Bern meldete: *„Wir setzen Sie hiermit davon in Kenntnis, dass der hier internierte Haringer Johann Jakob, geb. 1898, staatenlos, ehem. Deutscher, heute Nachmittag aus der Anstalt entwichen ist. Wie wir feststellen konnten, fuhr er mit der Bahn von Ins Richtung Bern..."* Wie schon bei anderen „Aufenthalten" schickte Haringer die Anstaltskleidung zurück. In Zürich fand er Unterschlupf und machte weiter Schwierigkeiten. Die Polizei in Bern intervenierte in Zürich: *„Da wir großen Wert darauf legen, dass Haringer wieder gefasst wird, bitten wir Sie, alles in Ihrer Macht Stehende vorzukehren, um des genannten Ausländers habhaft zu werden, im gegebenen Fall wäre dieser unverzüglich zu verhaften und, da er geistesgestört zu sein scheint, in die Anstalt Burghölzli zur psychiatrischen Begutachtung einzuliefern..."*

Wieder half Professor Bernoulli, der bei den Behörden intervenierte: *„Sind Sie, wie in diesem besonderen Fall, nicht verpflichtet, einen Weg zu suchen,* *der ihm in den Wirrnissen dieser Zeit eine Lebensmöglichkeit gibt, wenn auch ganz bescheiden – das ist er ja – seinem dichterischen Werk und so auch uns zu dienen?"*

Es kam zu einem Aufenthalt in der Nervenheilanstalt Schlößli in Oetwil bei Zürich. Dort gab Haringer, wie schon häufiger, eine seiner „Vorstellungen". Dazu die Anstaltsleitung: *„Der Schützling ist ein gesund aussehender, untersetzt gebauter Mann mit einer Glatze, der in österreichischer Mundart halb liebenswürdig, halb verbittert Auskunft gibt. Er habe in Salzburg die Schule besucht und dann an der Universität München und Wien studiert und den Dr. phil. erworben. Kurz vor dem Umsturz sei er in Wien Professor für Literaturgeschichte gewesen. Für seine dichterischen Werke habe er den Schiller-, Goethe-, Grillparzerpreis und den Dr. honoris causa in Königsberg erhalten. Über sein Leben könnten wir im Konversationslexikon Auskunft bekommen. Bis 1938 habe er ein schönes Leben gehabt, habe Häuser und Autos besessen..."*

Da hat Haringer, wie so oft, aus dem Vollen geschöpft und seine Lebenslaufverbesserungsmaschine zu Höchstleistungen gebracht.

Vor allem weil er viele unterstützende Freunde hatte, wurde er zu einem „Privatinternierten" und wohnte unter wechselnden Adressen. Natürlich kam es dort auch zu Konflikten, wie etwa bei einem Zürcher Kaufmann oder später bei einem Berner Zahnarzt, der ihm wohl zeitweise die Wohnung vollständig überließ. Zu Haringers Gesundheitszustand in dieser Zeit stellten die Ärzte des Interniertenheims „Les Aroles" in Leysint fest: *„An organischen Krankheiten besteht ein kombinierter Herzklappenfehler. Vom psychiatrischen Standpunkt aus gesehen, ist der Patient als Sonderling zu betrachten. Durch weitgehende Rücksichtnahme auf die Eigenheiten des Patienten fühlt sich der Patient hier wohl und gibt keinerlei Anlässe zu Klagen."*

Anfang 1943 war Haringer in einem Internierungslager in Brissago untergebracht. Ab Februar 1943 lebte Haringer in Bern bei Menschen, die schon lange zu seinem „Kundenkreis" zählten, da er ihnen seit Jahren seine in kleinen Auflagen herausgegebenen Gedichte samt Bettelbriefen zugestellt hatte. Häufige Wohnungswechsel und Kündigungen wegen Hausfriedensbruch gehörten zu seinem gewohnten Alltag. Bettelbriefversand, Kartengrüße, Gedichte auf allen möglichen Papierschnipseln waren Lebenszeichen und neue sowie alte Gedichte wurden nach Kriegsende an Verlage zum Versand gebracht. Darunter auch an den *Otto Müller Verlag* in Salzburg und an *Ullstein* in Wien. Im Nachlass in Köniz fand Werner Amstadt auch einen Brief Haringers an den Direktor von *Radio München:* „*...Es stimmt, dass ich über bayrische Kultur mehr und besser informiert bin als jeder andere. Es existiert an Literatur, Kunst und Musik nicht das geringste Wesentliche, was mir nicht bekannt wäre... Was nun eine Arbeit bei Ihnen betrifft, so käme für mich wohl nur die Stelle eines Intendanten, literarischen Leiters oder Direktors in Betracht (letzter Posten, ist ja durch Sie ausgefüllt). Natürlich begnüge ich mich auch als Berater, sofern mir dieser Posten ein Dasein ermöglicht, ich war nie ein Streber, die Leistung war mir immer die Hauptsache.*"

Ein typischer Haringer-Brief. Trotz Kriegsende blieb er in der Schweiz. Laut einer Aufstellung der Schweizer Behörden sind für seinen gesamten Aufenthalt neben der Hilfe der Caritas, des Seraphischen Liebeswerkes in Bern und der frei-österreichischen Bewegung in der Schweiz, mehr als 8000 Franken aufgewendet worden. Das schweizerische Hilfswerk für deutsche Gelehrte in Zürich vermachte Haringer das Restvermögens des Vereins und die Schweizer Polizei in Bern zahlte ihm einen Tagesbeitrag, der zwischen 3,50 und 6,50 Franken betrug. Auch wenn dem Dichter, Lebenskünstler und Vagabunden Salzburg und das Grenzgebiet zu Bayern, das beweisen viele seiner Gedichte, sehr am Herzen lag, blieb er nach Kriegsende 1945 in der Schweiz und lebte ab dem Frühjahr 1946 in der Gemeinde Köniz bei Bern in einem Bauernhaus in zwei Dachgeschosszimmern.

Nach Ende des Krieges gab es von Haringer, so berichtet Jürgen Serke, eine der seltenen politischen Äußerungen:

Es ist gefährlich, den Kampf aufzunehmen, ohne im tiefsten mit sich selbst einig zu sein. Ich denke an die Geschichte des Eremiten, der, um sich ganz Gott hinzugeben und allen irdischen Gelüsten zu entsagen, sich selbst entmannte. Nun war er zwar frei von allen Anfechtungen, zugleich aber hatte er die Energie der Liebe zu Gott verloren, war aber wegen seiner Kastration unfähig, in das normale Leben zurückzukehren. So steht es mit vielen kommunistischen Bürokraten, die den Glauben zu der stets wechselnden Parteilinie verloren haben, aber durch ihre eigentümliche Deformation auch die Fähigkeit verloren haben, zum normalen Menschentum zurückzukehren. Sie wirken oft wie Schlafwandler und sind – hinter der stählernen Maske – verschüchterte, übervorsichtige Menschlein.[53]

Dr. Werner Amstadt schildert in seiner Dissertation, dass Haringers Leben ruhiger wurde. Trotzdem sorgte sein provokantes Benehmen immer wieder dafür, dass Freundschaften zu Bruch gingen:

„Seine Könizer Tage begannen gewöhnlich am frühen Vormittag und führten ihn auf Spaziergängen in die nähere Umgebung, meistens in die Stadt, oft in Buchantiquariate, vielleicht in eine Wursthandlung, in einen Tabakladen oder irgendein Geschäft, wo er Einkäufe zu tätigen hatte. Ein Glas Weißwein in einem Altstadt-Restaurant in der Nähe des Waisenhausplatzes mochte den kleinen Ausflug beenden, ehe er – den Spazierstock schwingend und Zigarren rauchend – den Heimweg unter die Füße nahm. In seiner „Zweizimmerwohnung" – zwei Dachkammern eines alten Bauernhauses – wurde der elegante und maßgeschneiderte Anzug sorgsam abgelegt. In langen Unterhosen, mit nacktem Oberkörper, den geliebten karierten Schlafrock umgeworfen, bereitete er sich auf seinem Spirituskocher den Mittagskaffee, zu dem ausgiebig Wurstwaren verzehrt wurden, von denen er sich stets eine ansehnliche Auswahl an Lager hielt. Lektüre – nicht selten philosophische Schriften – beanspruchten so die Zeit, da er sich in sein Bett zurückzog, das aus einer Matratze, unappetitlichen Leintüchern, Decken und Überwürfen bestand. Halb sitzend, halb liegend war das Lager dem Dichterfürsten „Thron" und Arbeitsplatz. Die Lektüre der Bücher, Zeitschriften und Zeitungen mag nur unterbrochen worden sein durch Herausschreiben interessanter Gedanken, durch Ausschneiden eindrücklicher Stellen und Unterstreichen wichtiger Sätze. Die Ausschnitte und winzig beschrifteten

---

53 Jürgen Serke: „Der verbrannten Dichter" *Fischer Taschenbuch-Verlag*, 1980. S. 203.

Zettelchen und Papierfetzchen wurden sorgsam nach Themen geordnet und in Briefumschläge gesteckt, die Aufschriften trugen wie: „Von der Liebe", „Glück" oder „Sehnsucht". Oft blieben sie vorerst noch wochenlang auf Tisch, Stühlen oder Gestellen liegen, so dass er allfällige Besucher aufmerksam machen musste, ja nichts in „Unordnung" zu bringen. Wenn Freunde oder Freundinnen kamen, pflegte er seine Zettel mit Tüchern zuzudecken, damit diese ja nicht davonflatterten. Er lebte sein Leben außerhalb von Ordnung und Zeit. Er scheute sich nicht, eine Zimmerecke mit Zeitungen auszulegen, um dorthin zu pissen, wenn es ihm nicht behagte das WC aufzusuchen, und er nahm es auf sich, stundenlang am Berner Bahnhof auf einen Zug zu warten, nur weil er nie einen Fahrplan studierte. Villons Bruder machte es nichts aus, Gedichte auf Klosettpapier zu verfassen, mit speichelbenetztem Zeigfinger kandierte Kirschen von fremden Tortenstücken zu kirpsen oder auf einem Tischkärtchen, das „dem Dichterfürsten" galt, in Klammern hinzuzufügen: „Auch er muss brunzen." Trotz dieser Bindungslosigkeit ging Haringers Zeit mit ziemlich gleichmäßigen Schritten von hinnen. Besuche kamen, gingen, wurden abgestattet, wiederholt – Briefe wurden aufgesetzt, Bitten abgeschickt, Gedichtabschriften verfertigt, Manuskripte versandt. Bedauernde Antworten kamen, Karten wurden im Briefkasten vergessen, Kleiderpakete gemustert. Dann und wann mochten der Geldbriefträger oder ein paar Kinder, die seine Schreibmaschine ausprobieren durften, die Nachmittage des sonderbaren Herrn Doktors unterbrochen haben, den die Leute für ein Original hielten und nur vom Sehen kannten."

Im Jahre 1946 erschien im *Pegasus Verlag*, Zürich, sein letztes Buch „Das Fenster". Auf 153 Seiten gab es viele neue Gedichte von Haringer. Der Verleger Gregor Müller schrieb im Jahre 1981 an den *Aufbau-Verlag*, bei dem Wulf Kirsten damals einen Band mit ausgewählten Gedichten herausgab, zur Zusammenarbeit mit

Haringer: „*Seine Gedichte Würfe, er hat nicht daran gefeilt und gearbeitet. Er hatte keine Selbstkritik und gehörte zu den Autoren, bei denen Herrliches neben ganz Schwachem steht … Haringer hatte mir 1945 das ‚Fenster‘ -Manuskript angeboten. Wie oft er es zuvor schon anderswo versucht hatte, weiß ich nicht … Nachdem wir uns kennen hatten, kam Haringer in regelmäßigen Abständen häufig nach Zürich und blieb jedes mal etwa eine Woche bei uns zu Gast. Er gehörte schon zur Familie, was er sichtlich auch genoss… Seine Egozentrik war gelegentlich schon sehr anstrengend und seine Ausdrucksweise ziemlich vulgär, was jedoch durch seine unglaubliche Infantilität gemildert wurde. Schwer zu verdauen war – undifferenziert ausgedrückt – sein Größenwahn. Er überspielte und kompensierte dauernd. Ein Bohemien war er nur äußerlich, er suchte Geltung, Ansehen, materielle Bestätigung … Bevor das ‚Fenster‘ in Satz ging, kämpften wir lange und hartnäckig um das Manuskript. Zunächst mussten fragwürdige Gedichte (zumeist überbordende balladeske Gebilde) ausgeschieden werden. Im Übrigen ging es ausschließlich um Rechtschreibung und Zeichensetzung (er war darin maßlos und inkonsequent). Er hat mich danach mit Vorliebe als ‚Duden-Papst‘ und ‚Genie-Killer‘ beschimpft. Aber mit dem Resultat war er dann doch sehr zufrieden und einverstanden, ja sogar stolz darauf …*“

Jakob Haringer,
Zeichnung von Hans Fritsche (1929).

„Das Fenster“ ist nach Meinung aller Haringer-Experten der Band mit den besten Gedichten. Im Innenteil ist der Autor hier als ‚Jakob von Haringer‘ angeführt. Von der Gesamtauflage wurden allerdings, so kurz nach Ende des Krieges, nur 200 Exemplare verkauft. Der Rest wurde verramscht. Exemplare dieser Ausgabe werden heute zwischen 20€ und 175€ beim Zentralen Verzeichnis Antiquarischer Bücher (*ZVAB.com*) angeboten.

Haringers Vermögen betrug im Jahre 1947 um die 4000 Franken. In Lugano kaufte er einen baufälligen Stall in bergigem Gelände und verbrachte in seinem „Ferienhaus", wie er es nannte, einen herbstlichen Aufenthalt.

Else Rüdrich im Jahre 1976, Foto: Dr. Jürgen Gebhardt – Bürgerstiftung für verfolgte Künste, Else-Lasker-Schüler-Zentrum; Kunstsammlung Gerhard Schneider/ Zentrum für verfolgte Künste.

Im Frühjahr 1948 trat Haringer seine letzte Reise an. Er wollte sich mit der in Berlin lebenden Else Rüdrich, die ihn wohl vor 1933 öfter tröstete, wenn seine Liebschaften in die Brüche gegangen waren, in Gottmandingen an der deutsch-schweizerischen Grenze treffen, um sie zu heiraten. Sie hatte ihn auch nach Machtantritt der Nazis in der Schweiz besucht, bis die Gestapo diese Reisen unterband.

Haringer unterbrach die Reise in Zürich, um dort nachträglich seinen Geburtstag zu feiern. Von dort kehrte er nach einer feuchtfröhlichen Feier, es war der 3. April 1948, in seine Zimmer in Köniz zurück und erlag einem Herzschlag.

Am 8. April fand im Krematorium in Zürich die Trauerfeierlichkeit unter geringer Beteiligung statt. Die Urne wurde später auf den Friedhof nach Köniz überführt, wo sich noch heute das Grab des Dichters befindet. Nach Haringers Tod suchte die Gemeinde Köniz die Erben, fand aber keine. Es ist der Familie Jenk zu verdanken, dass Haringers Nachlass nicht vernichtet wurde. Polizeisekretär Jenk packte die Bücher, Papiere und Zettel in Kisten und bewahrte sie auf. Nur dank dieser

Unterlagen konnte Werner Amstadt im Jahre 1966 seine Dissertation verfassen. Im Jahre 1990 schenkte die Gemeinde Köniz den Nachlass dem Schweizerischen Literaturarchiv in Bern. Die Sichtung dieses sicher sehr wichtigen Nachlasses war für die Unternehmung dieses Buches zu kostspielig.

Der Vater von Jakob Haringer, Johann Baptist Haringer, starb am 15. August 1941 in einem Salzburger Altersheim. Die Mutter, Franziska Haringer-Albert, ist am 7. Mai 1945 gestorben. Beide sind auf dem Salzburger Kommunalfriedhof begraben.

Auf Anfrage teilte mir die Stadt Salzburg mit: *„Johannes und Franziska Haringer wurden damals in einem sogenannten „Turnusgrab" auf dem Kommunalfriedhof in Salzburg bestattet. Diese Gräber wurden aber nach 10 Jahren aufgelassen und sind nicht mehr vorhanden."*

In Bayerisch Gmain und in Bad Reichenhall erinnert nichts an Jakob Haringer, etwaige Spuren wurden nie gesichert und für eine Befragung der Zeitzeugen ist es zu spät.

Seit 1987 gibt es in Salzburg die *Jakob Haringer Straße*. Auf Anfrage bekam ich vom Stadtarchiv folgende Information:

„Am 30. April 1987, 49 Jahre nach der Bücherverbrennung auf dem Residenzplatz, gedachte die „Salzburger Autorengruppe" den vertriebenen und geächteten Schriftsteller/innen und verlas eine von 91 Autor/innen unterzeichnete Resolution. In dieser wurde die Frage gestellt, welche Verdienste der Heimatdichter Augustin Ableitner[54] aufzuweisen hätte, die seine während der NS-Zeit verfassten zynisch-aggressiven, menschenverachtenden und gegen Österreich gerichteten Gedichte aufzuwiegen imstande wären. Des Weiteren machte die Salzburger Autorengruppe den Vorschlag, einen zu Unrecht in Vergessenheit geratenen verfolgten Dichter durch den symbolischen Akt einer Straßenbenennung zu ehren. Bürgermeister Josef Reschen und der Gemeinderat reagierten rasch. Am 18. Dezember 1987 wurde beschlossen, eine Straße im Stadtteil Itzling nach dem aus Salzburg geflüchteten und 1948 im Exil in der Schweiz verstorbenen Dichter Jakob Haringer zu benennen."

Dieter Braeg

---

54 „Dachau ist eine zünftige Gegend und sehr gesund, appetitanregend. Die schöne Aussicht kommt denen zustatten, die früher mal keine Einsicht hatten. (...) Dachau, das an der Amper gelegen – unsern Glückwunsch und unsern Segen." reimte Augustin Ableitner etwa.

Verwendete und zitierte Literatur:

Akzente Zeitschrift für Dichtung. Paul Hühnerfeld: Versuch über Haringer. München, 4. Jahrgang 1957. 4. Ausgabe. 376-382.
Werner Amstadt: Jakob Haringer – Leben und Werk. 1966, Dissertation Universität Freiburg/Schweiz.
Jürgen Serke: Die verbrannten Dichter. Weinheim, 1977, 144-159.
C. Zuckmayer in Sachen J.H. In: Literatur und Kritik, Nr. 261/262 Salzburg, Februar 1992. 71f.
In die Dämmerung gesungen. Ausgewählte Gedichte. (Hg.) / Nachwort von Wulf Kirsten. Aufbau Verlag. Berlin, Weimar, 1982. 131-180.
Lieder eines Lumpen. Aus dem Gebetbuch des armen J.H. Einleitung Peter Härtling. Werner Classen. Zürich, 1963. 5-10.
Das Schnarchen Gottes und andere Gedichte. (Hg.) Jürgen Serke. Hanser. München, Wien, 1979. 105-123.
Leichenhaus der Literatur oder über Goethe (Die Einsiedelei – Ein Stundenblatt, Nummer V-VII). Der Strom Verlag. Berlin, 1928. Neuauflage Berlin, 1982 (2. Aufl. 1983), (Hg.) / Einleitung Hansjörg Viesel. Weitere Neuauflage Siegen 1996 bzw. 1997 u.d.T. Leichenhaus der Literatur (Reihe Vergessene Autoren der Moderne, Bd. 69), (Hg.) / Nachwort Christoph Kahl.
Der Orgelspieler. (Gedichte.) Steinklopfer. Fürstenfeldbruck, 1955. 17 S. Neuausgabe mit einem Aufsatz von Paul Heinzelmann: Jakob Haringer in memoriam (1. Auflage 1955). Steinklopfer. Egnach, 1963. 34 S.
Der Hirt im Mond. (Gedichte.) (Hg.) Theodor Sapper. Stiasny. Graz, 1965. 5-27.
„Die Epoche der Vagabunden" (Hg.) Walter Fähnders/Henning Zimpel. Klartext Verlag. Essen, 2009.
Sabine Veits-Falk: „Der lange Schatten der NS-Vergangenheit. Salzburgs Straßennamen nach 1945". In: Alexander Pinwinkler und Thomas Weidenholzer (Hg.), „Schweigen und erinnern. Das Problem Nationalsozialismus nach 1945" (Schriftenreihe des Archivs der Stadt Salzburg 45). Salzburg, 2016. 500-529.
Gert Kerschbaumer: „Gedenken und Mahnen in der Stadt Salzburg. 1945–2005". In: Kulturabteilung der Landeshauptstadt Salzburg (Hg.), „Antifaschistisches Mahnen und Gedenken in Salzburg. Das Mahnmal auf dem Südtiroler Platz im Kontext". Salzburg, 2005. S. 16–35.

„Der Genius Loci überzieht die Stadt" Ludwig Laher (Hg.) Guthmann/ Peterson Buchmacher und Verleger. Berlin-Wien-Mühlheim a.d. Ruhr, 1992.

Der Monat, März 1962. Heft 162. 52-59.

Erich Wollenberg. „Als Rotarmist vor München" ISP Verlag, Reprint. 1972.

PROSA

LEICHENHAUS DER LITERATUR
ODER
ÜBER GOETHE

I
Die kleinen Männer mit den großen Aussichten

Auch diese ganzen goetheschen Jüngelchen, Oberlehrer, Dichterlinge, Kaiserchen, Bennchen: man merkt es ihnen allen an, sie haben alle „ihren" Goethe, ihre Kehrichttonne viel zu gut gelernt.
Ob sie nun Bahr, Hofmannsthal, Kerr, Hauptmann oder weiß der Teufel, wie sonst sich diese Friseure nennen: was ist von ihnen heut noch lebendig? fast nichts, und stellt man sich vor, dass manche dieser schmierigen Sudler ihre „Werke" resp. ihren Auswurf bereits „gesammelt"– wer liest sie heut noch? Menschen nicht, höchstens Oberlehrer und greisinnenhafte Intellektuelle.

Dehmel resp. Dämlich: (so ein Tichter war dieses Kamel:) gläubig greifen wir zur Wehre / für den Geist in unserm Blut / Volk tritt ein für seine Ehre / Mensch dein Glück heißt Opfermut / dann kommt der Sieg, der herrliche Sieg..../

Mensch! Wat, dat is scheen un dapfer?
Oder Mann – ein blöder Jesuit und zum Kotzen langweilig, was für brave folgsame Muttersöhnchen spinnt sein Sacharinhirn.

Vom größten Schuften Hofmannsthal ganz zu schweigen! Hi, hi! wie nur ein Vieh Hugo heißen kann... Man könnte sie alle der Reihe nach aufhängen diese Bürschelchen: Mäxchen Brod, wozu sein dutzendekliges, philosofisch sein sollendes Geschwätz, da ist mir wirkliche Philosophie schon lieber als so übel verwässerte. Kellermann, Ponten, Hasenclever, Werfel, Hauptmann, Schnitzler: elendes Gewäsch, natürlich bei allen mit sozialer Tunke: Die Dollarfürstin, die ein Spital gründet etc.

Ach, sie sind ja alle heute schon erledigt, total erledigt.
Unsre Zeit eben hat Schriftstellerei zum leichtesten Handwerk erniedrigt, denn es gibt Schuster, Schneider, Könige, Feldherrn und andere Gauner, die

gute Bücher geschrieben haben. Aber von all diesen heutigen Schmierern kann keiner schustern, schneidern – nur zum Krieg resp. Massenmord waren sie tauglich.

Und auch die besseren unter Ihnen, sofern es überhaupt noch welche gibt, sie haben alle vergessen, da alle richtige Kunst fragmentarisch ist.

Ein Vogel singt, wie sich's gehört, der Fisch schwimmt. Warum wollen diese „schaffenden" Laffen soviel voraus haben: sie werkeln, formen, arbeiten und feilen, machen einfach noch mehr Dreck aus ihrem Dreck.

Herrlich, wie dieser Massenmörder Goethe vertrottelt war, dieser Vater aller Curt Mälerchen. Man höre: Über gothische Baukunst: „kauzende, übereinander geschichtete Heilige der gothischen Zierereien – unsere Tabakspfeifen Säulen..."

Oder: „In Indien möcht' ich selber leben, hätt' es nur keine Steinhauer gegeben... die indischen Götzen sind mir ein Graus... der Italiener darf sich keiner eignen Baukunst rühmen..." und später natürlich schmiert dieser Geck über Paladio: „es ist wirklich etwas Göttliches, völlig wie die Form des großen Dichters..."

Für ihn ist E.Th.A. Hoffmann „unerträglich... pathologischer Fall."

Seine Gemeinheit Beethoven gegenüber ist mehr als schamlos.

Sein Faust, seine Gestalten (-Krüppel), sie lernen oder lehren Philosofie usw. Als ob sich all dies anders als durch's Leben lehren, lernen läßt. Es liegt mir fern, diesen Verbrecher zu kapitelisieren, seine Schweinereien und Trotteleien aufzuzeichnen, ich habe Wichtigeres zu tun, sei es auch bloß überhaupt Nichts zu tun. Ich verweise auf das Treffliche, was Heine, Börne, Grabbe, Nietzsche und andere Ehrliche und Kluge, über dies Aas festgestellt.

Auch Seb. Brunner, Alex. Baumgartner, Postkuchen, Eugen Dühring, J.K. Manso (1759 - 1826), J. Froitzheim (F. von Sesenheim), Chr. Fr. Nicolai, Willmann, W. Menzel, I.G.A. Wirth, Tolstoi und viele Andere wussten klar und tapfer Bescheid.

Und recht erfreulich, daß auch die Jüngeren nicht vergreist: so stand im „Sturm" 1921 Richtiges. Und C. Sternheim, R. Hülsenbeck, M. Hermann-Neisse, E.E. Kisch bemerkten viel Wichtiges.

Den andern fehlt eben der Mut, gegen diese Seuche zu kämpfen, sie bleiben eben Affen, die wacker im Chor mitgrunzen.

II
Aas der Literatur

Ich lebe zu einsam, um einsam zu sein. Aber von Goethe möchte ich nichts geschrieben haben. Schon deshalb nicht, weil ich ihn dann mit dem teutschen Professorendreckgeschwerl und allen übrigen Hakenkreuzlern gemein hätte, die alle die Dummheit gepachtet und keine zwanzig Zeilen in ihrem Leben schreiben, ohne sich auf ihn zu berufen, *Ihn* zu zitieren. Wo nimmt die Bande nur die Frechheit her, vom Großen Hellenen zu quitschen.

Ich überlasse diesen literarischen Freibeuter, diesen Kellner, der jeden Fusel nach seiner Art servierend, in Allem Schleim von seinem Schleim sah, der nie in der Einsamkeit rang, sondern „Geselligkeit" brauchte, diesen Literatenkrämer, diese Schuljungengeistmaschine, getrost den Bürgern, Richtern, Journalisten, Plagiatoren oder den Alles Schön und Wahre fressenden und auf ihre eigne Art wieder ausmistenden Ästhätentrotteln.

Er ist der Abgott aller Dilletanten. Deshalb laufen sie ihm auch alle nach.

Es ist ja wahr, daß er oft Dreck schabt, aber es bleibt doch bloß der Dreck Jedermanns, den er in seinem künstlerischen Friseurladen aufspeichert.

Es ist natürlich, daß Der von jedem Oberlehrer mit seinem Mist bestickte märchenseinsollende Scheißdreck nie um wahre Freundschaft wußte. Er kannte nur Speichelleckerei, Götzendienst, Heucheln, ein gemeines Ausnützen des Nächsten.

Eben weil der goethische Gipskopf mit dem eignen der Spießer kongruiert, darum ist er klassisch.

Eine Nation, deren größter Dichter nicht vermag, aus ihrem Kot auch nur ein wenig Menschlichkeit zu pressen, taugt nichts. Und der Dichter, im Tornister getragen, während die Schlächterhände Bruderfleisch würgten, taugt erst recht nichts.

Man sehe doch selbst, was das Volk (– das, was sich dafür ausgibt!) liebt: „Memoiren" der Rotzbuben und Metzger Wilhelms, Ludendorffs, dazu Wagnerkitsch (: wie ein Hund, dem man den Schwanz ausreißt. Schon als Kind hörte ich mir seine „Musik" nur mit dem Buckel an) und diesen vertrottelten, verblaßten Höfling.

Es ist ja immer noch dasselbe verblödete unverreckbare Idiotengelichter der Vilmar sämtlicher anderen intellektuellen Affen – nein, ein Affe würde sich schämen und schönstens bedanken, einen solchen Kretin in seiner Verwandtschaft zu wissen. Und wenn sie einem nicht ihre Fleischhauergrimassen auf Schritt und Tritt schleimen so verpesten sie einem die Luft mit den giftigen Autogasen ihrer Hintergehirne. Heute noch wird dir auf einer einsamen Waldbank bang und bedrückt, weil gestern hier so ein Goetheaner seine geistige Notdurft verrichtet.

Es zeugt eben von dem Commisgeschmack des Gesindels.

Nein, der Trog mag vielleicht – schließlich manches Gute enthalten, aber mir fressen zu viele Säue daraus.

III
Anatomie Literarischer Speckwürste

Ich kannte Einen: er heißt Karl Feigling und gibt ein schon uralles katholisches Traktatblättchen „Sumpf" heraus, eine Kaffemühle, die schönen Mist und Steine mahlt. Aber es ist ja wurscht, ob es nun die verlogenen, hundsgemeinen Dummköpfe der Neuen Rundschau oder anderer windiger Käseblättchen, ob es die Seifenblasenmanieren vom Zwiebelfisch – Stiebelwisch – Kasernenjargon (– männchenhafte Court-Mahler) – es ist gräßlich, daß sie sich nie ausdrücken, ausdrecken können mit ihren Klasigern.

Ach du lieber Gott, diese Drückchen sind bescheiden wie eine Wursthaut und passen ganz nett in dies goldene Zeitalter des Ersatzes, für alle die um Titelkram, Orden, Pensionen ihr lausiges Wissen feilbieten.

Vielleicht stört mich, wenn ich älter bin, das Treiben dieses größten literarischen Charlatans wenig (sicher es gäbe Besseres als sich mit einer toten Memme zu balgen, mit ihrer unsauberen Gefolgschaft zu raufen), aber noch glühts in mir.

Warum nimmt sich keiner von diesen Hornochsen Zeit einmal das ganz schurkische, miserable, dreckige Rotzbubenverhalten dieses Mädchen für Alles der Welt- (und was für Einer!!) -literatur (und was für Einer!!), dieser Geistfabrik, dieser Automatenmaschine, gegen Hölderlin, Jean Paul, Kleist, Grabbe, Lenz, Wagner, gegen all die Großen, die im kleinen Finger mehr Herz und Dichtung hatten als der ganze Stinkkerl, zu zeichnen. Sie haben doch sonst aus jedem Pforz ihres Affen kitschige Parkanlagen und Trompetenstöße geschmiert. Ich verschmähe hier schon, auf Arnim und den jungen Schiller näher einzugehen, die sehr richtig, der eine früher, der andere später dieses größte literarische Diebsreptil erkannt oder eben „brauchten", sonst wäre es ihnen ergangen wie den Anderen, die der Riesenarsch Gedäs zerquetschte.

O, ihr intellektuelles Dreckgeschmeiß, ihr Kerr und Heimannidioten, euer Ehrgeiz, Eure Streberei ist ja doch nur eure Phrasenhintern gegoethelt zu hören; ihr armen, naßen, abschreibenden Schuljungen!

Weil ihr eben nie ein richtiges Unterschiedungsvermögen habt, darum ist euer einziger Maßstab ein Götze, euer Saumagen verträgt eben nur Gedä. Es gibt nicht zwei Bücher, die euch so heilig wären, daß ihr nicht daraus stiehlt. Ihr Bernusse, Edschmide, Werfels, Hillers, Hasenclevers, Brods, Stuckens. Ich laße ja getrost dem Volke (ach Herr Nachbar wie margarineneu sieht ihr Dichterfürst aus!) seine PuppchendubistmeinAugenstern, den Geleerten seinen und ihren Abortquatsch, ich störe nicht die Goetheaffen in ihrer Goethemenagerie, mein Gott, jedes Tierchen will sein Pläsirchen, aber ich verbiete mir dies anmaßende Froschgequack, das uns jeden Atemzug der Freiheit brüllend abhorcht und niederschlägt.

Das was vielleicht bleibt sind einige Fetzen Dramen und zwei Verse.

Aber dies rechtfertigt nicht das, was ihr aus eurem windigen Meier gemacht.

IV
Huldigung gegen die Künste

Manches geht Einem dadurch verloren: was schöpft man Alles in der Jugend aus Büchern und Menschen und anderen Dingen, die einem im Alter dann klein, kitschig vorkommen. Und doch war Vieles dieser glücklichen Torheiten der jungen Tage größer als die schaale, letzte Weisheit der alten.

Aber ich könnte selbst um alles in der Welt dies seichte Getratsch von Dichtung und Wahrheit oder das blödsinnige Schullehrerversgeschnatter vom Faust ein zweites Mal kaum mehr hinunter würgen. Man vergleiche den edlen Stil Lessings mit dem goetheschen, die Farbenlehre

Schopenhauers mit dem mehr als dilletantischen [!] Versuch Goethes, was auch Schopenhauer wiederholt aussprach.

Ä, ä, – ganz nach dem berühmten Muster: Goethe – vielleicht ist es mehr als Zufall, daß sich darauf Kröte und blöde reimt.

Er weiß ja alles (s. Schweizer Reise) fein zu *ordnen*: Sterne, Steine, Menschen, Dreck, Hofräte und zu *verarbeiten*.

(Euphrosyne:) er frägt selbst die Götter wie sie heißen und was sie wollen, aber nicht wie vielleicht der verzweifelnde Hölderlin, nein wie ein Commis.

Aber lesen Sie doch die saudummen Witze der Idioten Vilmar, Bartels oder parfümierter Sacharinaffen vom Schlage Grillparzer, Hofmannsthal, Steiner, Zweig. Würde doch endlich einmal einer dieser Schwächlinge zu denken versuchen, daß er nie denkt.

Diese Trichinen kommen höchstens mit dem alten stinkenden Käse: ... er ist nicht befugt etc. ... es fehlt ihm die *wissenschaftliche* (!!!) Büldung ...

Ich hör dies Gesindel heut schon gröhlen über mich: ... nichts war ihm heilig (Verehrte: *Nichts* ist mir stets heilig). Sogar die heuligsten Güter unserer grosen Nazion pöbelt er an. Hätte er fleißig an seinem, ihm gegebenen Talentchen gearbeitet, sein kleines Gärtchen gehegt, so hätte er sich wohl die Achtung der Mit- und Nachwelt erworben und wär als bescheidener Trabant hinter unsern Größten nachgezogen.

So aber... pfeif ich auf euch Därme und Schufte. Also, weil einer nicht wie ihr Dreikäsehochs ein Dutzend väterliche Hosen auf stinkigen Abortuniversaalbänken durchgewetzt. Je mehr Wissenschaft, je mehr Schwindel und Blödsinn.

Um Himmelswillen, als ob nicht eure ganze Wissenschaft der Teufel holen könnte.

Tja, wahrlich, in jedem Wiener Gassenhauer steckt mehr Lebensfilosofie als in eurem ganzen goetheintellektuellen Spengler-Rathenau-Keyserling-Steinerkröten-Gewinsel.

Sie gehen in die Kirche oder zum Rat; lesen, dichten, malen musizieren, schreiben, um – ihre geistige Notdurft zu verrichten. Was wissen denn überhaupt diese ganzen Großen klassischen Geisteskrüppel?? statt zu leben schmieren sie Bücher.

Alle ihre Kunst ist geistige Onanie. Ich verstehe, warum manche Menschen ihren eignen Kot betrachten und am Duft ihres Pforz' Geschmack finden. Es ist klar, daß dies alles ein besserer Gesund-heitsbarometer ist, als alle literarischen Ärzte. Aber und das ist der Schwindel, wenn so eine goethesche Nummer hergeht und über Pforze, Durchfall, Scheibenschießen und anderen Bockmist tagebucht und diese Würste von seinen Leithammeln verhimmelt werden. Oder seht euch doch diesen Geistesheros an, der nach Aussage seiner Angehörigen von einer furchtbaren Ängstlichkeit, den Bettlern erst dann einen Groschen gab, nachdem er – wirklich er hatte den Mut dazu – ein peinliches Kreuzverhör mit den armen Teufeln angestellt und den Heller dann getreu in seinen Tagebüchern registriert; unter dessen Zornausbrüchen, Weinräuschen seine Bediensteten so sehr litten; der wie seine Angehörigen versichern sich sehr oft *blöde* fühlt. Ja, er brachte es dahin, daß die Toten nur mehr nachts zu Weimar ihre letzte Fahrt machen durften, da ihm »schon der Anblick von den Wägen peinlich.«

Oder wem imponiert (außer den intellektuellen Giftvipern), das Verhältnis zu seinem Sohn August, das täglich in dem sehr geistreichen Dialog bestand:

»Lieber Vater, wie haben Sie die Nacht geruht?« Und darauf die tiefe, echt goethisch-poetische Antwort:

»Lieber August, wir haben eine leidliche Nachtruhe gehabt und geruhen in diesem Augenblick nichts anzuordnen.«

Und heute, wo sich nur mehr Der glücklich und als Wunder des Jahrhunderts schätzen [!] darf, der – nichts ist – unterschreibe ich voll und ganz die sehr wahre Sprache Grabbes, des größten Dramatikers der Deutschen, über dies mottenzerfressene Motto.

Geht zum Teufel, saut auf die Universitäten mit diesem »wässrigen, jammerhaften Faust«, mit diesem Ideal universaler Trottel.

Den zusammengestohlenen Versen, Dramen, langweiligen Romanen des zum Höfling gewordenen Kaufmannssohnes.

Als ob dies Uns heut noch was anging, mit was sich dies Idiotenreptil gelangweilt.

V
Großes literarisches Bratwurstessen

Im März 1924 beschloß das Studentenpack der Wiener Universität zu demonstrieren, nachdem es mit zu wenig Leichen beliefert würde. Also Leute verreckt, auf daß bestialische Jüngelchen Arbeit haben.

Und ihr alle, denen ein lieber Todesengel eine bittre Gnade erfleht, laßt Euch von diesen literarischen Tuberkeln zerfressen.

Bezeichnend für diese Metzger ist, um nur einen dieser Raubmörder zu zitieren: Prof. Dr. Jul. Meyer, Major d.R. a.D.: »Auch der Gaskampf ist ein Ruhmesblatt der deutschen Wissenschaft, des deutschen Volkes in gewaltiger Zeit.«

Dieses ganze Goetherindvieh und fingerfertigste Tichtertausendfüßlerpack: sagt man, was nicht in ihre geistig sifilitische Zuchthaussuppe paßt, so kommen sie sicher entweder mit Phrasen wie: Das ist jesuitisch oder nicht kötisch oder sie finden einen *Fehler im System* oder sie trichinen: arbeiten Sie an sich selbst, Verehrter; Kunst ist ein ewiges Arbeiten an uns selbst.

Diese geistige Hirneiterung einer gewissenlosen Pharisäerbande! eines intelligenten Rattenschwanzes.

Und ist es nicht so sehr der Mann als das Prinzip.

Man mag schließlich gelten lassen, daß für Viertelstunden eine kleine Unterhaltung manches goetheschen Schwefels genügt, jedoch nie und nimmer für Stunden des Absterbens.

Denn wenn so ein deutsches Goethevieh liebenswürdig ist, so nimm als sicher an, es ist ein Judas, wie *er*.

Es ist mir, lese ich Seine Wärge, als läse ich Courts-Mahler. Tja, ich gestehe dann, diese menschen sind mir fremd, weil sie keine Menschen sind.

Dagegen grüßen mich die Gestalten Jean Pauls, Büchners, Eichendorffs, Stifters, (oder dem Spießer zum Trotz – ganz ihm Unbekannte) Widmanns, Mosenthals, Dostojewskis als liebe, gütige Bekannte.

Oder Hölderlin, der der deutschen Sprache die Schönheit gegeben. Und ist mancher, aus unsäglicher Wahnsinnsnacht und Nebel so schlecht, ja an Keinem läßt er was Guts, und es hätt's doch gewiß Mancher, aber so stolz auch dies Wurmknie – vor *dir* sind wir klein. Was kein Gott vermag, du machst, daß ich wieder weinen muß, wie in seliger Kinderzeit.

Und auch *dich* bespie dieser Erzsatan aller Verlogenheiten. Wie er auch unsäglich Kleist und Lenz beschmutzte.

Das ist nie ein ewiges Werk, das aus lauter Notizen und hirnern Spießertagebüchern sich entwickelt.

Man verstehe: ich gedenke (heißt es oft genug in seinen Briefen) *dies* für *das* (und *das* für *dies*) verwenden zu können. Die Werke der Ägypter, Griechen, Chinesen aber und aller anderen Großen zeigen jedoch, daß sie nie und nimmer so entstanden. Er „verwendet" (stiehlt) eben alles, alles, Alles – Alles. Ob es nun die Volkslieder, Jean Paul, Schiller, Wagner, Lenz, Klinger, oder überhaupt irgendwas Gedrucktes. Er verwendet schließlich Sich selbst wieder unzählige Male. *Er* vermetzgert alles, *alles*. Metzger haben ja sonst ein ehrliches Handwerk. Aber Er ist ein feiger, erbärmlicher Raubmörder!

Ein Fachtrottel wie Erich Schmidt hat die Borniertheit zu winseln: so treu hat (Unser!) Goethe sich an die Vorlage gehalten, daß der französische Dolmetscher seines *Clavigo* hier ohne weiteres zum Urtexte zurückkehren kann.

Warum schreibt dieses Vieh nicht einfach und ehrlich: (Unser!) Goethe bestahl (in diesem Falle ausnahmsweise) nicht, nein er schrieb Beaumarchais buchstäblich ab (wie so unzählig viel andere auch).

Ließ sich auch mancher, wie Novalis erst von *ihm* blenden, so sah er doch später (wie die Besseren alle) ein, wie in größtem Maße undichterisch Vieles.

Er hat sich nicht für Fichte verwendet, als es darauf ankam.

Er hat alles Große, Wahre, Edle verschissen.

In seinem verbrecherischen Trottelneid schwieg er dem schönen romantischen Schaffen Arnims gegenüber (Arnim schuf zwar auch echt patriotisches Fusel-Geschmier, aber Ehre, wem...) oder gympelnasiallehrerte höchst abfällig darüber.

Das ist (bei Kotzebue) ja immer so in Deutschland: trompetet mit seinem Hirnhintern ein Luterat resp. Professor resp. hakenkreuzlerischer Esel: Das taugt nichts, so gröhlt der ganze Chor. Wenn die Kerle, die Banditen ehrlich wären, ich würde sie fragen: Ja, haben Sie denn irgendwas von Kotzebue gelesen? Und eben, wenn Trottel ehrlich wären, müßten sie sagen: I, Gott bewahre, es steht in meiner Literatur-Geschichte und dat jenigt mich!

Man sage mir nicht: ein großer Mann hat auch seine Schwächen. Nein: ein großer Mann ist überall und immer gütig, edel, brüderlich.

Und es gibt kein verlogeneres Sprichtwort (natürlich sind alle Sprichwörter verlogen) als „man muß mit den Wölfen heulen". – Ein aufrechter Mensch wird nie mit Pöbel und Alltag gehn.

Und es war ja doch nur Alltag, Streberei, Ehrgeiz, Dieberei – die den Commis resp. den ghöterich Meier zum Dichterling begeusterten.

VI
Vorwort zu einem Vorwort

Jeder Spießer, der ins Kino walzt, tut dadurch „was" fürs Gemüt; nur du, mein Sohn Brutus, treibst keine „Seelenkultur". Wie? Ihr meint? eben, das Selbstüberwinden; wer zu oft sich selbst bezwang, ward am Ende matt und schwach. Und sterben muß er doch. Wenn er auch marsisch und mondisch kann.

Freilich, man ist befriedigt, sobald man verzichten kann. Das wäre schön und doch mehr als menschlich.

Religion? Seid bedankt für diese Hure des Geistes (Geist – so viel wie: Idiot, Köthe).

Tja, weint mich aus, oder möcht ihr mich auslachen. Dazu seid ihr zu krötisch!

Ich will nichts sein, als – Mensch. Und dies – ist vielleicht nicht so gering.

Nichts ist lächerlicher, als die Leute, die – weil sie in der Fremde oder im Bücherkasten alten und neuen Trödel gesehen – mit ernsten Gesichtern zurückkommen. Bei euch muß immer der Inhalt den Inhalt eines Werks ausmachen. Und nicht das Herz!!!

O, ihr Jüngelchen der Romantik, des Futurismus, Expressionismus, Naturalismus, Dadaismus; alle, alle ihr Steiner-Rinozerößer, die da dachten zur Vervollkommnung der Kunst (o all ihr künstlerischen Dichter und Maler, seid ja bloß wie euer *Meier* Raubmörder der Natur) gehöre eine

Romanse, eine vielosoßische Abhandlung über Köthe, ein paar besoffne Lyrikbände oder mannsche Romanbewässerungsanlagen, ihr seid samt und sonders nichts als äffische Plagiateure und Meierianer, Professor-Biebichen, René Schickeléchen und Karlchen Kraus – der Grausige… diese größenwahnsinnigen Läuse.

In wieviel hundert Eurer (sogenannten) Romane wimmelt es nicht von: er (sie) kannte seinen Goethe, ein goethemeier Vers fiel (ihr) ein, geschweige erst von den meierischen Mottos, die alle verlogen.

Und hat *Er* sich doch selbst über seine Lyrik im Wilhelm Lehrling, zweites Buch, anfangs zweites Kapitel das Urteil gesprochen. Weil dies Vieh Schmidts von Wernuchen zarte, innige Naturbeschreibung nicht verstand, obwohl dieser hundertmal origineller, beschmutzt, verspottet er ihn.

Und was war diesem Aas Schubert??

Ja, selbst der meierianische Schmierer Ernst von Wolzogen findet Manches im Willy Lehrling unglaublich ungeschickt und behauptet, daß *Er* ganze Bände bloßer Exkremente (o, ihr Lilateraten: da habt ihr: Kunst ist Arbeit, Werkeln, Grübeln, Meißeln, Läutern) hinterlaßen und es in allen Romanen und Novellen nie zu einer flüssigen, klar aufgebauten, dramatisch gespannten Handlung gebracht, ganz abgesehen von der (sehr frühen) Altersschwäche, die Romanform als Ablagerungsstätte für alle nur möglichen älteren Manuskripte zu mißbrauchen.

Es ist überhaupt höchst kitschig von „Unseren" Dichtern, die Soßen, die sie uns erst durch ihre Werke aufgetischt haben, nun nochmals verwässert, verdünnt als „Briefe, Erinnerungen, Tagebücher" etc. aufzuwärmen. Natürlich ist die Sache anders bei Staatsmännern.

Und es ist ja typisch für Deutschland, daß damals der Freien Schulgemeinde Wickersdorf, weil sie nicht so nach Goethe stank, verboten wurde zu unterrichten.

Seine Geselligkeit, sie ist ja nicht mehr als höchstens die unbewußte Flucht vor sich selber. Er konnte nie einsam sein, wie Hölderlin, Trakl, – die hingegangen, schön wie die Nacht.

Es ist ja wahr, je öfter wir bei großen Lügnern und Götzen, desto mehr werden wir um die Wahrheit wissen. Aber wozu zu den Bibel- Kegel- Dante- und übrigen Idioten-Gesellschaften auch diese Kötegesellschaft. Wozu dieses ganze blödsinnige Trara vom Kampf und Leiden eines Kötevolkes?

O auch die Besseren... sie sind alle so schwer, wie Nebel und Traum.

Und ihr Sehnen bringt Uns wohl all die Bangigkeiten eines Jungen, aber es erlöst nie.

Was sind die Tränen einer verlaßnen, verzweifelnden Mutter, Geliebten, eines hungernden Kindes dagegen. Geht in die Armenhäuser, geht in die Schulen und schaut in die blassen, hungrigen Kindergesichtlein. Was könntet ihr Gutes, Besseres tun, als kötisch zu sein, zu schmieren.

Ihr, tja, haltet so einen Kötemann beim Wort! – als ich ihn hielt, lief er davon und in der Hand hatte ich das abgerissene Wort. Er war längst in den Bergen der Spießerei.

Wenn die Arbeit nicht wirklich zu schmierig – ich tät dann nach Corvins Pfaffenspiegel einen Lilateratentrottelspiegel schreiben. Die Heldentaten dieser Kötevaterländler geißelnd meißeln. Aber es lohnt sich nicht dieser Geistesfürsten. Waschweiber haben mehr Verdienste!!

Eure Herren Vorredner im Reichstag oder in den sonstigen Ställen wo Köte hängt: ja es ist nur zu wahr, daß sie sich nur etwas vorreden.

Aber der Prolet, der zu Suppée, Strauss nichts zu bemerken hat als: *a schöns Stückl* und sogar in seiner Besoffenheit noch Das bewahrt, was beim Spießer: Anstand; der die Kellner mit Wein und Zigaretten traktiert, für die *Anderen*, die ihn verulken, – im Grunde hat er mehr Verstand als alle drachigen Universitätsdeppen – die Zeche bezahlt – ach was für Perle in Eurem Schlamme;

Im Kot dessen, der sich Zeit seines Lebens in einer geraubten Alabasterurne alle abgeschnittnen (hirnern) Fuß- und Handnägel aufhob. Mir stinkt das abscheuliche Zeug zu arg.

VII
Dialog in violett

Der Jüngere: Früher, ja, da floh ich auch diese Memmen, aber ich hatte noch so viel Kraft, um mich an meiner Einsamkeit zu berauschen. Heute weiß ich, daß selbst ihr Atem giftig.

Der Ältere: was fliehst du sie, schau dir doch diese Fressen an (von Antlitzen zu sprechen wäre absurd), diese intellektuellen, angefreßenen Schauspieler-, Opernsänger-, Schieber-, Wucherer-, dichterisch Betriebsamen-Visagen; die können mich wahrlich nicht zur Flucht und Selbst-flucht treiben. Aber du darfst das Kind nicht mit dem Bade ausschütten. Auch ich kenne welche. So alte verträumte Professoren, greise Herren und Jünglinge, die Essen und Trinken über einen alten Schmöker vergessen. Es sind die lieben, guten deutschen Michel, die ihre auf der Nase sitzende Brille suchen, die wirklich hungern, um sich die Stube mit Folianten auszutapezieren, diese märzlichen Bücherwürmer laßen mich wieder an das Deutschland Dürers, Eichendorffs, Hoffmanns, Jean Pauls glauben.

Der Jüngere: Du magst in Vielem recht haben. Es ist klar, daß Uns, die wir von Menschen und Zeiten zerhetzt, die wundervolle Plastik Barlachs, die Bilder Betzlers, Seewalds, Genins, die Verträumtheit Langhammers mehr, als der Kitsch einer Sixtinischen Madonna; die Schwermut Hölderlins mehr als dies spießerisch Geklärte dieses Goethe oder anderer Betriebsamer, sagen. Aber ich wage es nicht, solange noch an mir selber Makel kleben (und die trag ich, solange ich Mensch bleib) will ich Keinen verdammen.

Vergiß nicht das Lied, das die Mädchen vorüber singen. Oder fällt dir keine schöne Sünde der Knabenzeit ein. Vielleicht schimmert doch eine Güte.

Was soll uns denn helfen sonst in diesen furchtbaren Zeiten des Materialismus, wo nur trostlos Arme und schamlos hundsgemein Reiche. Ach, wie schon die Allerjüngsten bitter kämpfen müssen, um leben – o, dieser Hohn auf alles Leben – zu können.

Und es wird noch schlimmer. Heute schon ist „Landstreichertum" und „Dachstubenelend" verfehmt.

Und wenn die Ergüsse dieser neuen Streber wirklich nicht in Dach-stuben entstanden, so beweist dies in erster Linie nur, daß sie nichts von der Größe haben, der gewaltigen Dichtungen (ich brauche wohl keine Beispiele anführen), die in Kammern der Armut entstanden. Sie wissen ja nicht, daß die Dachstube zum blauen Abendgarten blühte und kennen nicht die seligen Gefilde des Wandertums.

Und die Zeit wird nicht all zu fern sein, wo man Worte wie Schwermut, Güte nicht mehr kennt.

Der Ältere: Nun fängst du gar an pastoriös zu wimmern, aber dies soll wohl bloß eine gefühlsduselige Ausflucht sein.

Ach, noch viel unglücklicher bin ich, als ich eigentlich sein sollte. Und wär so frühlingsfrisch die Dämmerung. O, wenn es Tiere wärn! aber bloß Tiermenschen und Menschentiere. Und all die Seelen-Parfüms, die betörten! Ach, wo Türen sind, ist´s dunkel. Aber es ist gut: Wenn Einen alle verrückt gemacht und Einem Keiner mehr hilft, kommt man endlich wieder selbst zur Vernunft.

Der Text erschien 1929 in der von Jakob Haringer herausgegebenen Zeitschrift Die Einsiedelei – Ein Stundenblatt Nr. V – VIII im Berliner Strom Verlag. Die eigenwillige Rechtschreibung Haringers wurde bei diesem Text, bis auf wenige Ausnahmen, beibehalten.

DAS
RÄUBERMÄRCHEN

In ewiger Erinnerung an den toten
Kasperl Larifari,
der mich in seliger Kinderzeit
so überglücklich lachen ließ

Vorspiel

„Je dümmer ich gewesen bin,
desto mehr Glück hatte ich in der Welt."
KASPERL LARIFARI IN SEINEN MEMOIREN

Der Baron hatte eben die rührend sehnsüchtige „Humoreske" von Dvorak geendet und Irmelin träumte noch von verflossener Sommerzeit. Das Mädchen brachte Mokka und die Gräfin sagte: „Balthasar, du wolltest uns doch Geschichten von deinem verstorbnen Freund vorlesen."

Er hatte ja nur darauf gewartet und zog ein Bündel schmieriger, armseliger Fetzen heraus.

„Das mag wieder so ein Unsinn sein", gähnte der Doktor freundschaftlich. „Was wollen Sie denn, Sie grünes Reisig Sie. Ist vielleicht Ihnen dies ganze Leben mehr als Unsinn? Betrachten wir nur alle großen Erfindungen der Menschen, ob sie nicht erst als Blödsinn verschrien. Warum soll's da Büchern anders ergehen. Wer das Leben ein bißchen in seiner Tiefe erkannt, für den ist nichts mehr Unsinn. Oder, was haben Sie denn geleistet? Hosen auf der Schulbank durchgewetzt. Gescheit sind wir nur, solang wir dumme Kinder sind. Und vielleicht wenn wir Glück haben", schloß er mit einem resignierten Blick auf Irene, „wacht manchmal in einer lieben Stunde dieser goldne Kinderunsinn wieder auf."

Er zündete sich eine Habana an, bot dem Doktor welche. Die Damen rauchten wollüstige Zigaretten. In Irmelin zitterten noch die letzten schwärmerischen Klänge nach. Es dämmerte schon. Die Gräfin bat das

Mädchen, die grünseidnen Vorhänge zu schließen. Von der Terrasse duftete der ganze Mai herein.

Die Amseln schluchzten. Der Steinbrunnen plätscherte melancholisch.

„Ja", fuhr der Baron fort, „es ist der Deutschen größtes und einziges Verdienst, daß sie all ihre Besten verhungern lassen. Der arme Xaver Dampfkessel! Auf welchem Stern der Ewigkeit mag er wohl träumen. Ich durfte seine letzten Erdentage noch verschönen. Daß es die letzten waren, ahnte ich freilich nicht. Aber wer vierzig Jahre lang darbt, hungernd und frierend in harten Großstadtmansarden dahinsiecht, der blüht wohl auch nimmer unter der Sorge eines aufrichtigen Freundes auf. Ich hätte gern mein Leben für ihn hingegeben. Und es ist immer so auf unserer Pilgerschaft, ein ewiges Zu spät. Ich durfte tun, was ein schwacher Menschenbruder tun konnte, aber er hätte Engel und einen Gott verdient. Damals wußte ich schon, daß er einer der wenigen war, die den Ehrennamen Mensch zu Recht tragen. Ja, es ist das Schicksal alles Gütigen, daß es die Gemeinheit vernichtet."

Irene läutete: „Liebe Anny, ich bin für niemand zu sprechen."

„Du kennst mich, Balthasar", wendete sie sich zu jenem „und weißt, daß ich mich von den Bedrängten nicht erst suchen lasse, aber ich hasse diese Komiteewirtschaft unserer Gesellschaft. Soll diese helfen, so drückt sie sich davon, indem sie flugs Komitees in ‚Tätigkeit' setzt. Und solche ‚schöne Seelen' wollen mir heute wieder das Haus stürmen." – Sogar der Widerspruchsgeist des Doktors gab ihr diesmal recht. Ja, er ergänzte: „Und was durch die Hände von öffentlichen Sammlungen fließt, bekommen ja nie die wirklich Elenden, Armen."

Im Park begann eine Nachtigall.

Der Baron, der währenddem seine Papiere geordnet, begann:

Das Räubermärchen.

Der König kochte sich gerade Kaffee. Sein Zepter lag verträglich neben der Kaffeemühle.

Die Krone wackelte auf seinem ehrwürdigen Haupt. Dann setzte er sich auf die Herdplatte und schlürfte mit wonnigem Schaudern den Trank.

Aah, heut hatten ihn doch keine Weiberhände verpfuscht.

Hyronimus Löschblatt, der hundertsechsunddreißigste Minister, pfiff zur Tür herein. Aus den Hosentaschen schauten ihm die neuen Befehle für die Untertanen. Von seinen Fingern und seinem Maul tröpfelte noch Tinte. Er war keine Minute sicher, daß ihm nicht ein Gedanke kam. „Schafskopf" rief der König und rührte erhitzt seinen Kaffee dabei „sieht er nicht, daß ich mit wichtigen Staatsgeschäften beschäftigt?"

Der Minister setzte natürlich – eigentlich brauchte er dies gar nicht erst zu tun – sein dümmstes Gesicht auf.

Dann griff Majestät in seinem großartigen Schlafrock herum und hinunter, zog erst eine Schnupftabakdose, Malzbonbons und Lebkuchen, ein Gebetbuch, eine Käsrinde, Spielkarten, Dukaten, einen Kreisel und eine Mundharmonika, ein Paar gedörrte Pflaumen hervor, die er sich, während das Wasser kochte, aus dem Schubladen gekripst, bis er endlich erfreut seinen Reichsapfel fand. Den warf er dem lächelnden Minister an den Kopf.

Im Königreich – seinen Namen hab ich wirklich vergessen – herrschten nämlich geordnete Verhältnisse und strengste Formen. Es war ein Ordnungsstaat, und der König hätte sich nie erniedrigt, selbst wenn er sterben müßte – und das ist doch wirklich viel für einen König –, irgendeinen anderen Gegenstand nach dem Erreger seiner Ungnade zu werfen. Tja, es war eben noch ein anständiger König, und die Menschen noch brave Untertanen und nicht so schlecht und gescheit wie heute.

Ja, wie er in seinem Schlafrock Ordnung hatte, so hielten sie die Minister, samt der Ruhe, im Staate. Und dann tat der Reichsapfel nicht weh, denn er war, praktisch wie alles im Königreich – aus Gummi. Es war eine neue patentierte Erfindung.

„Aber Herr Baron", unterbrach der Doktor, „erlauben Sie, damals war doch der Gummi noch gar nicht erfunden –".

„Unterbrechen Sie mich nicht in meiner Geschichte. Sie glauben wohl bloß, unsere Zeit hat die Weisheit mit dem Löffel gegessen. Sie irren sich, Verehrter. Alles war schon da. Die Menschen erfinden nur, was sie erst vergessen. Paracelsus hat ganz andere Operationen geleistet als Sie, Bester; oder glauben Sie nicht?" – Mit diesem Hieb hatte der Doktor vorderhand genug, und die

Damen baten den sich eben eine Creme de cacao einschenkenden Baron die Geschichte weiter zu erzählen.

„Aber bitte", sprach dieser, „lasst euch doch von unserem alles besser wissenden Lexikon was erzählen." Da umschlang ihn Irmelin und bettelte: „Aber Balthasar, wir glauben dir doch alles." Da lächelte er fein und still und verträumt und fuhr fort.

Mieze, eine Hofkammerjungferdame, blickte zur Tür herein. Sie war ein liebes Ding, wie ein reifer Apfel, ein Veilchensträußel, wie so ein lieber, süßer Wiener Fratz.

„Pst, pst –" pste der König, „Mieze, wo steckst du denn immer. Schau her, was ich für dich hab." Und er schenkte ihr diesmal hatte er's auf den ersten Griff, einen halben Lebkuchen. „Magst nicht ein Schlückerl Kaffee?"

„Hoheit sind so gut", lispelte sie errötend.

„Mein Gott, man muß doch irgendwas sein. Es ist ja sonst so arg langweilig" und streichelte ihre lieblichen Wangen.

Da flog ihm ein Pantoffel an den Kopf. „Oha", wütete er, „so eine…" Es war die Frau Königin, die schrecklich eifersüchtig war und für seine Untertanenliebe gar kein Verständnis hatte. Er zog sich mit Würde seinen Schlafrock zurecht, warf der „Einen" einen verächtlichen, erhabenen Blick zu, nahm seinen Kaffee, hob die heruntergefallene Krone auf, putzte sie ab und schritt stolz wie ein Hahn zur Tür hinaus.

„Mein Gott", seufzte die Königin, „so ein Mann, so ein Mann!"

„Tja", echote der Hofnarr, der während der ganzen Zeit schlafend auf dem Küchenkasten hockte, „so ein Mann ist ein Mann."

Als sich die Frau Königin von ihrem Schrecken erholt, hatte sie nichts als ein: „Sie frecher Affe, Sie –" dafür. Der aber schnarchte schon wieder.

Eben, als ihr der mittelunter Reichsoberkoch ihre Stiefelchen auszog, denn sie war in einem Wohltätigkeitstee, erschien Käskuchen Graf von Kuhwedel, der dreiundzwanzigste Minister: „Majestät lasse um ein Taschentuch bitten."

„Er bekäme keins, habe erst vor acht Tagen eins bekommen und er solle in diesen teuren Zeiten Wäsche sparen, Kaffee habe er auch schon wieder gekocht und den teuren Zucker gewüstet. Von den Pflaumen, die sie für die Waisenstaatsanwaltsbewahranstalt hergerichtet, fehlen natürlich auch welche!"

Kuhwedel verneigte sich rückwärts gehend so lange, bis er in den Holzkorb fiel.

„Hä hä hä", meckerte der Hofnarr, „jetzt kann die Kuh im Stall wedeln."

Die Königin nahm ihren neunten Hauszepter aus der Schublade.

„Seit wann tragen denn die Märchenköniginnen auch Zepter", fiel der eintretende Schauspieler ein.

„Als wenn die Frauen nicht schon immer Zepter hielten", sprach Balthasar galant – und befal die dreizehn Amtsrichter, die alle Zipflmeier hießen, in den Hof zum Wäscheaufhängen. Das war nämlich ein hohes Ehrenamt, nicht jeder durfte, und die Geladenen mußten selbstverständlich in voller Amtstracht erscheinen. Einmal gab es einen großen Krach, weil die Königin mit dem Sanitätsunutatsmarmeladsmedizinnoberräten wechseln wollte.

Als sie dann allein in ihr himmelblaues Gemach trat, fiel ihr Blick, wie immer, auf das Bild eines schönen jungen Mannes. Ja, sie war wohl oft zu hart mit ihrem innigst geliebten, einzigen Kinde gewesen. Wo wird er sein? Hat er ein warmes Bett, geht's ihm schlecht; wenn er nur da wär, oder wenn sie ihm doch wenigstens ein Expreßpaket mit warmen Socken, Geräuchertem, Marzipan, Gänseleberpastete und ein paar Handvoll goldener Taler, drauf ihr neuestes Porträt, senden könnte! Ach, fiel ihr ein, die Post ist ja noch nicht erfunden, die kommt erst im zweihundertachtzehnten Jahrhundert dran. Aber Kundschafter wollte sie aussenden und sie telephonierte.

„Na na na", grinste der Doktor.

Telephonierte also gleich ans königliche Kundschafterbüro.

Der König wollte erst im Rotblaugrüngelbgoldnen Salon ein wenig dichten und an seinem Trauerlustspiel weiterarbeiten. (Es war der sechshundertneunzigste Band seiner Gesammelten Werke.) Ja, es wäre einst fast zum Kriege gekommen mit einem Nachbarstaat, denn dort war dessen Häuptling, pardon König, von seiner Lieblingsdichterin Hedwigkurt Malöhr derart aufgehetzt, daß nur mehr ein Waggon ff. ungarische Salami den Frieden retten konnte. Die war natürlich furchtbar erbost – nicht die Salami, die Malöhr, weil es einen und noch dazu königlichen Autoren gab, der so langsam arbeitete, daß sie immer eine Ewigkeit auf das Abschreiben warten mußte.

Das konnte er aber nicht, denn im danebenliegenden Himbeermarmeladreichstagssaal hockte Lotschensepperl, der berühmte Ministerpräsident, am Boden – es war sonst kein Mensch da, und wenn er nicht gerade Daumen lutschte, schrie er furchtbar und andauernd, daß sich sogar die Ohren der aufgestellten königlichen Marmorbüsten bogen: WIR, das Volk .. WIR, das Volk...

Ja, wenn wir König gewesen wären, wir hätten uns einfach Ruhe befohlen. Da könnt ihr sehen, wie gut mein König war, das heißt, der König vom Königreich, dessen Namen ich wirklich vergessen. Er wollte einfach „das Volk" nicht stören. Er wußte es ja. Wie oft schon hatte er die Minister gebettelt: „Lasst mich doch auch mal ein bisschen regieren, ich möcht mich auch mal mit Sorgen ins Bett legen!" Aber da vereinigten sie sich, das konnten sie recht gut, taten die Tintenfinger erst auf die Tintennase und dann aufs Tintenherz: „das sei nicht königlich!"

So ging er also ins Musikzimmer und ließ sich auf dem Orchestrion ein paar Waldteufelwalzer spielen. Es war so schön, daß er unwillkürlich schnell den Zepter in die Tasche steckte und zu tänzeln begann. Da – fiel was hinunter und zerbrach.

„Na, jez is se kaputt..., macht nix..., Maxe", schrie der König, „da hast du einen Groschen, laufen Sie mal schnell zum Volksbazar nüber und hol mir eine neue Krone." –

Dann hatte er auf der Stembräukellerlandtagsterrasse mit seinem Kreisel gespielt. Bis wieder seine königliche Trauerstunde kam und er in den großen Gemüsegarten hinauslief. Er dachte an seinen einzigen Sohn, der vielleicht krank oder schon lang tot war.

Dort hockte auch auf einem Petersilienbeet seine Scholastika und weinte. Ihre ganze Energie war beim †††. Da saßen nun wieder verträglich die beiden Leutchen, pardon, Majestäten und klagten um ein verlorenes Glück. Ob sie es wohl je wiederfänden?

„Salamon", schluchzte Scholastika, „du darfst schon wieder Kaffee kochen, gelt, und ein Taschentücherl bekommst du auch, ja, magst du nicht in die Stadt gehn und mir Baldrian holen, mein Herz ist so schwach."

Salamon holte die Markttasche und ging. Dies war freilich den Hofherren und Ministern und Hausknechten ein Dorn im Auge. Denn sie konnten ihm manchmal doch kein X für ein U machen, was eigentlich das einzige war, was sie konnten.

Auf dem großen dreiviertelten Exzellenzenplatz bemerkte er einen Volksauflauf. Tja, der König hatte sogar Leute. Natürlich, sonst wär es ja kein Volk. „Was habt ihr denn da gemacht," sprach der König, „einen Menschen totgeschlagen und noch dazu einen lieben Bekannten von mir, der mir oft so schöne Geschichten erzählt."

„Majestät", sagte der immer zufällig anwesende Stadtrat..., na, ich mag ihn nicht nennen, da er zufällig noch lebt, er war nämlich so blöd, daß er unmöglich sterben konnte, – „Majestät wisse, der da hat gesagt, als wir fest und tüchtig und frisch, fromm, fröhlich, frei über unsere Nachbarn, die Müllerhansinegertotten, schimpften, ja, da sagte dieser schamlose Verbrecher und Hochverräter: ‚Ach Gott, liebe Brüder, die Müllerhansingertotten sind doch auch Menschen.‘ – Da mußten wir ihn doch erschlagen."

„Ihr habt einen Heiligen erschlagen", sagte der König traurig.

Tja, wir heute sind nicht so dumm und roh und erschlagen deshalb einen Menschen. Oder?

Traurig ging der König – den Baldrian vergaß er natürlich – in eine Tabaktrafik und kaufte sich eine Zeitung.

„Hätten Se bei mich och hawen können", sagte ein kleiner Straßenjunge.

„Na, da!" und Salamon schenkte ihm einen Dukaten.

Dann setzte er sich auf eine Bank in den Feldherrnanlagen. Ihren damaligen Namen weiß ich nimmer. Sie wurden nämlich jedesmal – und das passierte sehr oft, wenn ein tapfrer Feldmarschall mit Prügel und zerrissner Hose heimkam – nach ihm benannt. Auch gab es Feldmarschälle in der Woche wie Schwammerl im Wald. Salomon wollte eben einen vor seiner Nase baumelnden Fliederzweig zum Pfeifenausputzen abbrechen, als ihm eine markante Schutzmannsstimme ihr „Dürfen Sie nicht tun, das kostet zehn Mark Strafe" zuposaunte, „na (und die Stimme wurde immer väterlicher, weicher), Sie brauchen noch keine Angst zu haben, diesmal schenk ich's Ihnen noch und warne dich bloß."

„Herr Schutzmann", rief der König erfreut, „da haben Sie meine Visitenkarte, Sie müssen mit mir Kaffee trinken. Bringen Sie mir aber die Visitenkarte wieder mit, bei den teueren Papierpreisen muß sie öfter reichen, sagt meine Frau."

„Waaas, ein König biste, aber Junge, haste du een Schween!" –

„Schau, schau, da steht's ja schon; ja, unser berühmtes, neuestes amerikanisches Börsen- und Welt- und Geld- Rübenblatt ist wirklich gut, vor einer Viertelstunde passiert's, jetzt steht's schon drin. Tja, das ist das Lügen so gewohnt, daß es selbst alles glaubt, was es daherlügt." Er putzte sich seine Hornbrille und las: Heute, am 87ten fand der gefährliche, fürchterliche, ganz hundsgemeine Hochverräter Gerechtedelehrlich seinen längst verdienten Tod. Er hatte die Ehre und wurde von einigen achtzehnjährigen Generälen unserer Armee und von braven tapferen, sechzigjährigen, vaterländischen Männern erschlagen, als er gerade wieder den gefährlichen, boshaften, gemeinen Ausspruch tat: Unsre Nachbarn, die Müllerhansinegertotten, sein auch Menschen. Wir hoffen, daß endlich so verdiente Männer, denen das Vaterland in schwerster Stunde alles verdankt, zu Ministern gemacht werden. Von solchen netten Leuten ist es ein Vergnügen, sich regieren zu lassen. Möge unser huldvoller Monarch jeden dieser tapfern Heldenjungen mit einer Kiste von Orden zieren. Wir finden nur das Eine sehr bedauerlich, daß unsre apostolische Majestät, es muß dies ein Irrtum sein, dieses verkommene Subjekt für seinen Freund, ja für einen Heiligen [Anmerkung der Redaktion: Ein Ding, das uns gänzlich unbekannt, vielleicht weiß es einer unserer braven, braven Leser] erklärte.

„Hm, Hm", dachte der König, „ja, derfens denn dös überhaupt, mich bekritteln?"

Aber er lächelte schon wieder, als er in die berühmten Neuesten amerikanischen Börsen- und Welt- und Geld- Rübenblattlausnachrichten blickte: „Ja, so was gibt's bei mir nicht."

Armer König, du denkst und – – Er las nämlich von den Schusternazizulus, ach einen Nachbarstaat (er erinnerte sich, einmal eine Truppe auf dem Jahrmarkt in einer Menagerie schuhplatteln gesehen zu haben), daß dort die Königswürde nur mehr Gympelnasial-Säuglinge bekämen. Und das Land werde nur von den obersten Oberlehrern, Kadetten, Grätenrätenbiesterministern und den Garnichtsoohneversitäten regiert. Wer einen Schnurrbart bekäme oder trug, wurde zum Scheiterhaufen verbannt. Desgleichen wer etwas gelernt, geleistet, gearbeitet, geschrieben (letzteren wurden erst die Hände abgehackt und die Zunge herausgerissen). Wer die neuen Regenten nicht anbetete, wurde aufgehängt.

„Ach Gott", sagte der König. „Die Menschen machen wie die Affen alles nach. Wenn am Ende mein Volk…" Er war verärgert und sah gar nicht die hübschen Kindermädel um ihn, bis ihn ein Leierkastenmann mit ‚Heul dir im Siegerkranz' aufschreckte. Er gab ihm zwei Taler. (Was, da guckt ihr, andächtige Zuhörer, wie ich mit diesen lumpigen Talern und Goldstücken herumspringe; ja, wer hat, der hat.)

Dann eilte er fort und kam gerade noch in die lilane

Reichstagssitzung

Es waren circa sechshundert Minister anwesend. Genau weiß ich es nimmer. Wir nennen nur die berühmten Namen: Fliegenleim, Hinterfotzingerlale, Hoppeigichttoni, Trottelhold, Affenschmalz, Flohlöwe, Veilchendarm, Graf von Ähäh, der Herr von Bar, Hyronimus Löschblatt, Käskuchen Graf von Kuhwedel. Und es waren noch viel Berühmtere darunter. Wer kennt sie nicht alle, die Edlen!

„Neinnn", schrie der Minister Wastlmeier Baron von Zipflhuber, „der der bebekommt's nnnicht, derderffreche Kerl hot ämol mmeiner Gkattin gäsagt, sie passe gut zu mich."

Von Salomon nahm kein Hund Kenntnis. Dafür war er auch König. Nur der Hofnarr, der auf einem Kronleuchter in der linksrechtsvornhintern Ecke saß und dort oben miaute, winkte ihm zu.

Er setzte sich auf den alabasternen Thron, der ganz rückwärts, für die Brezel- und Würstelfrau im Parkettboden eingegraben, wie ein verlassenes Schaf dastand.

Lotschensepperl, der Ministerpräsident, läutete: Scholastika, die Königin aller Königinnen, hätte hunderttausend Dukaten (ja, meine Lieben, Geld war im Königreich wie Heu!) für die Armen, Waisen, Invaliden bestimmt. ER, der Ministerpräsident, sehe aber gar nicht ein, zu was die Armen, Waisen und Invaliden Geld nötig hätten. Die Armen und Invaliden sollten, wenn's ihnen so nicht paßt, einfach sterben, und die Waisen sollen in die Fabrik gehen. Er schlage also vor, damit das Geld nicht hinausgeschmissen wäre, sei er in seiner aufopfernden Vaterlandsliebe gerne bereit (Bravo links, Hurra rechts, Hoch Mitte), also gerne bereit, fünfzigtausend der Dukaten einzustekken. Er wolle sich so schon lange

Aktien von Tripstrill und Schlaraffienen kaufen. Da kämen ihm diese lumpigen Fünfzigtausend gerade recht. Die übrigen Zwanzigtausend (was, der konnte rechnen! Ja, solche Leute brauchten wir heute!) schenke er dann den anderen Ministern.

Stürmischer Beifall ward dem weisen Mann. Dann bimmelte es wieder: Sein Antrag sei also angenommen, nachdem sie alle, wie es einem Ordnungsstaate zieme, ein Herz und ein Sinn. Inzwischen wünsche er dem hochniedern Hause gesegnete Mahlzeit, fröhliche Weihnachten und ein glückliches Neujahr. Dann wolle er also die nächste Sitzung in fünfzehn Jahren halten und auch für heute mit einem kernhaften, markerfüllten Frohe Ostern schließen, denn er müßte Ski fahren gehn.

Nur der Hofnarr piepte: er bitte die hohen Häuser, die dritten Fünfzigtausend (da könnt ihr sehn, wie so ein Narr rechnen konnte, gut, daß es keine Narren mehr gibt) von den Hunderttausend per Bank oder Postscheck seiner verstorbenen Schwiegermutter zu überweisen. – Natürlich beachtet man so einen Menschen in einem Himbeermarmeladreichstagundnachtsaal nicht.

Da erhob sich der König. Er war erzürnt. Manchem Vorhang erschien er wie ein gütiger, alter Prophet: er bitte, das Geld den Armen, Waisen und Invaliden zu geben. Seine Frau schimpfe sonst. Und die Armen frieren jetzt, wo so viel Schnee draußen liegt. Und sie sollen sich mit dem Geld warme Kleider und was Gutes zu essen kaufen. –

[Lieber Leser, sag's den Lolulaliteraten nicht, daß der König erst in den Anlagen saß, sonst haun sie deinen Xaver Dampfkessel.]

Da meckte eine starke, gewaltige Stimme durch den Saal aller Säle und Kanäle: „Was wollen Sie denn überhaupt, Sie alter Kaffeekocher, für was sind Sie denn König, daß du das Maul hältst überhaupt – ich, der Herr von Bar, der alles bar bezahlt und trotzdem er keine Barmittel..." (Anmerkung des Übersetzers: Er konnte natürlich nur von seinen geistigen Mitteln sprechen, denn Geld hat er.)

„... alles in die Bar trägt, setze Sie einfach ab und verhafte dir."

„Ja", schrien Lotschensepperl und Fliegenleim und Hinterfotzingerlale und Trottelhold und Affenschmalz und Flohlöwe und Veilchendarm und Hyronimus Löschblatt und Käskuchen Graf von Kuhwedel und

Wastlmeier Baron von Zipfelhuber und alle, alle die verdienten Männer des Vaterlands, „wir setzen ihn ab und köpfen ihn.“

„Was, köpfen wollt ihr mich, ihr undankbare Bande –“ sprach's und flog durchs Fenster davon.

Wie sie da alle gafften. Der einzige Hofnarr klatschte. Ja, da schaut ihr auch, was, ihr dachtet wohl, geflogen wird nur in Tausendundeine Nacht, nein, auch in den Märchen von mir, Xaver Dampfkessel, fliegt man. Ja, ich könnte euch sogar weismachen: der König hatte eine neue, noch nicht patentierte Erfindung, nein, ich will euch ehrlich die Wahrheit sagen: er ist wirklich geflogen.

Salomon und Lore

Salomon schlenderte die Landstraße dahin. Er konnte doch nicht ewig fliegen. Ach was, sagte er sich, der Himmel ist überall, und mit seinem Kaffeekochen konnte er sich sein Brot in der ganzen Welt verdienen.

In einem Bauernhaus wollte er Milch und Brot und Speck.

„Hamm mar net, scherrt Euch zum Teiffe,“ sprach die Bäuerin, „i brauch mei Zeig für die Kuhargäst.“

„Ich bezahl's ja“, lächelte der König.

„Dös ist wurscht, sovui könnt Ihr Notniggl do net zohln.“

Da kam der Bauer: „Wos mächt' denn der damisch Gscherte do, schwing di, Freinderl, gäi, sunst pazi dir oane.“

Salomon ging aus diesen gastlichen Hallen. Unterwegs begegnete ihm ein armes, schwangeres Weib mit zwei kleinen zerlumpten Kindern. Der hatte die gute Bäuerin den Hund nachgehetzt, und sie weinte vor Hunger und Not. „Liebs Frauli, da“ sagte der König und gab ihr ein paar Handvoll Goldstücke. Dann lief er fort, denn er wollte, wie alle Menschen, die so schlecht waren wie er und das Geköpftwerden verdienen, keinen Dank.

Salomon schnupfte. Als er durch das weltberühmte Bad Lungenhausen kam, blieben alle Leute stehn. So was Komisches hatten sie schon lange nicht mehr gesehn. Es wird wohl ein Art Reklame der abends auftretenden Schauspielertruppe sein. Die spielen doch heute „Die Kartoffelkomödie“

vom Jakob Harringer. In diesem Kitsch und Schund kommt nämlich so ein Schlafrock vor.

„Nain, würkglich" sprach die (von ihm noch geadelte!!) dicke, krumme Armeeuniversalscheuerpulvergroßindustriellensgattin – „ain sehrr kelungäner Aktör."

Der las auf der Orts- und Badetafel: Bekanntmachung!! Auf, Kameraden, zur Königswahl! Junger intelligenter Mann als König gesucht. Nicht über sechs Jahre alt, muß blind, taubstumm und sonst auch ein ganzer Krüppel sein. Interessenten werden auf Wunsch kostenlos zum Krüppel geschlagen. Der Ministerpriesterrat der verwaisten, trauernden königlichen Haupt- und Residenzstadt...

Und nun sag ich's euch extra nicht!

Wer erkennt aus diesen scharfsinnigen, wie in Marmor gemeißelten klassischen Sätzen nicht die heldenhafte Größe unseres Lotschensepperl. Als Salomon gerade noch seinen Steckbrief lesen wollte und die vor den Bankkirchen stehenden Droschken bewunderte, packte ihn jemand fest am Hals: „Ha, hab ich dich, Kerl miserabler, jetzt aber marsch mit dir, Spinaterer." Es war ein großer, fetter Gendarm. Man dachte, er wolle mit seinem funkelnden Helm die Sonne aufspießen. Aber habt keine Angst, meine Lieben. Vergeßt nicht, daß der König fliegen konnte. Er flog ihm auch, als der böse Schand-darm schimpfend und schwitzend vorm Gefängnis ankam, schön davon. –

Es war Abend geworden. Arbeiter strömten aus den Fabriken, Bürger ins Theater. Vorm „Papagei", einer Künstlerkneipe, lauschte er den Klängen des wunderschönen „Kaiserwalzers" von Strauß.

„Jetzt braucht ihr nur mehr die zukünftigen Erfindungen und Leute bringen, dann haben wir den italienischen Salat fertig", unterbrach der Doktor.

„Seien Sie still", erwiderte der Baron, „sonst kommen Sie auch noch hinein; eigentlich – na, geben Sie Obacht."

Ja, von Strauß –

„Den hab ich auch auf dem Grammophon", lächelte der König. Da könnte er eigentlich hineingehn. Die würden ihn schließlich für einen Schauspieler halten.

Es war ein zierlicher, reizender, vornehmer Raum. Alles mit purpurner

Seide ausgeschlagen. Aus blauen Ampeln floß ein dämmerndes Licht, als sei's ein Abend im Juni. Die Kellner verneigten sich tiefst. Er bestellte alles, was die Karte enthielt. Natürlich Sekt. „Sofort, bitte gleich, Herr Direktor."

Ach, sein ganzes Leid hatte er fast vergessen, das Leben ist doch gar nicht wert, daß man's ernst nimmt. Man muß ja doch sowieso sterben, also zu was sich aufregen. Den Ministern wollte er schon noch kommen. Zum weißen Ritter ging er, dem edlen Räuberhauptmann, der hilft ihm sicherlich, der hilft ja allen in ihrer Not und Bedrängnis.

Der Kapellmeister spähte durch das Guckloch der Bar nach zahlungs-, d. h. leistungsfähigen Schiebern. Aber es kam nur schäbiges Künstlerpack. Ja, Kapellmeister, es ist wirklich eine schmutzige Bande.

Eben hatte eine schöne Männerstimme liebe, alte Lieder zur Laute gesungen. Erklang ein altes Waldhorn drein, und nun kam ein bildhübsches Dingelchen, vielleicht noch nicht sechzehn alt, und gaukelte wie ein Schmetterling, es war, als schneiten Rosen vom Himmel. Er konnte sich nicht satt sehen.

Blaues, rotes Licht funkelte in den Gläsern. Alte Stiche dämmerten von den Wänden. Es roch so hübsch nach Tee, Tabak, Wein, Puder, Frauen. Ihm war weihnachtlich und bang. Als käm ein Wunder.

Drüben, in seiner Nähe, hörte er mehrere so schrecklich gescheit reden und so über Welt und Gott schimpfen, daß ihm ganz angst und bang wurde. Es waren lauter frisch „aufgeführte" Dichter. Sie hatten wie ein Zündholz gebrannt und waren auch schon wieder wie ein solches fortgeworfen worden.

„Wie", dachte Salomon, „wenn ich zu ihnen ginge und mich als Kollegen vorstellte. Nein, lieber nicht, er wollte nicht stören, er dichtete ja bloß, weil ihn manches gefreut, und die schrieben ja nur, weil sie alles ärgerte."

Er war so versunken und es wurde ihm auf einmal ganz traurig zumute, daß er gar nicht sah, daß an seinem Tischchen Lore saß.

„Gefallen dir die da drüben nicht, gell, alter Mann?"
Wie er sich freute! Das war ja der liebe Schmetterling. Er wischte sich die guten strahlenden Äuglein.

„Ja", fuhr sie fort, „mir gefallen sie auch nicht."

„Die müssen viel erlebt haben und viel Bitteres", sprach Salomon.

„Ach wo", lächelte sie und ließ entzückende Zähnchen blicken.

„Die kennen in der Welt nur die Kaffeehäuser, was draußen liegt, wissen sie gar nicht."

„Es ist so lieb von dir, daß du wie ein goldnes Engelchen dich zu mir alten Mann setzt. Ich bin dir so dankbar dafür, wenn ich wieder zu meinem Schloß komm, mußt du mich besuchen!"

„Wo bist du denn her?" lispelte Lore und nippte aus seinem Kelch.

„Das weiß ich selber nimmer, ich weiß bloß, daß ich einmal König war."

Da brüllten aus der anderen Loge die Lilaloluteraten: „Kinder", rief der Lange, „da drüben hockt ein König, sein Königreich guckt ihm aus der Tasche." „Nein", sagte einer melancholisch, „sein Königreich sitzt neben ihm."

„Weißt du", zwitscherte Lore, „ich glaub dir doch, daß du ein König bist und kein so'n Windbeutel wie die da drüben. Du mußt zum weißen Ritter gehen –"

„Das will ich ja jetzt", unterbrach sie Salomon mit glücklichen Augen, „der edle Räuber hilft mir sicher."

„Ach, das ist ja himmlisch, da nimmst du mich mit, Vaterle, ich mag diese Egoisten schon lang nimmer, mit ihren Schmeicheleien und ihren Falschheiten. Ach, der weiße Ritter! Ich hab erst gestern wieder seine Geschichte gelesen in der ‚Roten Fahne' (die war in meinem Königreiche, glaub ich, verboten, dachte der König, nur Fahnenstangen und Fahnenjungfrauen sind erlaubt). Ich mag ihn so gern, das muß ein feiner Mensch sein. Und da hat er ganz recht, daß er den bösen, neidigen Leuten alles nimmt. Ich würd's auch tun. Aber wieviel Gutes tut dieser liebe, goldige Mensch! Jeder Arme, Leidende ist sein Bruder. Aber" – und sie begann zu weinen – „wenn sie ihn einmal erwischen, dann wehe ihm, sie erschlagen ihn."

„Wenn er mir nur wieder zu meinem Königreich verhilft, dann mache ich ihn zum Vizegeneralministerfeldwebelkönig, dann kann ihm kein Mensch mehr was tun."

„Ach, Vaterle, und ich will dann mein Lebtag für dich beten, weil du so brav bist, – Kapellmeister, Frechdachs, spiel!"

Und dann sang sie mit einer rührenden Stimme: Mei Muatterl war a Wienerin.

Alles lauschte, und sie vergaßen ihre dummen Gespräche von Mode, Speisen und Liebe.

„Der kann lachen, der alte Herr", sagte einer.

Aber Salomon ward wieder traurig.

„Geh", bat Lore „wer wird denn wegen so einem Königreich den Kopf hängen lassen, komm, sing mit, das kannst sicher." Und ob er's konnte. Es war ja eins von seinen Lieblingsliedern: Glücklich ist, wer vergißt. –

Und ihr, weil ihr so lacht, braucht nicht glauben, daß Salomon schlecht sang, weil er ein König war.

„Und nun wollen wir auch tanzen", jubelte Lore, „mit den Affen da drüben mag ich nicht, die sind noch nicht trocken, aber mit dir schon, weil du ihn zum Vizegeneralfeldwebelministerkönig machen willst."

Und dann spielten die Musiker, sie beteten natürlich alle Lore an und hörten (ihr wißt doch, Musiker haben feine Ohren) beim Alten die Goldstücke klimpern, ja, da spielten sie all die schönen Walzer: Wo die Zitronen blühn; Frühlingsstimmen; Wein, Weib, Gesang; Künstlerleben; Die Werber – ich weiß die Namen gar nicht mehr alle, aber hör ich so liebe, recht schmeichelnde, blühende Klänge, dann denk ich immer an Lore, an das süße Kind. –

Als Salomon und Lore aus dem „Papagei" schwebten – er war ja auch so glücklich mit diesem liebsten Vögelchen – schneite es. „Gott, wie schön", jauchzte sie „das ist wie im Kino." (Nein, entschuldigt, ich hab mich verschrieben, sie wollte sagen, wie im Märchen.)

In ihrem blonden Wuschelhaar hing der Schnee. Ich, Xaver Dampf-kessel, hätte ihr ihn fortgeküßt, aber ihr dürft's dem alten König nicht verübeln, daß er nicht wußte, was man in solchen Fällen tut, wenn der Schnee leis wie ein lieber Kindertraum sinkt, wenn man ein junges Blut im Arm hält und dem Himmel so nah ist.

Und nun denkt ihr wohl, daß der König ein Auto nahm – in seinem Schlafrock war noch viel Geld – und dann... verträumtes Hotelchen, lauschige Zimmer in Seide und herrlichen Düften und am heimlich knisternden Kamin es brennt sonst kein Licht, auf einem brokatnen Kissen hockt Salomon und erzählt von seinem Königreich, seinem feinen Kaffee, seinem Kreisel, seinen Gesammelten Werken. Und Lore träumt, wenn sie nicht gerade wie eine Nachtigall ihre lieben, süßen Lieder jubelt.

Ätsch, oder glaubt ihr, da es so schon ziemlich früh war, sie erwarteten auf dem Hauptbahnhof die erste Elektrische? Nein, ich muß euch leider, da ich streng der Wahrheit gemäß berichte, enttäuschen, wie auch wohl im Leben so viele Freundesbriefe, so manche Liebe und Hoffnungen enttäuschen.

Sie gingen Hand in Hand zum alten, efeuumsponnenen Stadttor hinaus. Verspätete Liebhaber schlichen heim. Es war so schön, der Morgen dämmerte. In der Feme leuchteten die Berge. Es schneite nimmer, der Mond schwamm oben blass und verschlafen.

Junge Bäuerinnen, die Gemüse und Butter zur Stadt brachten, schauten sie groß an. Dann wurde es leerer auf der Landstraße, nur ab und zu ein Schloß, ein paar Bauernhäuser herum. Raben saßen auf den Telegraphenstangen – Gott, schon wieder vergaß ich's, die waren ja noch nicht erfunden, eigentlich könnte ich sie jetzt schon erfinden lassen, aber nein, ich will keine Unordnung in meinem Märchen; also sie hockten auf der Straße, auf Bäumen, na, ihr wißt ja alle, wo Raben und Krähen hocken. Lore sang von der dummen Liebe, von Rosen und Mai und Sommer und Vergänglichkeit. Ihm wurde ganz frühlingshaft, und er fütterte den Raben seinen letzten Lebkuchen.

Sie gingen dem großen, großen, finstern Wald zu. –

Der weiße Ritter

T ief im Urwald, in einer riesigen Höhle, hauste mit seinen Gesellen Silvester, der gefürchtete Räuberhauptmann. Die armen, verfolgten Leute, denen er rasch half, hießen ihn nur den weißen Ritter; er selbst aber wußte oft nimmer, wie er hieß, oder wollte es nimmer wissen.

Vorm Eingang hingen an einer Schnur Hunderte von Totenschädeln, das war ein Lieblingsspiel vom Räuber Meingehörts. Die hatte er aber nicht von seinen Opfern, nein, dazu war er wie alle richtigen Räuber viel zu edel. Er hatte wohl manchmal manchen schäbigen Filz und Wucherer bis aufs Hemd ausgezogen und jagte ihn dann fort. Er erschlug niemanden wie die braven Heldenjungen in der Stadt, er stahl und raubte nur wacker. Ja, also er hatte die Totenschädel von einem Friedhof geholt, wo sie tags darauf der

Meßner vergraben sollte. Davor hatte sie nun Meingehörts bewahrt, und er lehrte damit seinem Pudel das Einmaleins.

So still war es im Walde. Der Schnee fiel leise von den Zweigen. Die Vöglein zwitscherten vor der Höhle, sie wußten, daß ihnen da kein Leid geschah, sondern immer der Tisch bereitet war. In der Höhle prasselte das schönste Feuer. Die Flammen flackerten gespenstisch durch den unermesslichen Raum.

Gott, wie schön warm war's in der Höhle. Meingehörts und der Pfingstisidor brieten sich eben ein saftiges Stück Mastochsenfleisch. Dabei ordneten sie ihre Arbeitsbücher; sie hatten solche für alle Berufe: Klempner, Schlosser, Schreiner, Rentamtssekretär, Kellnerin, Glaser, Major, Missionar, Kaiser, Kurfürst, Erzbischof – einfach alles. Dazu tranken sie Schnaps, der eigentlich für den Kaiser von Japan bestimmt war. Aber das war ihnen wurscht.

Ein Reichtum war hier aufgestapelt Das größte Kaufhaus in Leichennägelkommilika, dem Lande der unbegrenzten Möglichkeiten, ist ein Pappenstiel dagegen. Was? Tietz und Wertheim? Das sind Läuse dagegen. Kinder, da habt ihr keine Ahnung. In säuberlich getrennten Lagern waren hier die Lebensmittel. Und was für welche! Tausende Büchsen Kaviar, Pasteten, Huhn, westfälischer Schinken, Spargel, Blumenkohl und erst die feinsten Weine. Große Fässer Pilsner, Kulmbacher; ganze Riesenballen Emmentaler, Maria-Theresientaler, Gorgonzola, Edamer und erst die Würste!! Die Würste, sag ich euch! Und erst die unzähligen Kisten Schokolade und die feinsten Bäckereien. Und hier wieder die pp. Stoffe, Schuhe, Kleider, Pelze, Motorräder. Und hier wieder Gold! Gold, sag ich euch, daß man vor Glanz die Augen schließen mußte, es blendete einen. Da waren ganze Tonnen Münzen aus aller Herren Länder.

Was machen die australischen, beileibe nicht die europäischen Käsblättchen für Geschrei bei einem Diamanten von Faustgröße. Ich sage euch, Kinder, hier waren welche, und wenn ich lüge, das habe ich aber wirklich nicht notwendig, denn ich hab so nichts und hab von euch nichts; also wenn ich lüge, kann mich sofort mein Taufpate Beelzebub holen, so groß wie der Kopf des Ministers Wastlmeier Baron von Zipflhuber. Und das will doch allerhand sagen.

Mit Smaragden, Saphiren, Rubinen, Topasen, Amethysten gab man sich gar nicht ab. Nur auf dem reizenden Biedermeierschreibtisch Silvesters lagen welche, denn er liebte sie und wußte, daß sie eine Seele hatten. Vor einer Landschaft Corots, in einem schweren Lederstuhl saß Silvester.

Er griff dann und wann klimpernd ein paar sehnsüchtige Akkorde auf seiner Harfe und träumte und dachte.

Ja, gestern hätten ihn bald die Hackfleischkreuzheringsbändiger (siehe Brockhaus C, Band S, Seite Siebentausendvierhundertachtundneunzig, vierhundertsechzehnte Zeile von obenunten: ein nun im Aussterben befindlicher Hundianerstamm] erwischt. Er war kein Feigling, nein, aber enden, ohne zu vollenden.!

Er hatte den Kampf mit den Schurken aufgenommen, aus heißer Liebe zu den Bedrängten, und nun stempelten sie ihn zum Schuften, hingen ihm ihre Gemeinheiten an, und wenn sie ihn erst hatten, so büßte er wie der schlimmste Verbrecher.

Er dachte an Christus! Er gehörte nicht zu denen, die da glauben: Das Schicksal sei ein Floh, der sich von ihnen dressieren läßt. Die Menschen vergessen immer die Hauptsache, daß sie sterben müssen. Viele bilden sich ein, der liebe Gott hätte ihnen, nur ihnen ganz allein die zehn Gebote diktiert. Das sind dann die Frommen. Und die andern sind Dreck – verzeiht, ich würde natürlich, ihr kennt mich ja, nie so ein Wort sagen, aber Silvester sagte so.

Diese Leute sind doch gar nicht wert, daß man sie beleidigt, und was man ihnen heute nimmt, das stehlen sie sich auf „ehrliche" Weise schnell wieder zusammen. Und die paar andern, die nicht Dreck sind, sind Besen, sie kehren den Dreck zusammen.

Und bewegt dich heut was, in wenig Tagen hast du's wieder im Alltag vergessen. Man ist kein Künstler, der die schmutzige Welt [das ist natürlich nicht wahr, und war bloß so ein Optimismus oder Pessigrießmuß Silvesters] in Gold verwandelt. Eigentlich kommt's ja doch auf dasselbe hinaus, ob man heut geht oder nach 30 Jahren. Man macht bloß weniger Dummheiten.

Der Raum Silvesters war mit echten Persern umhängt. Schöne alte Möbel waren darin. Welche lieben Hände mochten wohl die entzückenden Spitzen und Gehänge gearbeitet haben! Und welch ehrlicher Gesell mag wohl schon in den Schweinslederschmökern geschlürft haben! Da lagen

Otway, Ronsard, Gryphius, Grabbe, Eichendorff, Jean Paul.

Ein melodischer Gong tönte, und Lazarus Spiritus, ein alter verdienter Räuber (gerade sagt er zu mir: Warum nennst du mich Räuber, was sind denn dann die großen Herren, die ganze Länder einstecken?) trat ein. Sein Gesicht glänzte noch von Ölsardinen.

„Da ist ein Bursch draußen, sozusagen ein Greis. Ein liebs Dingerl hat er dabei. Er wird's wohl irgendwo gekripst haben. Er sagt, er sei ein davongejagter König."

„Merkwürdig", grunzte Meingehörts aus einer Ecke, worin er eben abstaubte, „was jetzt täglich davongeflogene Könige daherkommen, laß ihn laufen, der hat ja doch nichts, und wenn er was hat, dann nehmen's ihm schon die Teuren, bei denen er in seiner königlichen Dummheit Zuflucht und Schutz sucht."

„Meingehörts", rief Silvester, „hast du zu reden oder ich? Führ sie herein!"

„Ich mein ja bloß", brummte der.

„Sei gegrüßt, edler Ritter", sprach der König, „du mußt mein Anker, meine Rettung, mein Felsen sein. Ich mache dich zum Generalvizeministerfeldwebelkönig, und du mußt, bis ich sterb, mit mir Kaffee trinken."

Lore lächelte. Sie hatte seinen langen Bart in zwei Zöpfe geflochten. Und Silvester senkte das Haupt. Er erkannte seinen guten Vater. Den armen Vater! Sein Schicksal wußte er ja, und er hatte längst daran gedacht, ihm zu helfen.

„Kennst du mich?" sprach Silvester.

„Du bist der edle, weiße Ritter. Du hast ganz recht, daß du stiehlst. Meine Lore sagt's auch, die hat dich riesig gern, und wenn du willst, ich fühl mich so wohl da bei euch, dann, bitte, laß mich mal gleich Kaffee kochen, und die Lore muß: ‚I hob amal a Räuscherl ghabt' singen."

Da lächelte auch Silvester. „Aber weißt du auch, ob ich dir helfen kann?"

„Du kannst alles", sprach Salomon, „bloß nicht so gut Kaffee kochen wie ich."

O liebes Kind, mit deinen alten weißen Haaren, du bist freilich zu gut für diese Nattern.

Erstes Zwischenspiel:
Die Polizei

Aber Kinder, eben waren sechs Polizisten und Meister-Minister-detektive da und verboten mir weiterzuschreiben. Sie gingen von Haus zu Haus, von Tür zu Tür, und überall suchten, fahndeten sie nach Leuten, die solche Dinger schreiben wie ich.

Ich solle arbeiten wie sie, sagte einer, und sonst auch ein nützliches Glied des Staates werden. In die Kirche ginge ich auch nicht. In der Schule hätte ich auch nichts gelernt!

Überhaupt wüßten sie alles! Alles, was ich war, was ich bin, was ich sein werd.

Ein anderer hatte auf einem Samtkissen eine Rolle, die nahm nun der, der vor dem Sechsten kam. Natürlich erst zog er seine schwarzweißroten Fäustlinge aus, nahm aus einem mitgebrachten Koffer drei Kerzenleuchter und ein Kruzifix sowie sechs Photographien vom Polizeipräsidentsbriefträger, nagelte sie künstlerisch in den Hintergrund und las:

Der Dichter resp. Faulenzer Xaver Dampfkessel hat sofort auf ewig unseren Staat zu verlassen, da er die größte Gefahr für das Operationsgebiet, für den Staat, überhaupt für uns. Überhaupt könnten wir mit ihm nicht Staat machen. Überhaupt sein wir sehr gütig, daß wir ihn nicht köpfen. Er soll dorthin ziehen oder gehen, wo der Pfeffer wächst.

Ich unterbrach höflichst und fragte den Zweiten von den Sechsen: wo der wachse?

„Ich sollte nicht so frech sein", sagte die Hälfte vom Ersten, „sonst bekäme ich noch zehn Jahre mittleren Oberunterarrest. Überhaupt mache man kurzen Prozeß mit solchen Schlawinern, wie ich einer bin."

Wo der Pfeffer wächst, fuhr ER fort, seine Zeh, sein Kopf, seine Nase, alles von ihm sei exkommuniziert. Wer ihn binnen einunddreißig Minuten achtzehn Sekunden noch in unserer lieben, geordneten Stadt erwischt, darf ihn sofort aufhängen und bekommt das diamantene Vlies mit Krone, Zahnstochern und Schwertern. Seine Wohnung sei durch den städtischen blechernen Erzbischof auszuräuchern.

Ich solle die Hände an die Hosennaht legen und stillstehen, mit Andacht zuhören, ich hätte jetzt weder zu schnaufen, noch mir die Nase zu putzen.

Ich solle mein paradiesisches (das ist nämlich das größte Schimpfwort im Staate – nein, ich sag's euch nicht) Maul halten – donnerte ein schöner, frisch aufgebügelter Popolizist.

Ich sagte, daß ich so nichts gesagt habe, und fragte, ob ich nicht das Hotelbeschwerdebuch haben kann; nachdem ich Bürger vom Mond und nicht von X., brauche ich mir das Hängen nicht gefallen lassen. Überhaupt hätte ich eine schöne Familien- und Hausbibel geschrieben.

Nun packten sie Kreuz und Kerzenleuchter wieder ein, ein Bild ließen sie da und gingen.

An der Tür noch drehte sich der Vierte von den Sechs, der, scheints ein guter Kerl war, und den der liebe Gott vielleicht nur aus Zufall einen Popolizisten werden ließ, um und sagte:

„Wenn Sie schon unbedingt schreiben müssen, so schreiben Sie Rechnungen oder Adressen, schreiben Sie Bücher wie der berühmte Heimatschriftsteller Josephus Rinozerus: Wie werde ich energisch? – Werden Sie Redner – oder die Kunst, in acht Tagen ein Millionär zu sein, und die Fortsetzung dazu: Die kleine Kunst, es achtzig Jahre lang zu bleiben. Schreiben Sie einen Liebesbriefsteller, der geht reißend ab, oder eine Operette wie: Puppchen, du bist mein Augenstern, schreiben Sie einen Hassgesang auf unsre Nachbarn, die Hedwikiuskurtius- malöhriaten, oder die Müllerhansinegertotten oder gar auf die Schusternaziulus – ich sag dir „[seht, er hatte mich schon so lieb, daß er mich duzte, ich muß doch ein netter Kerl sein, aber nun muß ich mich beeilen, sonst werd ich gesternheut nicht fertig], Xaver Teekessel, der wird rasend gekauft. Schreiben Sie: Die richtige, elegante Hausschneiderei, du wirst ein reicher Mann und kannst mir dann hundert Mark pumpen, die bekommst du sicher nicht wieder, wenn wir den nächsten Einbruch machen, d. h. sozusagen entdecken. Also werden Sie brav und schön wie wir, lieber Xaver, Sie sind doch sonst nicht so dumm."

Dann ging er.

Seht, das war ein guter Mensch. Überhaupt in Güte lass' ich mir alles sagen. Ich war so zerrührt, pardon, gerührt, daß ich fast Lust hatte, nur diesem braven Popolizisten zulieb ein braver und schöner Mensch zu werden.

Aber seht – und das ist ein Hauptsaisonschlager, sozusagen eine

Pointe meines Märchens (da könnt ihr so richtig sehn, daß ich fast schon klassisch schreibe): Erstens konnte ich die Geschichte schon deshalb nicht fortsetzen, weil, selbstredend gerade als ich den lieben Besuch von meinen lieben teuren sechs Freunden bekam, mir das Papier ausging. Und da ich, ästhetisch, wie ich nun einmal bin, nur auf blauem Zuckerhutpapier schreibe, das mir der Kaufmann dort drunten an der Ecke, immer, wenn ich seinen Kunden mit dem Dreirad die Waren zugestellt, schenkt [ja, gelt, Herr Professor Beistrich, das wird ein schöner langer Satz] und ich solches erst wieder in fünfeinhalb Wochen mir holen dürfte, so war es doch, das seht ihr ein, selbstverständlich, daß ich nicht weiter schreiben konnte.

Was kann ich dafür, daß gerade Besuch kam, das war nicht meine Sache, ich habe ihm ja nicht geschrieben. Ich kann doch nichts dafür, daß ich so berühmt bin und so viel Freunde habe.

Und dann überhaupt (das ist ein schönes Wort, das gefällt mir, es stand, glaube ich, auch in der päpstlichen Urkunde) also (nochmals, weil es so arg schön klingt), überhaupt war mir diese Stadt, wo ich meinen Palast hatte, schon zum Ekel geworden.

Ich wollte gerade, als die Freunde kamen, ich hatte sozusagen sogar schon die Türklinke in der Hand, die Stadt, wo ich residierte, verlassen. Denn ich dachte – genial, wie alle meine Gedanken, vielleicht schenkt mir in der Hauptstadt vom nächsten Königreich ein barmherziger Kaufmann blaues Zuckerhutpapier.

Da sieht man, wie die Popolizei Gedanken lesen kann. Tja, und doch ist es eine widerliche Anmaßung.

Aber ich weiß schon, was ich tu. Ich geh erst auf die einhundertundzwanzig Telegraphenämter des römischen Dorfs, laß mir überall ein paar Telegraphenformulare geben, und dann schreib ich draußen vor der Stadt, ach, es ist ja Frühling, auf einer lieben Wiese mit Bächlein, Birken, jubelnden Lerchen meine fertig.

Ihr könnt mich gern haben da, ich drück mich.

Ich nahm meinen Zylinder vom Nagel. Erst legte ich noch das zurückgelegte Zeusbild in mein Bett deckte es mit meiner blauen Kamelhaardecke warm zu, damit ER nicht friert.

Als ich die Treppe hinabging, und ich hatte ziemlich weit hinunter, riß man natürlich alle Türen auf und zeigte mit den Fingern auf mich.

Die Leute dachten natürlich sicher was Schönes, Gutes von mir, vielleicht ich sei Popolizeiministerpräsidentsinspektorassistent geworden.

Eigentlich hatte ich kein schlechtes Abschiedsgeleite.

Ein paar liebe Hunde und ein Plakatträger liefen mir nach. Auf dem Plakat stand (vorn): Besuchen Sie das Museum und die Weinstube zum Heiligen Geist! (hinten) Genehmigt! Der Präsidentereihausknechtspräsident.

Da es zu tröpfeln anfing, stellte ich mich in einer Kirche unter. Zu was sind denn die Kirchen da.

(Lieber Leser, du brauchst nicht hinten nachschaun, es kommt doch nichts Interessantes! Doch du kannst mir vielleicht schreiben, wie Schinken schmeckt; oder läuft bei dir keine fette, nette Gans für mich herum?)

Aber, mir wurscht, gehn wir wieder. Ich steckte die Hände in die Hosentaschen. Plötzlich hör ich ein höllisches Geschrei:

„Onkel Xaver, dir Sau guckt das Hemd aus der Hose, und wenn du mir nicht gleich die Geschichte, vom Wirtshaus zum schmierigen Löffel' fertig erzählst, mag ich dich nimmer."

Ich muß die Stadt verlassen, Prinzessin, ja, das heißt, ich geh natürlich gern [es war natürlich keine echte Prinzessin, ihr müßt das bei mir nicht alles wörtlich nehmen, ihr tut's ja sonst auch nicht im Leben].

„Soooso", sprach sie und steckte den Finger in den Mund, bis ihr dies zu langweilig war und sie weiterstrickte.

Liebe Genoveva, wenn ich wiederkomme, und da ich jetzt auf den guten Rat meines besten Freundes Kochbücher und Liebesbriefsteller und Gebetbücher schreibe, komme ich natürlich nur als reicher, eleganter, junger, talentierter Mann wieder. Im Auto mit silbernem Diener vorn und goldnem Mohren hinten, und wenn ich auch ein Monokel und eine schöne Glatze trage, du wirst mich doch erkennen, ich trage ein schönes Marmordenkmal umgehängt, drauf steht's. Und wenn du mich nicht erkennst, so brauchst du bloß so lange im berühmten Neuesten amerikanischen Börsen- und Welt- und Geld- und Heldrübenblatt zu lesen – und lesen kannst du ja schon recht gut –, bis du unter den Hochnafrichten findest: Morgen oder längstens gestern besucht der weltberühmte Kaiser und königliche Papst Xaver Dampfkessel der Erste mit seinen Autos und Kamelen unsere Stadt

Ja, und dann erzähl ich dir die Geschichte fertig, Prinzessin, und zeig dir alles, was ich auf meinen Nordpolreisen erbeutet: die Geldsäcke, Pistolen der wilden Stämme, die Trambahnbillets der Eskimo; Mädchen, Hotelrechnungen, Frauen, Ansichtskarten, Handschuh, meine zerrissenen Socken und zerbrochenen Küchenuhren, die Affen aus dem heißen Lande der Dichter und Denker, die Reptilien aus dem eiskalten der Richter und Henker, die Löwen.

Und ich bring dir dann einen Prinzen mit, den du an- und aufziehen kannst. Dann sagt er Mama und Papa und tanzt und verneigt sich. Und einen granatenen Säbel hat er und einen Tschako sag ich dir, ach den Tschako.

Du brauchst ihm nur täglich seinen wunderbaren Schnurrbart mit Schmalz und Stiefelwichs einschmieren, dann macht er dir auch die Schulaufgaben.

„Und wird das bald sein?"

Sehr bald, sagte ich, und küßte ihre kleine Hand.

Dann stoßt ich meinen Stock auf das Pflaster, daß die Funken stoben, und verließ – das gastliche Bauernhaus.

Zweites Zwischenspiel: Spuk

*B*althasar schwieg. Der Schauspieler gähnte. Draußen blaute die schöne Nacht. Dann klang aus dem Park ein Quartett herüber. Alles lauschte. Es waren die schwärmerisch jubelnden Klänge von Mendelssohns: Meeresstille und glückliche Fahrt.

„Unser lieber Lehrer vom Dorf" sagte die Gräfin gerührt, „mit seinen Großen. Es ist so schön, einander Freude machen."

Als die Nachbarn geendet, trat der Schauspieler auf die Terrasse hinaus und rief hinunter: „Schulmeister, kommt schnell rauf, wenn Ihr noch Schnaps erwischen wollt. Der Baron kämpft mit einer Flasche auf Leben und Tod und denkt an keine durstige Musikantenseele." –

In der gräflichen Schloßküche ging es lebhaft zu. Eulalia, die gute alte

Köchin, schimpfte gewaltig über den Schauspieler; sie tat zwar nur so, um (wie wir alle) ihre Autorität hören zu lassen.

In Wirklichkeit fühlte sie sich furchtbar geschmeichelt, daß „so ein feiner, schlimmer Herr" öfter ihre Produkte einer Nachschau würdig hielt und dabei ihr Anekdoten erzählte. Sie ward selbst dann nicht ärgerlich, wenn er ihr etwas versteckt.

„Och", schnatterte sie, ans Büfett tretend, „da hat er schon wieder gewütet, die halbe Hummermayonais ist verschwunden – oder warst es du, Mathis?"

„Möcht ich mir verbitten!"

„Nee", sprach der Gärtner, „der kauft bloß fleißig des Herrn Baron Zigarren."

„Und ich sage euch", rief Anny erhitzt, „ich war zu Tode erschreckt, und ich kann es mir nicht erklären, aber, und wenn ihr mich zehnmal verrückt scheltet, es ist so: eben als ich von meinem lieben guten Xaver, wir hatten uns beim hintern Parkpförtchen getroffen, fortlief, sah ich den Baron wie ein Gespenst beim Weiher stehn. Er hatte Hut und Stock und Mantel. Ich dachte, er sei fortgegangen, und ihr könnt euch denken, wie ich erstaunt war, als ich im Vestibül seine Kleider hängen sah."

„Nä, nä", echote Eulalia „dat is nichs scheen vom Härn Barron, so ein braves Härrche, aber gespenstern broocht er nich, da förcht ick mir."

„Ja", fiel der Gärtner ein, „ich glaub dir's schon, Annerl, weiß es ja selber noch recht gut, wie mir die Frau Gräfin gesagt, der Herr Baron schrieb, ich soll das Grab vom alten Christoph nicht vergessen. Und als ich durchs Kirchhoftor trat und beide Hände voll Blumen trug, ließ ich sie vor Schrecken fallen: Am Grab des alten Christoph sah ich den Baron stehn. Und ich wußte doch, daß er in Italien war."

„Na, jez härt aba uff, ick trau mir sonst heit nich ins Bett." Sie nahm einen herzhaften Schluck Bier und fuhr dann fort:

„Wat ihr da quatscht, das is ja Bleedsinn, aber dat is wahr, als meen Mann in Hamburch arbeitete und ick war damals Pullach bei und ick wollt mal äben nachsehn, ob die Haustür richtich verschlossen, da stand er bei der Treppe unten und hatte een langes schwarzes Hämd an. Ick schrie uff und ließ die Latern fallen. Eenige Tage drauf schrieben sie mir's, daß er vom Gerüst jefallen und daß sie ihn schon begrawen. – Und da war ick noch *een junges Mädchen, vielleicht achtzehn alt und jing äben ins Bett. Meene Schwester lach newen mich. Da wachte ick plötzlich nach Mitternacht uff. Von unserm Zimmer jing een kleenes Fenster uff den Jang hinaus. An dies Fenster wurte jeklopft, und eene unheemliche Stimme rief: ‚Babett! Babett!!' Mick gruselte, ick zoch mir die Decke über die Ohren und schlief wieder een. Als ick es morgens erzählte, lachte man mir uss. Nachmittags brachte man meene Schwester tot nach Haus. Se war beem Baden ertrunken.“ –*

„Und sie hat doch nicht so unrecht“ rief der nun eintretende, schon eine geraume Weile an der Tür stehende Schauspieler. Man war so vertieft, daß ihn kein Mensch gesehn.

„Ja, ich habe selbst manches erlebt, worüber mir niemand Aufklärung schaffen kann. So hatte ich einen jungen Kollegen, der vor den tollsten Dingen nicht zurückschreckte. Er schoß meisterhaft, und in zwei Duellen, wegen einem jungen dummen Ding, mußten ein Offizier und ein Arzt daran glauben. ‚Kinder‘ rief er eines Abends, ‚ihr langweilt mich!' Nahm seinen geladenen Revolver heraus und schoß dreimal über sein Haupt. Man sah an den Haaren die Stellen drüber die Kugeln gestreift. Er blutete ein kleins wenig, kaum der Rede wert. Also ein Kerl! Und doch erzählte man sich, daß er nie durch einen Friedhof ging.

Wir trafen uns mal in so einem alten hessischen Nest. Und unser Weg führte durch den idyllischen Friedhof. ‚Ich warte hier‘, sagte er, ‚mich greifen die Toten an!' ‚Waschlappen‘, sag ich. Da ging er mit. Mitten drin zitterte er, erbleicht und brach zusammen. Er war tot.

Als ich es damals dem Apotheker, dem alten Goldmacher, den ihr alle kennt, erzählte, brummte der: ‚Hat ihn also doch der Teufel am hellichten Tage geholt.‘

Merkwürdig ist es auch stets am Todestag meines Freundes, der ein großer Maler war. Wir feiern ihn stets bei einer guten Flasche und stellen auch ein Glas auf den einst von ihm so oft innegehabten Platz. Und um die zweite Morgenstunde, die Stunde seines Todes, zerspringt es mit einem leisen, traurigen Klang. Ich habe es selbst bereits zweimal mit eignen Augen gesehen.

Und dies vergesse ich nie: Als ich vor Jahren im Spätherbst auf der Ruine Salzbüchsl beim Untersberg im hohen duftigen Gras des alten Schloßhofs lag, in einem schönen Buch las und eben aufblickte, da nicht weit von mir eine Drossel so süß sang, sah ich vielleicht zehn Schritte von mir einen großen

Mann in einer uralten Tracht langsam über den Platz gehen. Ich sprang erstaunt auf und rieb mir die Augen. Träumte ich? Nein, ich sah noch die Spuren im Gras. Aber der Mann war verschwunden."

Es läutete.

Wo der Schauspieler schon wieder stecke?

Anny blickte verschüchtert auf den Baron; der bemerkte es gar nicht. Dann sagte sie schelmisch: „In der Küche und erzählt uns Geistergeschichten."

„Glaubt ihm ja nichts", schmunzelte der Doktor, „er lügt wie eine Zeitung, das heißt, wie gedruckt."

„Ach", fuhr der Baron fort, „vielleicht die Ruhe, Betriebsamkeit, Dummheit der andern. Aber es gelingt nie und ist unmöglich, in einem Gebiet zu messen, wo kein Maß und Gewicht anerkannt wird. Hab keinen Zweck, verschmäh die Bücklinge" – sprach er fast schon mehr zu sich selber, „das Leben ist dahin, noch ehe du mit den so großen Vorbereitungen fertig bist."

„Ja", sagte der Doktor, „was enttäuscht nicht im Leben?"
„Ich", sprach der Tod. –

Der Ministerpräsident

*B*althasar blickte den alten Spötter versöhnt von der Seite an. Dann schenkte er auch ihm von dem alten französischen Klosterlikör ein und fuhr in Xaver Dampfkessels Räubermärchen also fort:

Der Ministerpräsident Lotschensepperl bekam einen Weisheitszahn. Und daran starb er. Und weil er so bös war, zuletzt wollte er gar noch die Königin heiraten – also Königinnen, nehmt euch ja vor Ministerpräsidenten in acht – doch, ich bemerke ja eben, daß mir nur die wenigsten zuhorchen, und der Schauspieler ist auch schon eingeschlafen, – ließ ihn der liebe Gott nicht im Amt, nicht beim Bier und nicht im Bett sterben.

Sondern als er gerade von einer Hamsterpartie, ich bin ein armer Familienvater, sagte er zu den gescheiten Bauern, zu Haus hab ich eine blinde Frau und acht kranke Kinder; er trug seinen Rucksack voll Schweinernem, zurückkehren wollte ins Schloß, da begegnete ihm der Tod und sprach:

„Mit gähst, du kimmst ma grod recht. A so a Minüstapräsidäntal konn i grod no verdaun."

Der wollte den Tod zwar verhaften, aber fiel um und war tot.

Es hätten ihn direkt die Spartakisten gefressen, wenn nicht gerade ein Mann, das heißt zwei Männer, des Wegs gekommen wären.

Das heißt, wir müssen nun erst sehen, ob sich die überhaupt um ihn viel scheren.

Der eine war der Herr Kasperl Larifari, er kam von einer Konzerttournee und Gastspielreise auf den Mars zurück.

Der andere war sein Kammerdiener und trug ihm eine Riesenzigarre und einen Maßkrug nach.

„Ui, ui Jegal, dö san maustot, holt, ös is ja bloß Oana, aba Manndeih, daß d' gar an so großen Bim host, jo, wer wird denn aba a so dumm sei und sterbn" (der törichte Kasperl wußte natürlich nicht, daß der arme Lotschensepperl an einem Weisheitszahn gestorben, so was ist doch immer tödlich).

„Nikodemus, reiche mir mal mein Gebetbuch, damit sich mein Vatern sein Sohn stärke .. woas, laaar ... na, doa pfuit di Good, da hab ich kaine Zeut, Euch zu bewoinen."

Dann gingen sie beide.

Hört ihr ihn nicht: „Wirtshaus! Wirtshaus!! schrein?"

Der berühmte Kasperl

Der berühmte Kasperl machte, als er sich der Hauptstadt näherte, große Toilette.

Dann befahl er Nikodemus: nachdem er geneigt sei, sich gebührlich für die Residenzerei in Stand, Um- und Anstand zu setzen, soll er vorauslaufen und ihm auf den Schulen für drei Pfennig Bildung und, wo's zu haben ist, vielleicht um einen halben Pfennig Literatur und Kunst, aber hauptsächlich auf der Universität um eine Mark Backsteinkäs und um eine Mark Schwartenmagen kaufen.

Er wolle in der Schenke „Zum Wildschwein" warten und inzwischen Wasser trinken.

„Halt," fiel ihm ein, als Nikodemus fort war, „ich hätte ihm noch um einen Taler Ruhm anschaffen sollen, damit er die räsitänzliche Marktschnellpresse und die Domherrn gut einschmiert und sie wie Nachtigallen mein Lob singen."

Und da es damals Mode war, philosophierte er: Es ist doch spaßig, hintennach wissen wir immer, was wir hätten reden und tun sollen – wenn's zu spät ist.

Und mit den philosophischen Gedanken geht's wie mit den Läusen, solang du eine hast, hast du dann immer auch zwei und mehrere. –

Aber Kasperl, ich, Xaver Dampfkessel, dessen bester Freund ein Popolizist, muß dich innigst bitten, hier nicht von L... zu reden, ich kann nur nette Leute brauchen, ich schreibe für ein honettes gebildetes Bublikumm, und das will was haben für sein Geld.

Und dann zieht mir höchstens mein Hofverlegerfriseur eine Ordnungsstrafe ab, und ich kann dann meiner Anny keinen Luftballon kaufen.

Um Himmels willen, rennt nicht zu der Gräfin Irene und sagt's der Anny dort, es soll ja eine Überraschung werden.

Teufel! Jetzt hab ich mich verhaut, ich hab vor lauter Schreiben ganz vergessen, daß mich mein Freund, der Balthasar, schon sterben ließ: na, wer nichts wagt, gewinnt nichts. Frisch gewagt ist halb zerronnen. Man muß das Eisen schmieden, solang es kalt ist, – wollt ihr noch mehr?

Überhaupt bin ich Laufbursche in der Irrenanstalt vom göttichen Herrn Professor Meier. Das ist eigentlich gerade soviel, wenn nicht noch mehr als gestorben. Na wir werden ja sehn. –

Also, der berühmte Kasperl, man kannte ihn sogar in der Schänke „Zum Wildschwein", ließ sich eben die siebente Maß Wasser bringen und schrieb dabei an seinem großen vüllosoßischem Standardwerk: Der Aufab-überoberunterkellnergang des Morgenvormittagnachmittagabendlandes.

Er schrieb da allerhand um einen Kreuzer über das Vergangene, das, was jetzt ist (und DAS ist sehr viel! Xaver Dampfkessel), und die künftige Zeit, die zog er einfach an den Ohren herbei.

Das schönste dabei waren die Aphorismen.

Nachdem ich mit dem Autor gut befreundet, habe ich ihm einige gestohlen und, auf daß der Setzer etwas mehr Arbeit hat, zu spät in die Kirche kommt und mehr Stundenlohn bekommt, soll er's von mir aus, und euch ist's doch auch recht? Das heißt, euch muß's einfach recht sein, nur setzen.

Also: Befehlen kann ICH, gehorchen ist schwer... ICH, ja! aber die Mitwelt ist ja immer geistlos und... ich habe, nachdem ich nicht gelebt hab, nur mehr eins zu besorgen: Bratwürstl essen und zu sterben, dann sind meine irdischen Kommissionen erledigt, und ich kann mit Palmwedeln ins Himmelreich einziehn... als ich sah, daß es nicht gehn wollte, GING ich endlich selbst... Viele erringen MEIN Wohlgefallen nur durch ihr Mißfallen... ICH sorge für MEIN Vergnügen, die andern und Dummen ums tägliche Brot ... das grausamste, giftigste Tier ist der Spießer. Er tötet alle Menschen, die keine Tiere sind. Seine ganze Nation ist mit HURRA und Blödheit verseucht... man glaubt mir gar nicht, welch unsäglicher Trost in den elenden simplizianischen Wörtlein: tja, es ist nun halt mal so im Leben,... Philosophen wie ICH, Kinder und Irrsinnige wundern sich über gar nichts... ich verzichte gern auf die zweite Qualität, bekomme ich die beste nicht... ach, nur gar zu oft hat mein Herz in einem Maul voll Phrasen Platz ... An dem großen Kasimir Pressack finde ICH nur das eine zu tadeln, daß er noch nicht gestorben, und so ist ihm noch reichlich Gelegenheit geboten, sich glänzend zu blamieren ... Gestern habe ich bei einem Hausierer die zehn Gebote gepachtet. –

Und dieser selbe seltene, geistvolle, kluge (ich habe diese Dreieinigkeit von einem großen, modernen Kritiker abgeschrieben, der wenn's wüßte!!) Kopf, dieser Kasperl Larifari also, der so prächtige, zündende, kernige, mannhafte, formvollendete Sätze findet, der die Sprache wie ein Instrument beherrscht (do. abgeschrieben) verirrt sich, wagt sich, erkühnt sich (do. zusammengekert) in einem Kapitel zu der (dies Wort habe ich nun zur Abwechslung vom Doktor gestohlen) blödsinnigen Äußerung:

Ich weiß nicht mehr, was ich mit mir anfangen soll, das kommt davon, wenn man soviel mit sich anfängt.

Seht, lobt doch euren Xaver ein wenig: hab ich nicht brav erst den dummen Kasperl in seinen blödsinnigen Memoiren bestohlen und nun, hab ich nicht brav kritisiert?

So muß man's machen! Ich hoffe, mich lesen recht fiele Gimpelnasiasten, Staatskommissarsgreise und andre Säuglinge; man kann wirklich recht viel lernen in meinen Universalschriften (erst mein Neues Kochbuch sollten Sie lesen, da hab ich jedes Wort gestohlen, kaufen Sie sich's, Sie ersparen sich drei ganze Lexikon.)

Ich hoffe auch noch, daß sich bald das Kulititusministrantenterium an mich wendet und mich beauftragt und natürlich bezahlt, ein Lesebuch für Taube zu schreiben.

An mir soll's nicht fehlen, was tut man nicht alles, wenn man liebt. – Während ich dies meiner Privatsekretärin diktiere, hatte man inzwischen dem Aktionär Lotschensepperl vor jedem Haus des Königreichs riesige prächtige Denkmäler mit Löwen, Kreuzen, Halbmonden, Kochlöffeln, Sonnen und Eichenlaub errichtet.

Der oberste Oberreichsdichteroberkellner konnte gar nicht genug Inschriften ersinnen; lauter schöne, eine immer schöner fabriziert als die andere. Einem andern wären sie längst ausgegangen, aber da sieht man so recht wieder, was ein Talent, ein Genie ist. Es geht halt nichts über Viehzucht- und Ackerbauhochschulbildung. Also: Dem unvergesslichen Helden des Vaterlandes! Das Großvaterland verdankt ihm alles! Auf dem Kartoffelfelde der Ehre gefallen! Ruhe noch sanfter als sanft!

Seine Freunde, der Fliegenleim, der Hinterfotzingerlali, der Hoppeigichttoni, der Trottelhold, der Affenschmalz, der Flohlöwe, der Veilchendarm, der vom Ähäh, der von der Bar, der Hyronimus vom Löschblatt, der gräferne Käskuchen von Kuhwede (merkt ihr's, das tu ich ihnen zum Trotz an, die werden sich rasend ärgern, daß ich sie bloß „der" tituliere) zwackten natürlich das Geld zu den Pyramiden dem braven Volke ab, aber man muß sagen, daß es viele gern gaben, denn sie waren sehr erfreut, daß Lotschensepperl von ihnen erlöst und ins Himmelreich zu seinen Ahnen eingegangen.

Ja, stellt Euch nur mal den kolossalen, monumentalen, horizontalen, famosen Eindruck von diesen imposanten Denkmälern vor. Es war wirklich ein erhabener, erhebender Anblick, besonders für Unsere liebe Jugend.

Die war ja freilich nun an Pyramiden gewöhnt. Denn jede Familie im Königreich hatte bedeutende, berühmte Männer, und auf jedem Hausdach standen die enormen Reiterstandbildnisse. Es ist ja wursch, was sie waren, ob Metzger, Schuhriemenverkäufer, Dichter oder Lokomotivführer.

„Die Hauptsache ist, daß eine Mannschaft etwas leistet, es ist streichwurstig was!" sagt der große Staatsmann – wißt Ihr vielleicht, wie er geheißen hat?

Und könnt Ihr Euch etwas Schöneres denken als diese Millionen alten und neuen Kehrichttonnen [nur zu, Xaver, die merken's ja doch nicht] stündlich frisch mit Fahnen, Blumen und Lorbeerblättern begossen.

Es gab viele Mittel, um zu einem Denkmal zu kommen – (entschuldigt, daß sie noch nicht aufhören, ich weiß, Ihr seid alle schon auf Salomon und die Lore erpicht, aber ich kann Euch nicht helfen: Denkmäler sind eins von meinen Spezialfächern und empfehle ich mich anbei gebührend den hochgeschätzten Denkmalsausschüssen).

Selbstverständlich waren sie alle sehr schwer. Man brauchte zum Beispiel, und das ist noch was von der ganz leichten Sorte, nur seinen besten Freund erschlagen (bei so einem kannst du's leicht tun, der wehrt sich fast gar nicht), von dem man Speise und Trank nahm, oder man ging in eine Vorstadt und wartete, bis so einem dahergelaufnen, landfremden Element einem lasttragenden Arbeiter der Schweiß auf der Stirn stand, dann erdrosselte man ihn, oder man ging in eine Kirche, holte sich sechs hungernde arme, alte Weiblein heraus, schoß sie nieder und sagte dann: sie hätten für das Wohl der Müllerhansinegertotten oder der Schusternazizulus gebetet.

Ja, es herrschte ein schon erzengelscher Zustand unter den – na, ich will Euch nun endlich den Namen sagen – Kulimulilazipaziern.

Denn Streitigkeiten gab es dank den zwölftausendbillionentrillionen- unddreizehn Verordnungen vom seligen Lotschenpepperl, inzwischen war er gerade zu Rom heilig gesprochen worden, nicht mehr.

Hatte einer wirklich einen Feind – Gott, ja, was nennen wir nicht alles Feind; zum Beispiel, hat man uns die Wahrheit gesagt oder Geld geliehn, hierher gehören auch all die Schufte, die uns Gutes getan, oder gab uns einer kein Geld mehr für Schnaps, Mädchengeschenke, Zigaretten, so ging man einfach bloß zum nächsten Schand-Darm und sagte: Herr Kaiser, der da drüben, der so still in seiner Kammer hockt, ist ein Hoch- wasserniederverräter. –

Oder man brauchte bloß auf dem Marktplatz recht laut „krukru" oder „trara" oder „lolo" oder „bumbum" oder „hurra" oder „marmelad" schrein, dann schrien sofort alle Kulimulilazipaziburger mit, hoben ihn auf ein Kalbsbratentablett, und er bekam sein Denkmal.

Infolge der enormen Nachfrage erfand man eigene Schlagmaschinen.

Die gesamten Aktien dieses erfolgreichen Unternehmens hatte alle – so lese ich gerade im berühmten Neuesten amerikanischen Börsten- und Welt- und Geld-Dotschenblatt – der noch berühmtere Hinterfotzingerlali (und extra geb ich ihm seinen Minister- und Richtertrichtergelichter-Titel nicht) aufgekauft. Man stellte sich darauf. Durch eine sinnreiche Maschinerie bekam man einen ganz kleinen Schlag mit einem Riesenhammer und – war kaputt.

Es war ja ein Vergnügen zu sterben. Vierzehn Minuten darauf hatte man sein Kriegerdenkmal.

Sogar den Jakob Harringer sein Denkmal konnten sie sich anschauen. Diese genialen Schlagmaschinen (K.R.P.) wurden überall in allen Rat-, Schul-, Bier-, Feuer-, Schlacht-, Cafe-, Pfarr- und sonstigen öffentlichen Freudenhäusern zu lächerlich billigen Volkspreisen abgegeben.

Andern, und das waren viele, das waren natürlich die tapfersten Kulimulilazipazier, bekamen ihr Leibdenkmal auf diese famose Weise: Sie gingen mit ihren Nationalfedern um ihre edle Lorbeerstime zu den Müllerhansinegertotten und Schusternazizulus und sangen jedem laut ins Ohr: bin i net a schena Kulimulilaziburga.

Das ärgerte diese, und sie griffen natürlich sofort ins Portmonäh, nur damit sie den schönen sanften Lanolinterpentinbenzinfridolin wieder losbrachten.

Das waren aber dafür auch die edelsten Kämpfer und Recken für die Kulimuli – na, Ihr wißt's jetzt schon – Sache.

Mit dieser Auslandsspende kauften sie sich Hosenträger, Backsteinkäs, Zacherlin, Maggi-Suppenwürfel, Leibbinden, Feuerspritzen, dreiviertel Pfund Königreicher und Sauerkraut.

Also um Euch nun wieder weiterzuerzählen – halt, noch was Wichtiges fällt mir eben ein, es paßt zwar nicht hierher, aber für was sind wir denn modern, und gerade weil's nicht hierher paßt, find ich, daß es hier recht hübsch sich ausnimmt: hat vielleicht wohl eine Leserin ein wenig Liebe für mich übrig und eine Dreizimmerwohnung, dann schreib, sie mir gleich, natürlich EINGESCHRIEBEN. Sie kann mir auch gleich – das nimmt sich noch hübscher aus – Geld und Devisen hineintun. Ich möcht mir schon lang wieder mal Komiker ansehn und Karussell fahren. Sie braucht ihn nur an den Verleger meiner weltberühmten Familien- und Hausärztinbibel senden. Bitte nicht an den Verleger vom Räubermärchen, der sitzt, den haben nämlich die Hedwikiuskurtiusmalöhriaten entführt und möchten ihn unbedingt, aus Strafe, weil er so was druckt, erst braten und marinieren und dann – ja, Ihr glaubt nicht, wie zäh so ein Luder, pardon: Verleger, mit der ältesten, krummen und schielenden Tochter vom Minister Wastlmeier Baron von Zipfelhuber verheuraten.

Der Drache wird ihm schon das Räubermärchenverlegen austreiben. –

Die Kulimulis

Die Kulimulis dachten an gar nichts. Sie fühlten sich sauwohl und lebten in Saus und Braus, so gut war es ihnen noch nie gegangen. An allen Landesgrenzen standen Ehrenjungfrauen und Fahnengroßmütter und hielten Riesentafeln, natürlich in den Händen.

Darauf stand: Brüder und Schwestern von Müllerhansinegertottien, Schusternazizulunarien, es ist wurscht, wo ihr her seid, an Unserm Wesen seid ihr einst genesen, ihr schäbigen Chinesen, drum mußt du das lesen: Unser tapferes Volk, unsre Trillionäre sind vorm Verhungern, bringt uns Gold, bitte beim Portier abzugeben, rettet uns. Wir wollen zwar, ein einig Volk von Brüdern, wenn wir einen von euch erwischen, massakrieren, aber eure Goldstücke wollen wir doch gnädigst verlumpen. Wir wollen auch über euch blöde Affen lachen, und unsrer heiligen Jugend lernen, euch zu verachten, aber legt nur euer sauer erspartes Geld in unsern Opferstock, Ihr bleibt zwar die gleichen Trottel und damischen Gscherten, bitte, bezahlt also sofort, was ihr uns gar nicht schuldig seid.

Man bekam natürlich so viel, daß man täglich Kirchweih feiern konnte. Nur die Königin Scholastika war vor Kummer gestorben. –

Dies kam nun Silvester und seinen Gesellen sehr zustatten (ein stattliches Wort). Sie konnten inzwischen herrlich ihre Vorbereitungen zum Hauptschlag treffen. –

Die Minister dachten an gar nichts. Dies hatten sie natürlich in ihren langjährigen Ämtern prächtig gelernt. Zum Nachfolger war selbstverständlich Friederikus Hinterfotzingerlali Josephus Rinozerus erwählt, weil er den schönsten Namen trug, und dann hatte er sonst noch bei den

Schusternazizulus riesige Herden von Vieh, Hakenkreuzen, Windeln, eine Schnupftabak- und zwei Malzbonbonfabriken erbeutet.

Also die Minister unterzeichneten gerade im ockerpreußischlilanen Himbeermarmelademargarinereichstagssaal da einige Milliarden Todesurteile von Hochniederverrätern.

Darunter waren viele, die so verdorben waren, daß sie sogar in Gegenwart von so berühmten Ministern geschnauft oder gar deren Bildnisse nicht auf ihren Hosenboden gemalt trugen.

Dabei pfiffen sie: ‚Machen wir's den Schwalben nach' und ‚Kommt a Vogerl geflogen'.

Der Hofnarr dirigierte, aber den sahn sie natürlich nicht, denn er war auf der Kamillenteereisendentribüne, dort, wo früher in der Steinzeit die Pressevertreter saßen.

Aber nun gäbe es so was Unkultiviertes nimmer.

„Ach was", sagte der neu engagierte Minister Hendipippi, „den Silvester köpft man zweimal, die Lore will ich, dann steckt man sie zu den Ursulinerinnen, und den König, erst müssen wir ihn freilich haben, den sperren wir in den Tiergarten."

„Nein", widersprach der berühmte Hieronymus Löschblatt, „schaun Sie mal nach, Fräulein, in unserer Kartothek oder im Papierkorb oder im Kopierbuch, halt, mir fällt's eben ein, es war der vierhundertzweiundzwanzigste – was? stimmt nicht? das ist doch wurscht, es merkts ja doch keiner von euch – ach, verzeiht, ich dachte, es seien einige Schusternazizulus da... Minister."

„Nein, den schlachten wir ab und machen Blutwurst daraus und Grützebrei."

Gut, daß es der König nicht hörte; der saß, es war ein dämmernder Januarnachmittag, schön warm am Försterstammtisch im „Blauen Stern" und erzählte den Holzknechten und Wilderern, einigen Dackeln und der Nanndl, von der guten, alten Zeit, wo er König gewesen, von seiner Kaffeemühle, seinem Grammophon, seinem Kreisel.

„Ja, seht, auch andre Leute, und was für welche sind in Arkadien gewesen, nicht nur ihr."

Der arme König sah nicht, daß das alte, greuliche, scheußliche, stinkende Hexenweib in der Ecke, er hatte ihr noch in seiner Gutmütigkeit ein paar Dukaten geschenkt, ein verkleideter Staatsanwalt war.

Ja, die Mühlen Hinterfotzingerlalis mahlen sicher, aber rasend.

Es war der berühmte Unteramtsrichterober Freimadl Eugen Helmut Egon Paragraph von Mäckmäck zu Gekgek. Er war ein tüchtiger Geschäftsmann und hatte erst gestern in einer Schwurgerichtsleberkäsverhandlung den lieben Gott, den heiligen Käsebier und Unsre Liebe Frau zu neunhundertneununddreißig Jahren Zuchthaus und dann zum Tode erst durch Strang und nachheriges Erschießen verurteilt.

Doch, da es gerade hierhergehört, es hätte wirklich nicht schöner passen können, will ich Euch sagen, wo ich den staatlichen, stattlichen Staatsanwaltsbleistift kaufte, mit dem ich diese wunderhübsche Zitherschule schreibe.

Ihr geht auf den oberen Löffelwimmerlplatz bei der Altweibermühle vorbei. Dann rechts, bis ihr auf einmal rechtslinks gehn müßt, dann geht ihr linksrechts zurück, und dann geht nur zu, ich sag's Euch schon, wann Ihr dort seid. Oder ihr wartet, bis ich meine Gesandtschaftsjustizräte wieder mal um Hundsfutter schicke.

Es kann auch sein, daß ich den Bleistift einem Reck-Tor stahl oder in einem Rinnstein gefunden. Und die roten, gelben und blauen Lilarüben, die ich während dem Sägen an dieser historischen Abhandlung dinierte und soupierte, die kripste ich auf den Äckern des Hinterfotzingerlalis. Dabei habe ich einer seiner weidenden Meerkühe einen Zettel an den Schwanz gebunden.

Ich sagte es ihr aber nicht, was ich darauf geschrieben. Erst in meinen nachgelassenen Werken könnt ihr's lesen.

Die Brotrinden dazu und Zigarrenstummel habe ich auf dem Luftbahnhof aufgeklaubt.

Was stört mich denn schon wieder bei meinem Genie resp. meiner Muse, wo ich noch dazu an meinem weltberühmten ABC-Buch arbeite. Muß mich nun doch, wo ich mitten im schönsten, ordentlichsten Fabulieren bin, immer was aus der Fassung bringen.

Autohupen rasen die Straßen auf und ab. Es waren die Erzengel des Oberbirnbimstallbriefträgers.

Auch ein paar Nachtwächter gingen mit und schrien: Wo hier der Doktor der Medizin Xaver residiert?

Ich riß die Fenster auf und zeigte mich dem Volke.

Und ließ eine Schnur hinab.

Dann banden sie mir den Brief dran, und ich zog ihn herauf. Er war ziemlich schwer.

Wartet, laßt mich erst bitte meine Denkmäler-Universitätsuniversalvorlesung fertig machen oder, nein!

Ich kenn Euch ja und weiß, wie Ihr alle auf Briefe gespannt seid. Mich macht ja so was nicht neugierig. Mein Gott, wenn man wie ich sogar alle fünfzig Jahre einen Brief bekommt, dann ißt man sich endlich an Briefen satt.

„meximaxi quaqua bratis wurstis kas a", wie wir Lateiner zu reden pflegen.

Also wenn ihr nichts aussagt und es ja nicht für Euch behaltet, will ich Euch den Brief herdrucken lassen. Natürlich das Kuvert rot und der Bogen blau.

An hochwohlgestorben Herrn Geheimrat Dampfkessel Professor an der Puppenklinik! Da es Ihnen, wie Sie mir schreiben, sehr schlecht geht und Sie direkt vorm Verhungern sind, ich habe mich auch bei Ihrer Zimmerfrau, bei Ihrem Prinzipal, auf dem Rentamt und auf der Polizei erkundigt und Ihre Angaben der Wahrheit gemäß gefunden, sende ich Ihnen von Herzen, mit Schmerzen, meine Neueste Pfotographich, wenn Du die anschaust, vergeht Dir der Hunger. Desgleichen will ich gerne, wenn ich sonst gerade nichts Wichtigeres zu tun habe, für Sie beten. Ein Stück Seidenpapier, es waren darin ein paar Strümpfe für meine liebe Frau, die Ihnen schönstens Eiei sagen läßt, eingewickelt, lege ich bei. Sie können damit abpausen. Also Xaver, nimm es, Dein für Sie betender Stinnes.

Ihr könnt Euch denken, wie ich mich dieses echt fürstliche Geschenk freute. Ich bekam darauf so riesigen Durst, daß ich mir gleich aus meinem Schreibtisch ein paar Kartoffelnudeln kaufte.

So, da sind WIR wieder. –

Ich guckte noch in die Küche und sagte meiner Gouvernante: sie solle runtergehn und das Volk von mir grüßen.

Halt, das gehört ja in eine andere Geschichte, in ‚den Letzten Vorhang des Amandus'.

Wer hat mir denn da schon wieder meine Zettel durcheinandergebracht. Gott, es wär kein Wunder, wenn man verrückt wird, ich sage, es ist eine Schlamperei, Frau Bohnenstroh hat wieder nicht ordentlich zusammengekehrt. Wo käme sonst der Zettel her, der in die achthundertsiebzigste Schublade meines Dichtereimagazinschranks gehört, darin die Papiere und Dokumente zum Dienstmädchenroman.

Ach, was für Ekel hält mich denn schon wieder in meiner Arie auf. ER hatte blaue Spitzenunterhosen und schön warme wollene grüngestrickte Damenunterröcke an. Ich dachte, es sei der liebe Knecht Rupprecht. Aber da ging's schon los:

„Professor Dampfkessel, wart Du Bürscherl, jez is aus mit Deine Herrlichkeit, Dir wern ma Kulimulis gebn, jez bist vahaft, moanst mir san so blöd und schmeckens nöt, daß uns gmoant hast. Mir, wo ma uns U n s a schreiben. Jo, dös sinnt die Vabrecha an inserm Kullturrvolke, an unsra vataländischen Sache, das sint de Leut, die es in den Kasernen zu keinem Profässer gebracht hamm, die auf den Universaluniversitäten keine Generäle, wie wir geworden sint, dös san die charakterlosen Charracktäre der Freiheit, disser Xaver ist der Untergang unsres berühmten, in hächster Blitä stähenden Kulturstaates." Es war also ein Schand-Darm. Erst war ich natürlich zu Tode erschrocken, aber dann, als er mich eben packen und in einen mitgebrachten Sack stecken wollte, zog ich schnell meine Tarnkappe aus der Tasche meines chinesischen Perserschlafrocks und – war unsichtbar.

„Gauna, Lump, Tagdiab dreckiga, wo bißt denn?"

„Do bin i" wieherte ich.

„I sog das, dabläk mi net, gäh vüra, windiga Dampfkessl, wennst a Schneid host, Rotzbua miserabla, i dawirf di.

Ich sagte: „Hihihi."

Er wurde so gockelrot, daß er wie ein Hafersack barst und mitten auseinanderfiel. Dann zog die eine Hälfte der andern noch den Säbel aus der Scheide und hieb in echt christlicher Teilung ihr und sich selbst den halben Kopf ab.

Jetzt hatte ich die Bescherung in der guten Stube.

Ich kommandierte erst meinem Fräulein, mal schnell eine Ansichtspostkarte an unsern Geschäftsfreund, den lieben Gott, zu stenographieren und ihn zu fragen: ob keine Fee, kein Zauberer, kein Teufel einen gewissen, uns unbekannten Xaverio Dampfkesselio brauchen kann.

Dann noch ein Telegramm an Larifari: Ehrwürdiger Kasperl, WIR richten an Sie die höflichste Anfrage, ob Sie nicht König werden wollen über Unsre gute Stube. NB: einige hundert Exemplare von Unserm berühmten Werk: Die Kunst in zwei Tagen ein perfekter Schwarzkünstler zu sein – sind bei Übernahme des Königreichs zu übernehmen.

Na, ich nahm die Manuskripte von meinen Geographie- und Schullesebüchern, meine Schreibmaschine und meine Privatsekretärin unterm Arm, meinen Papierkorb auf den Buckel und ging die Treppe hinunter, und ich hatte ziemlich weit hinunter.

Ja, da kenn ich keine Würstl, solln sich die Kulimulilazipaziburger ihren Darm selbst holen.

Plötzlich, als ich schon fast beim Schloßportal war, kam Einer daher. Er sagte: früher sei er die gebratne Gans mit Messer und Gabel gewesen, nun aber bei den schlechten Zeiten sei er der Reisbreiberg aus dem Schlaraffenland –

Was? ich soll einmal ordentlich erzählen? Na, das sagt ihr, meine innigst Verachteten, so ganz leicht; ihr braucht ja nicht Räubermärchen schreiben. Überhaupt hab ich mir vorgenommen, wenigstens in dieser Geschichte endlich einmal ordentlich unordentlich zu sein. Ordentlich erzählen kann jeder Goethe und ordentliche Sachen die könnt ihr Euch von jedem Brombeerstrauch abpflücken. Aber das ist eben die Kunst, schön fein unordentlich zu sein. Haben Sie nur noch ein paar Tage Geduld und noch wenige dazu.

Überhaupt fällt mir ein: Ihr habt doch das Buch bezahlt, was?? na, dann ist's schon gut. –

In der Höhle

Tja, an der Höhle plauderten unsre Gesellen. Süßes Nichtstun umgab sie. Lind wirbelten die Flocken. Manchmal schwiegen sie und lauschten einem Lied, das Lore schluchzte und Silvester begleitete. Vöglein umzwitscherten den Frieden, die schöne Ruhe. Nur in einer Ecke hockten drei gefangene Gerichtsvollzieher, bohrten Nase, spielten Domino und pfiffen ganz, ganz leise: Wir Gerichtsvollzieher fürchten Gott, sonst aber nichts auf der Welt. Ein Reh kam heran. Aber als es die nichtsfürchtenden drei Herren sah, stob es davon.

„Schad", sagte der eine, „daß ich nicht die ganze Räuberbande auf die Popolizei führen kann, aber es geht nicht gut." „Nein", sagte der andere mit einem göttlichen Unteroffizierschnurrbart, „es geht jetzt momentan wirklich nicht gut, aber Gott verläßt einen tapfern Gerichtsvollzieher nicht!"

„Wollen wir nicht ein bißchen die drei Trottel da hinten durchprügeln?" donnerte Kribskraps und befal seinem Spezel weiterzufluchen während er sich ein Eisbein hole.

„Nein", sprach Lazarus Spiritus, „überhaupt wenn ihr künftig wieder Besuch aus dem zoologischen Garten mitbringt, so führt ihn in den Stall."

„Ach was", krächzte Kribskraps mit erhobener Stimme, so daß die Nichtsfürchter erbleichten; „ich will mich mal bei den Lumpen bedanken und sie in die Hölle befördern."

„Da brauchst du sie bloß in ihr Amtsgezücht zurückschicken."

„Das will ich auch tun, es ist Zeit, daß sie verschwinden und meine Sonne wieder scheinen kann. Da können sie auch gleich wieder den vorsündflutlichen Schmutzredakteur vom „Leichenstall" mitnehmen, der Kerl verpestet uns den ganzen Wald." Dann ging er ins Büro und diktierte einer Roten Kreuzschwester:

„Natterngezücht! seid begrüßt Senatoren Roms! WIR schicken Euch anbei aus Deiner Menagerie die drei Trottel und den Mistredakteur zurück. WIR haben wohl noch Platz für Säue, Läuse, aber nicht für Ihre verdorbenen Waren. Ihre humoristischen Zeilen habe ICH der edle Räuber Kribskraps erhalten, worin Du MICH zum Tod verurteilst. Ich habe direkt einen Lachkrampf bekommen. Im übrigen hast Du MIR, Natterngezücht bloß zu schreiben, wenn ich Dich was frag, Du wanziges Amtsgezücht. Den Hintern hau ich Dir schon noch voll, aber dann laß ich Dich wieder laufen, denn mein Herrgott will, daß es Saublöde auch gibt. Gegeben im grünen Wald von UNS Kribskraps."

„Kinder", rief einer, „seid's stad, da Kribsikrapsi muaß sein Namm unterschreibn. Nä, dem Herrn Gott bin ich nichts schuldig, im Gegenteil."

„Nun muß ich aber", sprach Hokuspokus, „an die Arbeit gehn, ich wär ja sonst der einzige Mensch im Königreich, der nichts arbeitet." Dann lud er sich auf ein Lastauto Kisten voll Gold, Würste, Kleider und fuhr damit in die Spitäler, Armen- und Waisenhäuser.

„Der hat wieder seine edlen Anregungen", lächelte Lazarus Spiritus „wie andre's Bauchgrimmen. Na, die einen verludern, weil sie arbeiten, die andern, weil sie keine Arbeit haben. Also, Madame Arbeit, ich verachte sie so oder so."

„Ach", sagte Meingehörts, „es gibt mehr falsche Menschen als falsches Geld. Die Welt ist immer anders, als wir sie sehn, wie wir uns sie gedacht. Und wenn ich nicht selbst viel von mir halte, die andern tun's sowieso nicht. Das Leben ist ein Irrtum; aber, reicht mir mal diese Hammelkeule rüber."

„Und ich", schnarchte Pfaffenärger, „muß mich besaufen, damit ich auch wieder mal ein vernünftiges Wort singen kann. Ach, wenn ich nur auch einen Titel hätt, dann war ich doch immer vernünftig!"

„Was, ein Titel fehlt Dir?" sprach Lazarus Spiritus. „Gut, das haben wir gleich erledigt, ich schlage dich einfach zum damischen Ritter, und von dieser Stunde an bist du Edelmann, und ich krieg dafür, weil ich dich zum Grafen gemacht, den Schlüssel zum Ölsardinenkeller." –

Aber drinnen erzählte währenddem Silvester seiner kleinen Lore von all den vielen bittern Stunden und dem Stündlein Sonne.

„Ich habe gar wenig Blumen gefunden in meinem Leben. Ein Tag rennt dem andern nach. Das Leben ist ein Traum, nicht wert, daß man sich plagt und martert, ihn fortzuträumen. Du suchst Trost, den du nie finden wirst."

„Aber du hast ja jetzt mich", schluchzte Lore. Ihre Himbeerlippen dufteten. „Ich hab dich so lieb, so wahnsinnig lieb, freut's dich denn nicht; ich möcht sterben für dich!"

„Ich darf dem Heute ja nichts mehr glauben, es wird ein Gestern daraus. O ihr Wolken des Himmels, die ihr euch ausregnen dürft. Meine Wolken dürfen nicht weinen. Eine unsägliche Traurigkeit hindert mich, das Schöne zu fassen. Als ob man noch ein Kind wär, das zu weinen anfängt, weil es Mond und Sterne nicht langen kann. Vielleicht ist es töricht und fast komme ich mir vor wie der Narr, der traurig ward, als er den Berg erstieg, denn droben müsse er wieder hinunter.

Man wird allein unter Schmerzen geboren, man stirbt allein, warum sollte das, was dazwischen liegt, mehr sein als Einsamkeit. So hab ich meine Kindheit, meine Jugend lieber bei Büchern verträumt. Zu was nach Menschen suchen? Am Schlusse sehn wir immer ein, daß sie alles, bloß keine Menschen waren. Da erschüttert uns eine kranke Frau, ein bleicher hungernder Mann, eine Zeitungsnotiz, da rührt uns ein weinendes Mädchen – wen schert es, beim Abendbrot haben wir's vergessen. Wo bist du Gott? Ich würde ganz gerne an dich glauben, aber ich hätt dann doch eines mit dem Pack gemein. Siehst du nicht die zerquälten Antlitze in den Straßen, auf den Bahnhöfen, in den Kirchen und Schenken und Gerichtssälen? Siehst du, o Gott, nicht all die von der andern Dummheit, Gier, Neid, Stolz Gepeinigten? Schufst Du die Menschen nur, auf daß sie sich martern, töten, daß sie verbluten in Ängsten und Sehnsüchten? Immer strafst, verfolgst du die Besseren und die Schlechten mästest du. Der dir fürs Brot danken würde, dem versagst du's und dem, der nie deiner denkt, gibst du alles, was er wünscht. Und doch, zu was diese Klagen! Du schickst deshalb doch keinem der Verlaßnen, Verlornen, Heimatlosen einen lieben Abendbrief, einen sanften Vorfrühlingswind oder Schlaf und Ruhe und Vergessen. Wir haben kein Vaterland. Immer schleppen wir wie einen Bettelsack die arme Waise, unsre Seele mit... –"

Die Minister und Staatsanwälte

Die Minister jodelten bei Mandolinenbegleitung im Tintenpowidlarmreichtagnachtsaal.

„Ja. Da geht's mir so wie manchem andren Esel auch", meckte der Minister Tschindagaga Baron von Jammerfigur, „meine Vorzüge sind mir selber alle sehr bekannt, aber erst muß ich die Wetterprognose anschaun. Aha, stimmt glänzend wie immer: wenn das Wetter nicht sauschlecht, ist es nicht ohne, und wenn's nicht ohne, ist's schön; wenn's nicht schön ist, ist's prachtvoll."

„Wo ist denn Hendipipi?" sprach Trottelhold Fips Freiherr von Admiralshundbonbon, mit Ärmchen, dünn wie Kieler Sprotten; ein livrierter Diener mußte ihm gerade die Nase putzen.

„Ach, er spielt bloß im Mausipopsizimmer ein bißchen Lieber Gott und läßt sich von den Erzengeln Flohlöwe und Fliegenleim und Veilchendarm beweihräuchern." Draußen hörte man das Schrein vom Portier: „Nur hereinspaziert, meine Herrschaften, immer mal rin in die Bude. Da kannste für eenen Groschen die ganze Welt sehn. Es ist ja doch die ganze Welt nicht mehr wert als einen Groschen."

Der Hofnarr kam eben von seinem Gang zurück. Er suchte von Haus zu Haus nach stellenlosen Kommis, alten Weiblein, und überall griff er tief in sein Fortunatisäckel und ließ glückliche Gesichter zurück. Nachmittags ging er immer auf die Friedhöfe, und da tröstete er die armen Leute, die ihr Liebstes verloren. Gerade machte er den hohen Häusern den Vorschlag, einen Palast für Handwerksburschen, ein Lustschloß für alte Dienstboten und Zeitungsverkäuferinnen und ein Kloster für arme Dichter zu baun. Dann klebte er dem Justizminister und Bankier David Silberchristlaus ein Plakat um: Hier erlernt man gut und billig das Stehlen.

Alexander Markus Emanuel Mistkäfer, der Kriegsminister, schnitt eben einen Bogen Soldaten aus; „ich will es an meinen Knöpfen zählen, was ich tun soll", dachte er. Dann ging er zum Finanz- und Eisenbahnminister Meier: „Können Sie mir nicht sagen, verehrter Herr Kollege Meier, ob ich jetzt schon verrückt bin oder ob ich's erst werde? Sie müssen es wissen, Sie haben ja auch, wie wir alle, ein paar Tausend Kilometer Blödheit gepachtet."

Der aber sagte: „Mein liebstes Kollegerl, lassen Sie mich erst ein bisserl Neuigkeiten hausieren gehn, dann muß ich ein paar Messen für meinen Herrn Sohn, der Papst ist, lesen lassen. Und wie wär's, wenn wir den lieben Gott engagierten, nicht lange, was täten wir lange mit solchem Gelichter, aber vielleicht zu einer achttägigen Film- und Vortragstournee. Und dann muß ich mir noch einen Zwicker kaufen, weil ich damit viel schöner bin."

In der Ecke, auf einer Bügeldecke, hockten vor einem Haufen Heu der Friderikus Hinterfotzingerlali Josephus Rinozerus und die mittellinks-oberste Ministerin, Excellenz von Streuselmeißelkreiselpreißelbeerkuchen. Sie streichelte gerade den Ministerpräsidenten und flötete: „Aber bist du ein schöner Bubi, ein braves." Die Minister Affenschmalz und Käskuchen Graf von Kuhwedel fanden plötzlich, daß sie intime Verwandte seien, und waren ob dieser glücklichen Entdeckung unendlich entzückt.

„Heiraten, ach was! Blöd sein", sagte der vierhundertachtundneunzigste Minister; „das ist ja ganz schön, einen Trampel haben, den man Tag und Nacht so recht ärgern kann, aber ihr bloß deswegen Kuchen und Hüte kaufen, na mei Liaba!"

„Ihnen", schrie der berühmte Minister, welcher der Verfasser der unsterblichen Bücher: ‚Um eine Grafenkrone' und ‚Rote Rosen' war, „bin ich ja auch noch ein Pakl Tabak und zwei Speckwürste schuldig." „Äh, äh", sagte der sehr von oben herab „doas macht nix, äs is mär eine Arre, ein Vergnüjen, kolossal."

„Nein", sprach der Narr, „ich schäme mich für die ganze Menschheit, ich will mich da her setzen und verhungern. Oder soll ich erst noch ein Heiliger werden, damit ich das auch gewesen bin? Als wenn da was dabei wär, sein Leben lang auf einem Fuß auf einer Säule stehn, in der Wüste leben und sich dann kreuzigen lassen." Plötzlich fiel ihm ein, daß seine Dorothee heute Speckknödel mache und überhaupt, das Leben, das große Zahnweh ist ja so kurz, man kann ja doch nichts aus ihm machen. –

In der Justizerdäpfeldeppdiele hockten einsam die berühmten Staatsanwälte Unteramtsrichterzüchterober Freimadl Eugen Helmut Paragraf von Mäkmek zu Gekgek und Kegelkugelkogelquagel Eusebius Bockwatschentoni Baron von Pfeifendeckel. Von den Wänden troff Tinte. Viele Opferstöcke befanden sich in den geweihten Hallen. Die eine der Majestäten unterzeichnete gerade, Pfefferminzstangen schnullend, Scheiterhaufenurteile. Dabei las Eugen zu gleicher Zeit das liebliche Büchlein: Trotzkopfs Brautzeit, welches er vom Nachttisch seiner fürstlichen, huldvollen Gemahlin Pilonia konfisziert. Der andere stand am Fenster und schrieb seinen Künstlernamen Esel in eine Lache Tinte.

„Ich hab einen Durst heut, drei Dürste könnt man daraus machen." Dann soff er zwei Liter Kaisertinte. „Schad um den schönen Durst", sagte er, „früher gelt, haben wir ihn mit Bier und Wein gelöscht, aber unsre kulimulilazipazische Pflicht, unsre diamantene, echt brillantene, brillantinische, blecherne Pflicht!"

„Es geht uns zwar nichts an", schmatzte Helmut, „aber gerade weil's uns nichts angeht, stecken wir unsre bekümmerte, bekümmelte, schöne Nase hinein. Ach was, das paßt uns nicht, käm da einer daher, der tausendmal klüger ist als wir alle. Tja, wird einfach für unzurechnungsfähig erklärt."

„Au", schrie der eintretende Kronprinzderwisch und Kochsultan Herr Kuttelfleckborax von Fragezeichen. Ja, so geht's, wenn man immer in den Himmel guckt, da sieht man dann nicht die Eisernen Jungfraun und übrigen zahllosen Folterwerkzeuge.

Er brachte Egon aus Ehrung, weil er nun endlich den Raubmörder, Vaterlandsverräter, Hochverräter, Kaffeesiederssohn und Spartakisten und Kommunisten und Christen Silvester erwischt, die Ernennung zum Hofunterhosenbandeloberträger.

Dabei überreichte er die Geschenke der kulimulilazipaziburgerischen Volksadelspartei, der kulimulilazipazifikischen Welteroberungsmittelstandspartei, des kulimulililazipazilini zur Erbauung eines marmornen eintausendzwölfhundertdreiunddreißigsten Bratspießes.

Es war der lilane Fleckerlunterrock der Frau Professor und Zolloberkulturkultusmedidizinnalschalfahlbaalaalmalqualwahlzahlsgattin Hupferlhuber. Darauf stand mit Silberbuchstaben: Eigner Herd ist Goldes wert. Und rückwärts: Dem Retter, Vetter, Wetter, Bretter und Götterliebling des Vaterlandes in ewigem Andenken.

Ferner einen mit Sozialistenhaut bezogenen Maler- und Sonnenschirm und ein in Kommunistenhaut gebundenes fein illustriertes Album: Mamas Lieblinge.

Der Staatsanwalt war über diese neue Ernennung so erfreut, daß er am liebsten die ganze Welt eingesperrt hätte. „Ja", sagte er, „da müssen wir nun ganz andre Ansprüche an den lieben Gott machen."

„Gott? Gott??" flötete Pfeifendeckel, „Fräulein, sehn Sie mal nach, ob sich der Vagabund überhaupt polizeilich angemeldet. Überhaupt Herr Kolläge Mäkmek", und er kniete andächtig nieder, „Sie gestatten doch, daß ich Sie bloß ein bißchen anbete."

„Führen Sie den Sträfling Nummer Viermilliardensechsbillitrillimillionendreihundertneun vor", befahl Unteramtsrichterzüchterober Freimadl Eugen, „und Sie Oberfräulein Unterrichter Ludmilla Luzia Adolina, ach was, bringen Sie einfach den ganzen Schrank da drüben; machen wir es kurz, die Justiz erledigt dann alles auf einmal, die ganzen Verbrechen hat einfach die Billitrillimillinummer getan zu haben; nur schnell, ich krieg ja heute Rindsbraten mit Spätzle. Also flott, bringen Sie den Schweinehund, der die heiligen Güter unsrer heuligen Nazion verletzt, der die hochselige

Ehre unsrer hehren Muttererde verachtet. Und Sie, verehrter Herr Kollege, schmieren mal gleich die Eiserne Jungfrau. Unsre Geschworenen werden über diesen schamlosen Verbrecher die Wahrheit sprechen."

Das war nun freilich der Fall. Denn, an die Wand waren zwanzig Geschworene gemalt. Auf das Maul hatte ihnen der berühmte Maler Zettel gehängt. Drauf stand: JA, SCHULDIG. –

Eben schreibt mir Lore, wo ich mit Müh und Not andächtig an meinem Federhalter kaue, weil mir fast schon nichts mehr einfällt: sie hätte gerad drei Generalkommiskaminfegerlehrlingspräsidenten vor der Akropolis versetzt, und ich solle mich ja nicht unterstehen und ihren Silvester durch die Kulimulilazis unsanft behandeln lassen.

Tja, das steht nicht in meiner Macht, da kann ich gar nichts machen, ich leiste, was ich leisten kann mit meiner Schuhleistenfabrik, aber dem Schicksal muß ich seinen Lauf lassen, ich muß –

Was? ein Schmarrn? na, ich sag Euch, liebe Publikümmer, seid mir nur dann für das dankbar, was ich aus Erbarmen, aus purem Mitleid mit Euch für mich behielt. – –

Im Zuchthaus

Im Zuchthaus herrschte Ordnung. Natürlich dafür war es ja ein Zuchthaus. Man hörte bloß das Knacken der Revolver und die Flüche der Wärter. Und vielleicht das rastlose Auf und Ab eines nach der Sonne, nach grünen Feldern Verzweifelnden.

Weh der Vögel, die im Käfig sterben, der abgepflückten, fortgeworfnen Blumen! Ihr da draußen wißt ja nicht, was es heißt, an den Kleidern noch den Duft von Regen und Straßen, den Mantel feucht vom Morgentau der Wiesen.

Ach, stündlich glaubst du nicht länger leben zu können. Und immer wieder kommt der schwarze Morgen und peinigt dich. Du denkst an ein junges, blondes Weib, das aus deinen Armen geschlüpft und nun sich die Haare wieder ordnet, an ein liebes Wort, das einst in einem süßen Kleinmädelbrief gestanden. Ihre Wangen waren kühl wie ein Rosenblatt. Wo wird sie sein? Ach, sie wird lustig sein und mit andern lachen, scherzen.

Pfingsten war's! Und der Duft von jungen Fraun strich durch den Park. Die Grillen zirpten... ein Mädchen, das süß in ihrer Kammer schlummert. O kühle Sommernacht. Am Fenster blühn die Tulpen. Durchs Laub glitzern Mond und Glühwürmchen. Die Linden rauschen... Ach, die Trümmer deiner Altäre, du bist verlorn fürs Leben; wenn du doch tot wärst!

Ja, ihr draußen, aus eurer Jugend wird wohl bittres Alter, die Freude sinkt zu Leid, aber eure Wünsche bleiben Wünsche! Aber denen hinter den Mauern starb längst das Wünschen. Die haben selten noch Hoffnungen. –

Oft schleiften die Wärter Tote aus den Zellen und warfen sie in bereitstehende, automatische Vorrichtungen. Die beförderten sie genial in Waggons. Dann wurde Leim daraus gesotten, der gehörte zu den wichtigsten Lebensmittelartikeln im Königreich, denn es ging täglich gar viel in die Brüche.

Eine große Menge verhungerte. Die andern wurden von den Wärtern erschlagen oder erschossen oder zu Tode gegeißelt. Ja, es galt eben, den kraftstrotzenden Staat zu gesunden, zu befrein von diesen unsaubern Elementen, na ihr wißt schon von welchen. –

Silvester ersehnte sein Ende. Die Aufseher schikanierten ihn furchtbar. Morgen früh sechs sollte er erschossen werden.

Wißt Ihr die Gefühle des Verurteilten, der die Stunden, die er noch zu leben, an den Fingern abzählen kann?

Ja, vielleicht war es doch eine Torheit gewesen. Wenn sich Gott nicht mehr sorgt um die Bedrückten, dann hätte auch er die Hände müßig in den Schoß legen sollen. Wenn Gott die Menschen verkümmern läßt, dann konnte auch er das Rad des Unglücks nicht hemmen...

O Lore, du kleiner blauer Vogel . . . Schwester des Monds, du Braut des Frühlingswinds. Rosen zierten dich, nein du ziertest sie.

Er dachte an die letzten Stunden mit ihr.

In der alten Kutsche mit den molligen Kissen, der Regen plätscherte vom Fenster nieder. Durch dämmernde Alleen jauchzten die Orgeln unsres Herzens. O Schwärmerei; verlornes Glück, da sagten wir das meiste, als wir schwiegen.

Der Mond streute dir silberne Veilchen. Du hörst die Knospen springen. Du warst der Lenz, der in mein Wintern kam, so lau, so lind... man denkt schon an schwüle, duftige Julinächte... es muß ein Sonntag sein. Die

Nacht hat Tau geweint, weil du so schön bist. Der silberne Tag fiel in die goldne Dämmerung... Vorfrühlingsterrassen und dunkler Wein bei sanfter Gitarre und aus purpurnen Lauben das Lachen schöner Fraun.

Da wir noch an Sterne, Liebe, Freundschaft, Glück und andere Worte glaubten. Und schneit doch über alle und alles das donnernde VORBEI. Weh uns, die wir immer dumme Kinder bleiben! Keine Mutter, kein Vater rettet uns mehr. Gott ist schlafen gegangen. Der Himmel ist kein blauer See mehr, drin die Sonne schwimmt. Dein Herz wird zu Tränen, wie sie die ältesten Greise weinen.

Wenn ich doch noch schlafen könnt! Einmal noch träumen. Ach, es müßten ja keine schönen Träume sein mit Morgenalleen, Reitern, Sonne und frohen Häusern. Wenn nur Sturm und tobendes Schicksal darin.

Nein, es blieb nichts! Es wär besser, die kleinen Sterne wärn nicht gekommen, denn die Erinnerung reißt immer wieder roh und unbarmherzig an diesen schlecht vernarbten Wunden. Ach nicht daran denken. Bald bist du ganz still, du blutendes Herz! O einmal wieder steigt herauf ihr leisen Tage der Knabenzeit, im Park unter den uralten Bäumen. Es war doch eine andre Einsamkeit in den schönen Zimmern des kleinen Schlosses: Die schweren Schränke mit den Büchern und alten Dingen. Die Bilder der Ahnen...

Und draußen der Duft von Flieder und Jasmin und Rosen. Der wilde Wein hing in die Fenster herein. Und die liebe mütterliche Stimme der alten Kindermagd.

Zu was lebte man? weil das Leben eine Gnade ist??
Nun kommen bald keine Wünsche mehr... müde bin ich, geh zur Ruh...

Er fühlte ein Lindes, Vergessnes neben sich. Irgendwo schlug eine Uhr. Die letzten Vögel trillerten. Eine Maus lief zum Fenster rein. –

Vorfrühlingsdüfte trieften in die zweitausendeinhundertsiebenundneunzigste Massenzelle. Der Madizinnaalrat Pitschipatschedatschehätschepätsche hatte zwar selbstverständlich drei Tote für glänzend gesund, arbeitsfähig und fähig zum Abschlachten erklärt. Tja, der Arzt war tüchtig; er war auch derselbe, der den seligen Dotschenpepperl, oder hieß er Lotschensepperl – ich hab an andres zu denken, als auf mein Räubermärchen obacht zu geben – einbalsamiert, auf daß es eine schöne, feine Mumie gäbe.

Manche Leute im Königreich behaupteten, er sei schon lang eine Mumie gewesen und – noch was dazu.

Aber Ihr wißt ja selbst am besten, was Ihr, pardon, was die bösen Leute alles sagen.

Obwohl es lauter gefährliche Subjekte waren, es gab Leute darunter, die ihre zweihundertsechzig bis dreihundertachtzig Jahr Zuchthaus besaßen, ließ man den Herrgott einen guten Mann sein. Einer hatte in seiner Verworfenheit eine Haarnadel, der eine Papierschnur, eine leere Düte gekripst. Und erst die verrufenen politischen Schwerverbrecher, die sich in Gegenwart von den heiligen Mopseln der Ministersgattinnen ihre Zigarrn anzündeten, die Bürgerlichen Gesetzbücher nicht in der Hosentasche trugen und vorwärts und von rückwärts auswendig konnten, jene schamlosen Verbrecher, die vor den Löwenbriefkästen nicht niederknieten, nicht auf naziohschaale Schutz- und Trutz- und Schmutzblättchen abonniert waren, auf ihren Kleidern, Hüten, Bleistiften, Maikäferhäusern, Visitenkartentäschchen, Sicherheitsnadeln, Ruhekissen, Taschentüchern, Wandschonern und Radiergummis nicht die Bildnisse vom Popolizeipräsidenten und Staatskommissionär trugen.

Ein andrer hatte sogar dem verstorbenen heiligen Milinisterbrezelstempen Lotschensepperl ein von ihm weggeworfnes Brausebadbillet gestohlen. Natürlich mußte er zum Tode verurteilt werden. Seine Majestät Ignatius Dünnbier, der Wärter aller Wärter, hatte aber, da er „serr späziöl" mit dem Verbrecher, sie drehten früher manches Ding mitsammen, einem andern diese letzte Überraschung beschieden.

„Undank ist der Welt Lohn", sprach einer, „sonst müßten mir doch alle Leute dankbar sein, bei denen ich nicht einbrach."

„Himmel Hergott, kein Teufel kümmert sich um mich und ich bin doch die Hauptperson, ich erhalte ja die ganzen Gezüchte", sagte ein Dieb. „Überhaupt, du brauchst mir bloß eine monatliche Rente von tausend Talern geben und ich bin der anständigste Mensch auf der Welt. Du kannst dir gar keinen netteren vorstellen."

„Ach, unser Zuchthäuserl ist ja so das reinste Mädchenpensionat. Und da brauchst du bloß drei Stunden, um eine Kartoffel aus der Gänseweinsuppe zu fischen, während ein glücklicher Finder in der Familienpension zu Lilienruh vierzehn Tage dazu nötig hat."

Nebenan erschlug eben ein Aufseher wieder, um nicht aus der Übung zu kommen und sich warm zu halten, ein paar jugendliche Verbrecherinnen. –

Die Reliquienfabrik

Draußen vor der Stadt gab es unterdessen erbitterte Kämpfe. Die Heere und Truppen und Regimenter und Pfadfinder und Realschüler und Gebirgstrachtenerhaltungsvereine und Veteranenbündler und Eisstockschießer und Tarockler und Gesellenvereine und Frauentumriegenleutnants und Gesangsvereine und Vereinigungen der Spiritisten, Drogisten, Photografisten, Dentistinnen, Kornkaffeekisten, Popolizisten, Expressionisten, Egoisten, Pazifisten, Philosophen, Kammerzofen, Kochofen, Theosophen, Alkoven, Anthropoposophen und andern Heldensöhnen der Kulimulilazipazier: also um es kurz zu sagen, der ganze kulimulilazipazische Kulturschwindel stand den unzivilisierten Horden Meingehörts, Kribskrapsens, Spiritussens, Hokuspokussens, Pfaffenärgers gegenüber.

Aber was kümmert uns dies, wo die berühmten neuesten amerikanischen Börsen- und Welt- und Geld-Margarinenachrichten von unzähligen Siegen wimmeln. Und auf so ein Blatt ist zu traun. Der hat auf festen Grund gebaut. Margarineblätter in keiner Not, gehn tausend auf ein Lot. Mit einem Hieb fällt man keine Eichenmargarinsacharinnachrichten. Die Margarineblätter sind nicht an einem Tage gebaut und verhaut worden. –

Lore ging es sehr schlecht. Man hatte sie natürlich in's Kloster „zum sanften göttlichen Cherubim" gesteckt. Es duftete nach Wachs, Blumen, Spezerein, Äpfeln, Honig.

Ach diese trügerischen heimatlichen Altenhäusergerüche!

Aber die Oberin war eine Furie. Das heißt für die Männer nicht. Die hießen sie bloß Engel oder Schnuki oder Salome. Auch Klorinde, die süße Pförtnerin, und Faridun, die Oberdoktorprofessorsbutternockerlnonne, Yvonne, die Medizinalratsglasscherbennonne, und Evelyn, die gesülzte Schweinsohrennonne, und Pepromene, die Weinstritzelundpuddingmitaraksaucenonne, quälten Lore bis aufs Blut.

Die vergaß fast, daß sie in der Reliquienfabrik des „göttlichen Cherubim" arbeiten mußte. Ihre schönen, tiefen, tränenvollen Augen blickten fremd und fern...

Armer Silvester! Du meine Erinnerung! Du, ich liebe dich, liebe dich heiß, lieb dich wahnsinnig. Ich werde dich ewig lieben. Ohne dich will ich sterben. Ach, könnt ich ein letztesmal deine Hände in die meinen nehmen und sie küssen. Mein Gott bist du! Mein ganzes Leben war schöner und so süß und wie im Traum geworden. Ich werd dich nie vergessen. Lieb hab ich nur dich, nur dich allein. Und immer und überall muß ich deiner denken, alles erinnert mich ja an dich, an dich Einzigen. Und kein letztes Lebewohl darf ich dir sagen. Deinen Namen auf den Lippen, will ich sterben. Ach die wilde, wilde Sehnsucht. Denkst du noch an die kleine Törin? O Schwärmerei! Hab ich dir doch nie unrecht, nicht weh getan. Liebster, wer weiß, glaubst du mir nicht, daß ich dich noch immer sehr lieb habe. Ach, nun hab ich niemand mehr, dem ich meinen Kummer anvertraun kann. Ich bin sehr unglücklich und hab keine Seel, die mich trösten könnt. Was soll dies Leid! Das Leben hätte für uns so wunderschön seien könn. Ich hab dich so gern, so gern. Und muß nun ewig traurig sein, weil ich nie mehr um dich wissen darf. Ich bin nun wieder eine Bettlerin auf einer verlassenen Landstraße; der kleine Stern ist nimmer da.

Wo sind die Stunden und kommen sie nimmermehr? Ach, du warst viel zu gut für mich. Mein Herz war so übermütig vor Glück; die ganze Welt könnt ich umarmen. All meine Seele ist bei dir. O Fieber! Einem unschuldigen Sternlein schaff ich einen heißen, ewigen Kuss für dich an. Liebster, ich hab dich ja so lieb. Ach wie furchtbar, von dir getrennt sein, aber vergessen werd ich dich nie. Mein Herz ist zerstört. Ich denk immer, immer an dich. O Zauberei! Mir fallen schon die Augen zu. Du warst so lieb und gut. Schlaf wohl, schlaf wohl du Lieber... Komm, küss mich ein letztesmal. Du, du, ich hab dich so lieb. Die ganze Nacht denk ich an dich...

Die Reliquienfabrik war sehr leistungsfähig und vollkommen auf der Höhe. Dort wurden täglich so zirka zweihundert nahtlose Oberröcke Christi genäht, hundertzwanzig Dornenkronen angefertigt, die Jesu getragen, dreihundert Veronikaschweißtücher! Ja, alles da, und das will was sagen, natürlich im Original, genau die Lebzelten, Pfannkuchen, Hackbraten, Würstl, Beefsteaks mit Sardellen, ungarischen Schnitzeln, Erdbeerkuchen, Baum- und Käskuchen, Haselnuß- und Punschtorten und Guglhupf, die der heilige Joseph und die übrigen Heiligen verzehrt, wurden hier hergestellt und in Gold und Glas gesetzt.

Da könnt ihr so recht sehen, was die Kirche für ihre weidenden Schafe tut. Nur ganz verkommne, rohe, entmenschte Kreaturen wie die Lore können zu solch heiligem Tun Schwindel sagen. Sie sollte deshalb auch morgen lebendig eingemauert werden. Auch war sie zu dem ehrwürdigen, hochwürdigsten, allerheiligsten Herrn Erzbischof Aloisius, der süße Sündenvergeber, gar nicht nett. Und der liebe, alte Herr war doch immer so lustig hob jodelnd seinen fliegenden Frack und sang: Ist denn kein Stuhl da, für meine Hulda, oder Mei Huat der hoat drei Löcha, oder Ich bin's a lustiga, junga Wüldschitz, oder Erlaub mir schöne Sendarin zu sein heint Nacht bei dir, oder I thua was i wüll und i thua was mi gfreit – und andre schöne Sachen.

In der Ecke hockte der Pfarrer Pius XXXVII, genannt der dicke Jakob. Er hatte einen Rosenkranz aus Marzipan in den geweihten Händen. Wenn er nicht aß, betete er Schnadahüpfl oder streichelte ab und zu aus purer christlicher Nächstenliebe die frommen Nonnen Laura, Doris, Kamilla, Susanne und die Struwelpeterlotte.

Tja, wo soll denn sonst Liebe sein, wenn nicht im „Sanften göttlichen Cherubim". Deshalb geschah eigentlich Lore ganz recht. Warum liebte sie die huldvollen Bischöfe und Pfarrer nicht. Was verschenkte sie ihre windige liebe Liebe nicht für ihr Seelenheil.

Arme Lore! eine weiße Kirschblüte verstreut dich der Wind, der böse schlimme Wind. Tränen der Verzweiflung flössen über ihre vergrämten Wangen. Plötzlich kam was rauschend durch die Luft geflogen und durchs Fenstergitter herein fiel zu ihren Füßen ein mit dem neuen glänzenden Grafenwappen Pfaffenärgers geschmücktes, unzähligemal gesiegeltes Pergament. Sie sah eben noch den König davonfliegen. Auf seinem ausgespannten Regenschirm war eine Kaffeemühle gemalt. Und im Zettel stand:

Seid getrost Königin, elfenbeinerner Turm, fromme Pilgerschar, wunderbarer Adler, Du blühender Oelbaum, Du Diamant der Tugenden, Du Beschützerin in der schrecklichen Pest, Du schmerzhafte Mutter, sei getrost! Es gibt ein Wiedersehen! memommento mohrübeno! Salve! Salami! –

Die Entscheidung

Die Kulimulilazipazier-Weiber, verzeiht Hofratsdamen konnten nicht schlafen. Alles Männliche, heißt, was sich Mann nannte, nahm die zweiundvierzig Zentimeter Hausmörser auf den Buckel und eilte zum Stadttor hinaus. Viele der Minister nahmen ihren Zeppelin aus dem Rucksack und ratterten durch die Luft. Dann ließen sie die Scheinwerfer ihres Geistes leuchten, tanzen, strahlen.

Es war ein heißes, blutiges Ringen, es war ein Weltkrieg, sag ich euch, wie ihn der Mond noch nie sah. Es war der Kampf der heiligen kulizischen Ordnung, des mulizianischen Rechts, des geordneten pazilinischen Idiotenstaates mit den satanischen ungezügelten Mächten der Freiheit, der Ehrlichkeit, des Menschentums.

Die Kulimulis fielen zwar wie Fliegen, oder wie Kegelus, wie wir Griechen zu sagen belieben. Kribskraps und seine Legionen erbeuteten zwar alles, was die Heldensöhne und Professoren mit ins Krautfeld der Ehre nahmen. Aber das macht nix. Solang das weltberühmte Universumuniversitätschnapsblatt noch stündlich Siege, gute Siege, prächtige Siege (inklusive Bierkrüge), tausend Siege bringt und singt, solang haben die viehischen Affen des blauen Rittertiers nicht zu siegen, überhaupt nicht zu reden. Und wenn auch, mögen sie siegen, soviel sie wollen, über unsre Druckerschwärze siegen wir. Und solang wir noch Drucktrickdreckschwärze haben, solang gehört uns Europa, überhaupt die ganze Welt.

Doch was ist denn das? Das ist doch unerhört.

Jeder der in der Heimat gebliebenen Minister, Auf- und Abgeordneten, Mädchenturnlehrer, Feldmarschälle, Feldwebelpräsidenten und sonstigen Kriegslieferanten; alle Bäcker- und Metzger- und Konzertmeister; Limonadebe- und Schrift- und Weichensteller hielten gerade noch ein nasses Extrablatt in den Händen: Sieg! kolossaler, noch nie dagewesner Extrariesensieg! Die ganzen Rebellen, Gott strafe sie und Wir auch, gefangen. Alles nur Erdenkliche durch unsre tapfersten aller tapfern Truppen erstürmt, d. h. gestohlen. Hurra! Hurra! Hurra! Die gesamte feindliche Macht vernichtet. Jeder Tritt ein Britt, jeder Stoß ein Franzos, jeder Schuss ein Ruß, jeder Bart ein Mark, jedes Geld ein Held; Hurra! Hurra! Sieg!! windet Jungfernkränze unsern braven schweren Jungen. Zwölftausend Züge feindliches Villengut unterwegs für die trauernden Gattinnen, Göttinnen. Hurra! Gott (Anmerkung der Redaktion: so viel wie WIR) hat gerichtet, gerechtet, gefechtet. Lasset uns zum Beten treten, der graue Ritter ging flöten, diese Kröten werden wir alle zertöten. Halleluja! Hoch! Hurra, Hurra!!

Und nun denkt Euch den Schrecken, allen Mulikulis fielen die Extrasiegesextrablätter, sie waren noch nass, aus den Händen und die Herzen in die Hose, den Damen natürlich in den Marktkorb.

Da kam ein wahnsinniges Tschindarada-Bumbum die Straße rauf. Posaunen schmetterten. Auf stolzen weißen Schimmeln ritten Meingehörts, Kribskraps, Lazarus Spiritus, Pfaffenärger und all die andern Edlen. Knaben streuten ihnen weiße und rote Blumen. Ha, wie lustig marschierten ihre treuen Gesellen. Da sah man so recht ihre gewaltige Macht.

Aber Freunde, die Gesichter der gefangenen Schmulikulis hättet Ihr sehen sollen. Wie eine Flasche Eau de Cologne, die in eine Heringstunke fällt oder ein Wiener Fiaker, den der euer Gnadn statt mit Talern mit Hosenknöpfen bezahlt. Das war ein sauberer Sieg. So sahn also die zwölftausend Extrazüge feindliches Villengut, auf das die trauernden Göttinnen schon Schulden gemacht, aus!

„Was fang ich nun mit meinen Siegesextrablättern an?" heulte ein kleiner Rektorsjunge.

Herolde verkündeten einen Aufruf Kribskrapsens, wonach alle Nullischnullis, die nicht binnen vierundzwanzig Stunden auf den Saturn auswandern, mit Stumpf und Stiel ausgerottet würden.

Die edlen Retter Lores und Silvesters und all der übrigen zahllosen Bedrückten, Verfolgten hatten im Rathaus ihren Sitz aufgeschlagen. Eben flog der König zum Fenster herein. Er war bereits in seinem Schloß gewesen und hatte sich auf seinem lieben, alten Herd Kaffee gekocht. Und nun wollte er für die gefangenen Minister bitten.

„Sind schon geköpft", sprach sehr majestätisch Lazarus Spiritus, „da liegt noch das Stroh, das herausfiel. Ich ließ sie mir nebst den üblichen Feldmarschällen gerad vors Fenster naushängen."

Ihr Hab und Gut, und sie hatten sehr viel, verteilte er unter die Armen. –

Die Nacht war grausig schön. Purpurn flammte der Himmel. Fackeln knisterten, Trommeln klirrten, die Musik spielte ihre prächtigsten Märsche, die befreiten Sklaven sangen fröhlich durch die Gassen. Kinder jubelten. Die Armen, Elenden, alle reichst beschenkt, weinten Tränen vor Seligkeit, die Glocken donnerten FREIHEIT und ERLÖSUNG, die Mädchen lachten Arm in Arm auf den alten Plätzen. Die Bäume, die Brunnen rauschten so seltsam, so mailich. Ein alter Invalide nahm sein verstaubtes Posthorn aus dem Kasten und blies: Ein Jäger aus Kurpfalz. Der Hofnarr lud eben alle Handwerksburschen und anderen Waisen in den königlichen Palast ein. Alte Mütterchen stellten ihre Kerzlein ans Fenster. Burschen stimmten ihre Lauten.

Nur ab und zu winselte darein das Gejammer der vielen, nun gänzlich blöde gewordenen kulimulinischen Volksredakteure.

Kribskraps bekam inzwischen ein Telegramm vom Herrn Saturn, daß er sich die Einwanderung der Mistpazischnullis verbitte, er bedanke sich für die Ehre, vielleicht sei am Nordpol Platz.

Mir wurschtig, dachte Kribskraps, dann heiz ich einfach damit die Ziegeleien und pflastere mit ihnen die Landstraßen.

Der Hofnarr und der weise Kasperl Larifari wurden natürlich Kaiser und Minister und Papst. Und sie regierten von den Altanen ihre Untertanen zu deren Wohlleben und Zufriedenheit. Und wenn sie nicht gestorben sind, leben sie heute noch.

Des Märchens Ende

Doch Kinder nun zum Teufel mit dem Räubermärchen. Mir fällt was andres ein, was Hübscheres. Ich will Euch von der glücklichsten Stunde meines Lebens sagen.

Auch so ein liebes, kleines Mädel wie die Lore. Linden und Maibäum und Schaukeln am Ufer... im hohen Junigras. Drunten floß sanft der Rhein. Die Burgen grüßten wie gute alte Freunde. Im kleinen Kaffee ging mein Herz auf wie Mohn. Der alte Konditor nickte bei seinem Pfeiflein. Was kümmerte ihn Zeit und Ewigkeit. Auf dem alten Kasten klimperte ich all die süßen Lieder, die man jubelt, wenn man jung und glücklich ist und das Herz wie eine Knospe im April aufspringt... das ist freilich lang, lang schon –

Was schon wieder Schwefel? Nanu, dann sagt Euch einfach der dreiunddreißigste Baron aus dem Hause Dampfkessel Lebewohl.

Ja, Martha; na weil ich ein guter Kerl bin, wollen wir Magistrat und Ordinariat auch noch zu wissen geben, was uns vom Ende des schauerlichen Räubermärchens bekannt ist.

Die Sonne ging auf, lodernd, eine purpurne Garbe. Als die Uhren dies schöne Wetter sahn, gingen sie alle recht. Und übers Land brannte jene andre Sonne, die Freiheit, und von ihrem Licht taumelten tot die Mücken der Finsternis. An ihrer Wärme platzten all die heuchlerischen glatten Präsidenten, Abgeordneten, Höflinge und sonstigen Staatshausknechte einer Gesellschaft, die, längst erledigt, verzweifelnd noch versucht hatte, aus ihren Lumpen ein neues Kleid zu flicken.

Das Volk jauchzte Lore und Silvester und Salomon zu.

Aber der alte König schüttelte sein weißes Haupt, nahm seine Kaffeemühle und seinen Grammophon und ging.

Und Silvester sprach: „Ja, laßt uns doch wieder in die Berge ziehn, wo keine Leute hausen. Denn die Menschen betrügen sich immer und immer müssen sie enttäuschen. Mit unsern Sehnsüchten behängen wir sie und glauben sie stets besser, edel und groß. Aber sie haben nur Launen; Gefühl und Tiefe findest du nur bei Kindern und Greisen. Die einen schaun alles durchs Vergrößerungsglas, die andern durchs Verkleinerungsglas. Und alle vergessen, daß man die Dinge durch beide sehen kann und dabei doch noch weit von der Wirklichkeit entfernt bleibt.

Der sucht wieder seinen Zweck darin, in der Kammer seines Lebens Unordnung zu machen, und betrachtet es als Höchstes, Einziges, hierauf wieder aufzuräumen. So sind sie fast alle undankbar gegen das Gewesene, nennen heute Kitsch und beschimpfen, was ihnen gestern noch Gott war." –

Und dann zogen sie hinaus. Die Stadtkapelle gab ihnen das Geleite. Und alle Menschen waren betrübt, daß sie die lieben gütigen Herzen verloren. „Wir wollen euch schon fleißig schreiben", sagte Lore, „und ich will gepresste Veilchen und Himmelschlüssel und Gänseblümlein hineintun." Durch betaute wogende Felder ging's. Die Kornblumen leuchteten, Lerchen schmetterten, die Amseln und Drosseln schluchzten. Der schöne, grüne Wald nahm sie in seine mütterlichen Arme.

„Ich will auch ab und zu im Varieté auftreten", brummte der König, „da bring ich euch dann viel Geld mit."

„Was brauchen wir Geld", zwitscherte Lore, „wir haben ja unsere Liebe!"
Der Kuckuck schlug immerzu, ohne Ruh….

Arme Lorel Die Leute bedauern dich, du dummes Ding, als ob man sich mit Liebe ein Margarinebrot kaufen kann!

Ich aber, kleine Lore, wünsche dir Glück, mögen all deine verborgensten Wünsche sich erfüllen und keine Enttäuschung dein Leben verbittern.

Ich armer Xaver Dampfkessel hab freilich keinen Wunsch und auch keine Liebe. An meine Tür klopft kein Postbot. Ich bin sehr einsam. An mein Dachfenster blühn keine Blumen. Um mich rauschen die Fabriken und keine Vögel hör ich singen. Ich falte nicht die müden Hände, wenn die Sonne schlafen geht und steh nachts nimmer auf um über einen erblühten Rosenstrauch zu weinen. Mir ist bang wie einem armen Kinde, das verlassen in seinem Bettlein weint und im Hof drunten spielen und tollen die andern. Ich bin ein armer Teufel. Meine Tage sind grau und trostlos. Ich habe nur Verzweiflungen und Ölberge gefunden, keine Sterne. Wenn in diesen eiskalten schwarzen Ungeheuerlichkeiten irgendwo ein barmherziger Gott, er hätte mir geholfen. Kein fraulicher Duft umschmeichelt mein leeres, elendes ICH. Ich habe keinen Freund.

Immer älter werden, immer älter werden, ohne jung gewesen zu sein! Ohne Blüten verdorren zu müssen!

Kein Frauenaug streift mich versonnt und märzlich. O Gott, ausruhn können, aber wohin flüchten? Betet kein armer Hase für mich, den ich einst vor den Hunden gerettet.

O, ich weiß um die bangen Schauer der Junggesellen um Weihnachten, an Sonntagen, im Sterbbett.

Und du, bist ja vielleicht auch ein armer Mensch und stapfst wild und matt und betrogen durch die große, harte Stadt; ein Lieb verließ dich, ein alter Freund ging wieder von dir, lehnst irr an den Berghängen, hast nicht mal Geld, um einem kleinen Mädel Kaffee und Kuchen zu kaufen. Dir primelt ja nie das zarte Gold einer Rückkehr. Keine atmet dir zu wie ferne Glocken oder das Klingeln kristallner Herbstgläser.

Von den Gesellenvereins- und Feuerwehrtafeln liest du Ausflüge, Übungen; ach es muß nicht ALLES GEDRUCKT sein. Du rennst durch verblichene Anlagen. Ein kleiner Junge stelzte und sang: O du lieber Augustin. Sein Schwesterlein spricht mit ihrer Puppe: kratz mich doch nicht Dickerchen. Dann fragt sie ihren großen Bruder: Freust du dich schon, wenn du stirbst.

Oder du liegst den ganzen Tag wie in einem Sarg in deinem schmutzigen Bett. Es ist ein trauriger, öder Samstag wieder. Draußen fällt ewiger Schnee. Dich friert. So hässlich, ach, dies Hinsterben. O Gott: all dein Schlechtes wird ja nur aus diesen trostlosen Verzweiflungen der Langweil geboren. Scheußlich, wie dies Stundenschlagen der Nachttürme deinen Schädel zerstampft.

Du hütest dich vor Erlebnissen, denn es scheint dir leichter, einer schönen Stunde zu entsagen, als dann vor Kummer und Sorge ob des Verlorenen lange, lange Zeit zu verbluten. Du weißt wohl, daß es töricht ist, dies ewige tränenlose Weinen. Aber es kann keiner aus seiner Haut heraus. Der ist stark wie ein gesunder Baum, und der andre siecht dahin und leidet am Leben. Freilich wär's weit besser, man könnte dahinleben, gleichgültig oder rücksichtslos zu dem, was einem der Alltag zuträgt, freut sich des blassen Glücks, ärgert sich dann und wann.

Immer siehst du nur die Schatten und wie unnütz und vergebens dies Leben. Und was hast du noch vor dir als Nebel und Unglücke.

Du hast nichts zu essen und keinen Pfennig mehr. Du kannst auch nicht auf die Gasse gehn, deine Schuh und Kleider sind zerrissen.

Oder du sitzt ohne Hoffnung in der Eisenbahn . . .

Irgendwo auf einer nie bekannten Station steigst du aus. Die Wolken novembergrau wie dein Herz. Es hat geregnet, du beginnst eine Landstraße zu wandern. Aus den Bergen glänzt frischer Schnee. Es geht hügelauf, hügelab. Herbst! später Herbst! Radfahrer sausen vorüber. Kleine Wirtshäuser beten an der Straße. Ein Bauernmädel putzt. Du schaust in die dunkle Stube hinein. Ihr kleiner Bruder kehrt die dreckige Straße sauber. Eine einsame Kapelle steht auf einmal da. Du möchtest drin dem lieben Gott danken. Aber sie ist verschlossen. Plötzlich bricht die Sonne hinterm Vogelbeergebüsch. Du blickst in ein fernes Land.

Herdenglocken blühn hin. Ein kleines Engelchen wünscht dir Guten

Abend. Die Sonne fängt zu bluten an. Du hättest es nicht bemerkt. Aber ein Fenster im Schulhaus sah es erglühend und schreckte dich. Du frägst einen Mann nach der Zeit. Er weiß es nicht. Du ziehst einen alten Liebesbrief aus der Tasche. Der Wind fängt sich in deinem Haar. Du hast Fieber.

An einem Feldbronnen trinkst du. Du fängst auf einmal zu laufen an. Denn der Zug muß ja bald kommen. Der Zug, der dich in die große Stadt trägt. Wo keine Büsche und Herdenglocken singen. Wo dir niemand Gute Nacht wünscht. In die große, große Stadt, wo du wieder sterben wirst.

Ja, du unheiliger, von unzähligen Pfeilen der Hoffnung zermarterter Sebastian, oder wie du dich sonst nennen magst, bist unglücklich wie ich, Xaver Dampfkessel. . .

Mein Nachtmahl harrt. Wer weiß, o Freund, ob dich so schönes, braunes Brot erwartet und labt. Und die gute blonde Bäckersfrau hat mir's wieder in eine alte „Gartenlaube" gewickelt. Da hab ich dann später, wenn der Mond kommt, noch was zu lesen.

Ja, da will ich mich deiner erinnern, kleine Gartenlaube und dir in all meiner Armut einen Allerseelenkranz schenken. Ich hab ja sonst auch nichts zu tun.

Ich lieg krank in meiner Mansarde. Den Ärmsten kann ich ja nicht helfen. Und kein guter Mensch kommt zu mir und verplaudert meine schwarze, schwarze Zeit.

Ach, auch dir, liebe Gartenlaube, gilt eine Schwermut meines Herzens. Wie oft, da ich müde und elend im Krankenhaus lag, warst du mir eine kleine Abendsonne, ein Veilchen ans Bett.

Was für schöne Dinge brachte doch dein guter Vater Keil, er zierte dich mit den schönsten Sternen, die in Deutschland blühn. War es nun Walter von der Vogelweide, das Wörterbuch der Brüder Grimm oder der schlichte Erzherzog Johann. Waren es die süßen, süßen Blumen der Marlitt, oder bettelte er innig für einen armen Künstler: immer schlug sein Herz rein und kindlich. Du warst sein goldnes und er war und blieb immer dein Kind.

Schlaf wohl, ruh aus, alte Gartenlaube, auf den Speichern kleiner Sommerfrischen, in den Bücherkisten der Großeltern, in den Händen spielender Kinder. Ärgere dich nicht über die gescheiten Leute. Ach sie sind ja heute so klug geworden. Wüßten sie, wie unendlich viel Liebes, Schönes in dir schlummert, sie rümpften nicht die dummen Nasen. Es ist ja das Schicksal alles Gütigen, daß es vergessen wird. Aber die kleine Küchenmagd, die, von der Arbeit müd, über dir träumt, die alte Frau, die über deinen gilben Blättern bei schlechtem Kaffee einnickt, der von allen Menschen verlassne Kranke im Spital und ich – wir werden nie dich vergessen.

Ich kam freilich bloß zu dir in der verzweifeltsten Langeweil, da monde-lang kein Brief kam, kein Stücklein Blau an mich dachte; da mir die großen Heiligen, Dichter und Philosophen so leer, ach so leer schienen: da ich vergaß, daß Wiesen am Wald und Bächlein und Sommer war, da ich auch Gott tot wähnte. Und da wardst du mir ein braver Kamerad, mir ekelte nicht vor deinen verschmierten, schmutzigen Blättern... wieviele ja hast du getröstet, halfst ihnen über bittre, bittre Stunden hin, wieder in die kleine Gasse der Hoffnung.

Es stand ja auch oft von schwerer Not in dir, und wer richtet sich da nicht ein bißchen wieder auf. Aber manchmal war es auch ein Kuchenrezept, eine Briefkastennotiz, ein Bild aus Amerika.

Du könntest gar manchem Müden ein Gebet sein, kleine Gartenlaube: Dürfte ich dein Angedenken feiern wie ein schönes Kinderfest! Aber ich bin arm und elend. Und doch, draußen, vorm Stadttor träumt eine alte Gartenschenke. Ich will um die letzten Groschen ein Glas Wein trinken in Erinnerung an dich, und der Flieder wird schmerzlich rauschen.

Vielleicht begegnen wir uns wieder, du lieber Kamerad, in einem Kranken-saal, da ich noch zerbrochner und ärmer bin.

Ausgang

Der Baron schwieg. Man hörte nur das Tropfen der roten Kerzen. Und draußen fielen die Sterne.

„Morgen will ich was Schöneres lesen. ‚Die Betfahrt des Bruders Amandus‘ wird Euch vielleicht mehr gefallen." –

Als Balthasar morgens in den Salon trat, fand er auf dem Plätzchen, wo er gestern die Papiere des armen, verhungerten Dichters niedergelegt, eine herrliche Rose.

„Irmelin", lächelte er, „lieber, reicher Dichter!"

Der Mond grüßte oben, eine bleiche Sichel. Der Vorfrühlingswind spielte mit den Vorhängen und duftete nach seltsamen Dingen.

Anni richtete mit anmutigen, reizenden Bewegungen den Frühstücks-
tisch her. Balthasar pfiff ein kleines sehnsüchtiges Lied aus Wien.

Durch die Birken schimmerte das Mädchenkleid seiner Liebsten.

Er schritt die Terrasse hinab.

ENDE

*Das Räubermärchen wurde erstmals im Jahre 1925 im Iris Verlag Frankfurt
a. Main veröffentlicht. Ausstattung: blaues Leinen 101 Seiten.*

Ich, der Kater Josef Mayer

Ich bin der Kater Josef Mayer. Ich bin gewiss der schönste Kater der ganzen Stadt. Nicht nur, dass ich graziös, elegant wie kein zweiter, bin ich auch der fescheste Bursch. Die zehn Gebote kenne ich zwar ziemlich genau, aber ich kümmere mich nicht im geringsten darum. Was meinen Verstand und mein edles Herz betrifft, so wiegt der Verstand der ganzen Menschheit nicht den meinen auf.

Von den Weibern halte ich gar nichts. Es ist unter meiner Würde, mich ein zweitesmal mit einer einzulassen. Es hat auch gar keinen Sinn, denn sie werden gleich viel zu frech. Ich bin nicht umsonst ein Katzenkenner comme il faut.

Ein wahrer Philosoph wie ich, der nimmt wohl die Frauen, um mit ihnen die Zeit totzuschlagen, aber zu was anderem taugen sie wirklich nicht.

Wenn ich über mich spreche, so kann ich dies nicht, ohne an die grässlich entarteten Zweifüßler, Mensch genannt, zu denken. Ich habe mich Zeit meines ganzen Lebens gewundert, wie sich überhaupt ein anständiger Kater mit solchem Geschmeiß abgeben kann. Wegen dem bisschen Fraß? Du lieber Himmel, das stiehlt sich ein anständiger Kerl, und das Wasser läuft Ihnen im Mund zusammen, wenn ich Ihnen meine Vorratskammern beschreibe.

Sie befinden sich im Dachboden der gänzlich verblödeten Apollonia Sauerkraut. Ich speise mit Vorliebe Leberwürste, rohen Schinken, Sträußelkuchen, und ich habe mir wahre Berge von Vorräten, schön geordnet, zusammengestohlen. Von Zigarren rauche ich natürlich nur die feinsten. Wie blöde der Mensch und wie leicht er zu betölpeln, beweist, dass mich fast noch keiner erwischt hat. Wenn die anderen Herren Kater ihren Kopf bei der Sache hätten und nicht mit lauter Weibergeschichten sich abplagten, würde sie solch ein dämlich Stückchen Mensch auch nie erwischen. Das Stehlen ist eine Kunst. Freilich geht mir diese ganze Stadt schon ziemlich auf die Nerven. Es ist nicht angenehm, auf Schritt und Tritt abgetakelten Geliebten zu begegnen. Zwar weiß sich ein fürstlicher Kater aus den verwickeltsten Situationen zu drücken, aber wozu sich das bisschen Leben schwer machen. Wer weiß, wie lange es dauert!

Eigentlich bin ich ja gar kein Kater. Ich bin nämlich der Kaiser von China. Glauben Sie, ich bin das gerne? Ich wäre viel lieber so ein nichtssagender, blöder Zweifüßler, der sich um nichts zu kümmern braucht und überhaupt nicht weiß, zu was er auf dieser Welt ist. Oder haben Sie vielleicht schon mal so einen Kretin derart springen gesehen, wie ich zum Beispiel springe? Na, da müssen Sie mir doch wirklich recht geben. Wie plump so ein Mensch ist, eigentlich habe ich fast Mitleid mit dieser elenden Sorte gekünstelter Natur.

Ich habe auch noch eine andere Wohnung. Denn meine Bräute kann ich unmöglich in meine Magazine einführen. Die fressen mir sonst alles auf. Mit denen wandel ich immer zum Professor Schweinskopf, so ein altes, verrücktes Huhn. Ich lese oft in seiner Bibliothek. Mich interessiert alles, wie ich überhaupt eine große Vorliebe für Gelehrte habe und sie protegiere, indem ich sie nicht beklaue, denn sie haben ja selber nichts zu fressen.

Ja, ich überrasche sie. Ich kann nicht ansehen, wenn so verdienstvolle Männer, Leuchten der Wissenschaft, hungern, und ich spiele dann immer Zauberer. So wundert sich der Schweinskopf immer, wo täglich die Würste, die Brötchen, die Kuchen her kommen, die seine Manuskripte vollfetten. Er glaubt, sie sind vom lieben Gott. Ach ja, wie leicht kann man so ein bescheidenes Zweifüßlerherz glücklich machen. Spaß machen mir eigentlich noch ihre Kinder. Für die bin ich schließlich noch eine Respektsperson und sie behandeln mich meist mit Achtung und Bewunderung.

Natürlich darf man sich nie zu viel mit ihnen einlassen. Man darf nie vergessen, wer man ist, sonst geht es einem wie kürzlich meinem Freund Isidor Schnittlauch. Dem haben sie den Schwanz mit Pech beschmiert und dann angezündet.

Ich weiß noch nicht, ob ich mir heute die „Fledermaus" anschauen soll. Zwar ist natürlich kein Vergleich zwischen dem menschlichen Gegröhle und meiner zauberhaften, fabelhaften Stimme. Die total kunstfremden, entarteten Zweifüßler wollten mich das letzte Mal prügeln..., wenn sie mich erwischt hätten.

Ich habe es nun aufgegeben, diesem Menschenpack musikalische Gefühle beizubringen. Aber es ist für mich ein kaiserlicher Spaß, so dicke, fette Möpse brüllen zu hören, dabei segeln sie mit den vorderen Pfoten, als ob sie Spatzen wären. Beim „Goldenen Ochsen" gibt es heute Rehbraten, so was schmecke ich immer kilometerweit. Tja, mit Klugheit erreicht man alles. Ich weiß nicht, soll ich nun ein bisschen singen, nein, ich werde mich lieber erst ein wenig besaufen.

Dort drüben wohnt die Barbara Wichsbürste. Ein ganz guter Kerl, lockt mich immer: „Duci, Duci, Duci" – und hängt mir dann meistens ein Stück stinkendes Fleisch an. Die, wenn sie wüsste, was ich für ein Gourmand bin. Aber, da mir die Barbara Wichsbürste ganz gut gefällt – sie könnte fast eine Katzenfürstin sein –, fresse ich ihr Zeug aus Sympathie.

Gewiss, ich habe auch Torheiten begangen, wie könnte ich sonst so weise sein! Meine Liebe zu Christine von Blunzenkas hätte mir fast den Kragen gekostet. Gott! Wie war sie süß, dieser Trampel! Du lieber Himmel, jeder macht eben seine Dummheiten. Zwar war mir manches sehr unästhetisch an ihr. Oder bürste vielleicht ich mir die Zähne und schneide mir die Krallen? Und doch denke ich mit leiser Wehmut an ihre blonden Locken, von denen ich noch heute in meinem Magazin eine Portion besitze. Auch ein seidenes Taschentuch, das ich, wenn mich hie und da Erinnerung befällt, lächelnd beschnuppere. Ihre Haare glichen den wogenden Kornfeldern, durch die ich so gerne wandere, ihre Augen waren ein dunkler Bergsee. Manchmal war mir, als sei sie eine Prinzessin, respektive meine ungeborene Tochter. Damals hatte ich noch Weltschmerz. Den vergaß ich, wenn sie mich an ihrem Busen hielt. Ach ja, sie war ganz süß, die kleine Frau! Ich war der Vertraute ihrer Seele. Wenn ich reden wollte! Aber ich kann schweigen. Wie küsste sie toll! Und wie sang sie so süß ihre alten Wiener Lieder. Ich fühlte mich fast wie ein Gott. Und heute noch, wenn ich manchmal ganz vertrottelt bin, singe ich, in Erinnerung an sie, den „alten Stephansturm"... Wie oft schlich ich mich nachts zu ihr! Wie konnte sie streicheln! Bei ihr konnte ich sämtliche Ohrfeigen meiner Katzendamen vergessen; und wie süß flötete sie mir ins Ohr: „Du bist mir doch der Liebste!"... Manch zärtliches Lied sang ich vor ihrem Fenster.

Zwar hätte, wenn ich nicht so verblödet gewesen wäre, mir schon ihre Äußerung – ich rannte mal im strömenden Regen zu ihr – „du Schwein, wie siehst du denn heute aus" – die Augen öffnen sollen; denn wahre Liebe setzt sich doch über alles hinweg.

Jedenfalls schluchzte ich eines Abends wieder wundervoll. Ich habe selbst Tränen vergossen über meine herrliche Stimme. Dass so was katzenmöglich ist?! Das Fenster war offen, ich sprang graziös in ihr Zimmer. Was sah ich? Sie, für die ich doch angeblich „der Liebste" war, lag in den Armen eines Zweifüßlers. Er war Chauffeur bei der Geheimratskäsefabrik. Mit so was betrügt man den schönsten Kater der Welt! Ich sprang wutentbrannt vom Diwan auf das Bett... vom Bett zum Tisch, riss das Tischtuch herab, sprang zum Toilettenspiegel, schmiss alles Gläserne herunter. Er und die Ungetreue machten natürlich alle Versuche, mich zu fangen, ich spottete schadenfroh ihrer Bemühungen, riss noch die Gardinen herab, zerkratzte dem Geheimratskäse-Chauffeur die Visage – Gott, wie unintelligent und blöd sieht so ein Zweifüßler aus – ein waghalsiger Sprung... ich war gerettet!

Manchmal gehe ich ins Kino. Der Chaplin hat sehr viel von mir gelernt. Aber er ist gut. Mir ging es auch früher so lausig. Heute noch bin ich zu Tränen gerührt, denk' ich daran, dass ich einst Mäuse fangen musste, um nicht zu verhungern. Und so sank ich, dass ich sogar von der Krämerin Scholastika Weinberl verwässerte Milch soff; und wie oft lebte ich nur von den Abfällen unter den Wirtshaustischen. Man muss sich eben bescheiden lernen; heute bin ich zufrieden, habe ich ein gutes Fläschchen Bier und einen anständigen Gänsebraten. Man darf von diesem lumpigen Leben nicht mehr verlangen, und so man eben genügsam ist, wird man immer belohnt. Tja, das sagte ich mir stets, nur den Mut nicht sinken lassen, Kopf hoch, Josef Mayer, du bist und bleibst ein Kerl, guck mal in die nächste Wasserlache, schau mal, wer da raus schaut: Ha, ist das ein Kerl, oder ist das keiner? Diese Schönheit, diese Grazie, dieser goldene Humor, diese silberne Melancholie! Und erst dieser Geist, diese Anständigkeit!!

Warum haben diese armseligen Menschlein nicht so einen Kerl. Wenn ich mal wieder besoffen bin, denn das muss ich sein, werd' ich mal einen „Ratgeber für Zweifüßler" schreiben. Da könnt Ihr Euch danach richten, wenn Ihr Kultur lernen wollt. Aber mir ist es wurscht, Ihr könnt mich auch so gerne haben.

Oft träume ich vom himmlischen Schlaraffenland, wo die schönsten Katzen wandeln und lauter Gebratenes herumfliegt. Dann sehe ich keinen Grund, warum ich aufstehen soll. – Ich rege mich nie über Kleinigkeiten auf und über ernste Angelegenheiten überhaupt schon gar nicht, die Unwichtigkeit allen irdischen Geschehens kann man nie genug übertreiben. Morgen ist ein ebenso guter Tag wie heute. Ich lebe in einer anderen Welt wie Ihr, und geht's mal wirklich nicht ganz gut, so träume ich vom Paradies. Denn, dass es ein Fortleben nach dem Tode gibt, ist doch klar wie Schweinebraten.

Es ist nicht immer Feigheit, wenn ich mich aus Gefühl für Reinheit nicht gleich mit jedem Schuften und Halunken einlasse. Ein Feind muss mindestens meiner würdig sein. So lebe ich, stehe fest und bin beschützt, mag der Wind heulen, die Woge schlagen und der Zweifüßler töricht sein. Nur von den einzelnen gekannt werden, gehört zu meinem Wert. Denn ich bin ein Genie! Und bleibe es!!

Nun rauche ich mir eine echte Havanna an, lecke aus einer Flasche Benediktiner und träume von meinen verflossenen Herzallerliebsten. Fast bekomme ich noch um drei Pfennige Mitleid mit dieser herabgekommenen Menschheit, hauptsächlich mit diesen Europäern (bloß die Inder und andere hochkulturelle Völker wissen, was sie an uns heiligen Katzen haben!).

Natürlich kann man von so einem unfertigen Zweifüßler-Individuum nicht katzliche Kultur verlangen. Das wäre zu viel. Aber immerhin könnte er sich an mir, dem Kater Josef Mayer, ein musterhaftes Beispiel nehmen, zu seinem Nutzen und zu seiner Ehre.

Die Bühne Heft 378, 1934.

Der Affe als Heiratsvermittler

Graf Oldagner, unter Philipp V. lange Zeit Vize-Exkönig in Peru, war endlich der Täuschungen, des Glanzes und der Schmeicheleien müde: sein ernster Sinn hatte an dem Spiel der Menschen nie Gefallen gefunden, und zuletzt war sein Widerwille gegen eine Gewalt, die alles Bessere in Ohnmacht erhalten soll, so mächtig, daß sein Ungestüm, mit dem er um Entlassung bat, Gehör fand. Er ging nach Valencia, der Stadt, in deren Nähe er große Güter besaß und lebte dort der Erziehung seiner schönen, einzigen Tochter Eleonora. Sie war kaum zur Jungfrau herangeblüht, als sich Freier in Menge um die schöne, reiche Erbin bewarben. Eleonora unterwarf sich scheu und errötend den Wünschen ihres Vaters; diesem aber ward die Wahl schwer, denn er zeichnete drei der Bewerber aus, nämlich: Juan, den Neffen des Herzogs von Medina, Lope, den Sohn des Premierministers, und den Chevalier Alcantara.

Einst fragte er seinen Intendanten, Don Miguel, einen erprobten, alten Diener, um Rat. „Herr Graf!" sagte Miguel, „ich traue mir selbst keine Entscheidung in der Sache zu; aber ich meine, wir tun wohl, ein Hilfsmittel zu wählen, das zum Ziele führt. Ihr wißt, daß die Affen gar gern und leicht die Manieren der Menschen annehmen, die sie vor sich sehen. Wie wäre es, wenn Ihr Euren „Gaspardo" – so hieß der Leibaffe des Grafen – einem jeden der drei Freier auf einige Zeit unter irgendeinem Ehrenvorwand ins Haus gäbet? Wir erfahren dann vielleicht durch ein Zeichen, was von den drei Freiern zu halten ist!" So hinterlistig dies auch anfangs dem Grafen dünkte, ließ er sich doch zureden; Gaspar Gaspardo ward in einem rotsamtenen Rock gesteckt, erhielt einen staatlichen Hut und besuchte zuerst Juan.

Als Liebling Eleonorens diesem sehr willkommen, ward Gaspardo der stete Begleiter des neuen Gönners. Nach zehn Tagen holte man ihn unter einem Vorwande wieder ab. Der Graf hatte eben Gesellschaft bei sich gehabt, als Gaspardo wieder heimkam. Ohne weiters warf sich der Zurückgekehrte über die Reste der Speisen und Weine her und schwelgte, bis er nichts mehr bezwingen konnte, dann sich in seinem roten Samtrock aufs erste beste Kanapee lagerte und einschlief. Der Graf meinte, es sei Hunger, man habe ihn fasten lassen; aber täglich wiederholte sich diese

Schwelgsucht, und so sah er bald ein, daß Don Miguels gleich anfangs ausgesprochene Bemerkung ganz wahr sei: Gaspardo sei bei einem Erzschwelger gewesen.

Dann wurde der nachahmende Gast dem zweiten Freier, dem Lope, zugestellt. Er fiel alsbald im Salon über einen Tisch her, mischte, nahm ab, gab Karten und war nicht vom Spieltisch wegzubringen. Der Sohn des Premierministers war also offenbar ein Erzspieler, mithin ebenfalls kein Gemahl für Eleonoren. Jetzt ging es zum Chevalier Alcantara. Von diesem kaum zurückgekehrt, war das erste, daß Gaspardo sich vor jedem hübschen Gesicht niederwarf und durch Heulen und sprechende Bewegungen eine so ausdrucksvolle Liebessprache redete, daß es sonnenklar wurde: der Ritter Alcantara sei ein Erzliebhaber!

„Nun, Herr Graf!" begann Don Miguel: „Ihr seht jetzt deutlich, daß keiner der drei Freier Eurer edlen Tochter wert ist. Es wäre gewiß von den traurigsten Folgen, wolltet Ihr einen derselben für sie wählen. Wenn es mir aber vergönnt ist, einen zweiten Rat zu geben, so wäre es der, Ihr ließet bei Eurem Reichtum die reichen Schwiegersöhne scheiden und schätztet nach dem inneren Reichtum des Gemüts. Wenn ich Euch da einen Vorschlag machen dürfte, so weise ich auf den jungen Maler, der Eurer Tochter Züge so schön und treffend entnahm, daß es mich dünkt, er habe auch ihr Herz gleich mitgenommen. Es ist ein wackerer junger Mann, der Sohn eines biederen Schiffskapitäns, der im Kriege gegen Portugal sich ruhmvoll hervorgetan. Zur Überzeugung können wir uns ja auch hier des Affen bedienen."

Nach manchem Überlegen gestattete dies der Graf, und der Affe ward aus Vorsicht zu dem neuen unbewussten Freier geschickt. Als die Probezeit um war, tat der Affe nichts als malen, sinnen und – unaufhörlich ein Bildnis küssen, von dem sich bald erwies, es sei kein anderes, als das der im Stillen angebeteten Eleonore. Was war zu tun? Der Graf sah über äußeres Gut hinweg, suchte und fand auch wirklich das innere Glück seiner geliebten Tochter in der Vereinigung derselben mit dem jungen, überglücklichen Maler. Gaspardo aber ward ein sehr wertes Hochzeitsgeschenk des jungen Ehepaares, dessen Glück er unverkennbar bewirkt hatte.

Illustriertes Familienblatt. Häuslicher Ratgeber für Österreichs Frauen. Heft 5, 1936.

Nekrolog
auf die arme Dienstmagd Leopoldine Weiss

Nachdem ihre Brüder sie um ihr immerhin beträchtliches Erbteil betrogen, mußte Poldi wieder bei fremden Bauern Arbeit suchen. Immer war ihr Köpfchen rührend geneigt, ein paar blonde Locken hingen ihr ins Antlitz. Alles, selbst das Geringste, tat sie mit Anmut. Und die lernt man nie, die muß einem mitgegeben sein.

Trotzdem ihr die falsche Welt schon übel mitgespielt, war sie stets heiter, sang ihre kleinen heimatlichen Lieder. Mit ihrer neuen Arbeitsstelle war sie zufrieden, man ließ sie gehn, sie tat ihre Arbeit, mehr wollte man nicht. Gewöhnlichkeit ist leicht befriedigt! Und das war gut! Da war kein Knecht und kein Bauernsohn, der ihr nachstellte. Freilich blieb ihr auch die viele Arbeit allein.

Tanzen war ihr zu leer und Sonntags nahm sie lieber ein Buch, das ihr der junge Lehrer borgte. Allerdings, so schön und gut kam ihr die Welt nicht entgegen, wie sie aus den Büchern strahlte.

Die paar Enttäuschungen, die ihr junges Leben ihr bis jetzt gebracht, nahm sie sich wohl sehr zu Herzen, aber sie fraßen nicht an ihr. Sie war zu vernünftig, zu natürlich und zog bald, viel zu früh! – die Konsequenzen. Sie war viel zu gesund und naturverbunden, um resigniert zu sein. Nein, sie nahm eben auf Grund ihrer Erfahrungen an, daß die Menschen halt das Lügen, Betrügen so gewöhnt sind, daß sie ohne Lug und Trug nicht mehr leben können.

So philosophisch dachte nun zwar die kleine, liebe Poldi nicht, aber die Summe, die Weisheit, war dieselbe: ein gebranntes Kind fürchtet das Feuer – mögen auch bei anderen Sprichwörter verlogen sein.

Jedenfalls hatte sie, die allem unsagbar innig und liebend zugetan, höchst wenig Liebe gefunden. Wer leer, hohl, und mit den Menschen spielt, wird mit Liebe überschüttet, wer liebt und aufrichtig ist, mit dem spielt man bloß. Selbst die Eltern nahmen sie als notwendiges Übel und den Geschwistern war sie zu sanft. Dann kamen die paar kleinen Liebschaften, wo sie ihr ganzes, treues Herzchen hingab und nichts, gar nichts dafür bekam. Wie unbewusst, weise handelte sie, als sie darauf eben von den Menschen nichts mehr erwartete und sich tröstete mit Blumen und Tieren. Mit den Blumen schmückte sie alle Marterl weit und breit, jedes Feldkreuz bekam seinen großen Busch Wiesenblumen, und da auch viel Franziskanisches in ihr, sprach sie oft lieb zu den Blumen und Tieren. Gar manche Maus, die in der tüchtigen Bäuerin Fallen ging, ließ sie frei, und die wütendsten, schlimmsten Köter der Nachbargehöfte leckten ihr die Hände. Die Kätzchen, die sie ertränken sollte, pflegte sie noch eine Weile in ihrer Kammer und brachte sie dann bei fremden Bauern unter. Natürlich galt sie bei ihrer Mitwelt für blöde und beschränkt. Entweder die Menschen zittern vor einem oder sie nützen einen aus. Ein drittes: beschränkt, verrückt. Als ob ein Tier mit seinen klugen Augen einem nicht mehr tröstete, als so ein Mensch.

Du hast ein Ende gemacht! Dieser Tage stand nun in den Tagesblättern: „Ungewöhnliches Selbstmordmotiv! Aus Absdorf im Bezirk Tulln wird uns berichtet: Die zwanzigjährige Dienstmagd Leopoldine Weiß hat sich auf dem Dachboden ihres Dienstgebers erhängt. Die Selbstmörderin, die geistig etwas beschränkt war, hat aus Kränkung darüber, dass eine ihrer Wartung anvertraute Kuh wegen Verfettung notgeschlachtet werden musste, ihrem Leben ein Ende gemacht."

Wie wenig kannten sie dich! Hätte ich deine Weisheit, wäre ich so „beschränkt"!

Aus Liebe hast du Schluss gemacht. Welch unsagbar große Liebe!

Menschen gehn von uns, Große, Gütige, Seltene – was kümmert es uns! – Alles, alles vergessen wir, alle Liebe, alle Güte . . . Du aber konntest nicht leben ohne die sanfte Liebe eines Tieres. Welche Größe! Welche Demut! Und welche Trauer! In einer Zeit, wo die meisten nicht wissen, wie sie den Nächsten ausbeuten und zum Narren halten sollen – gingst du, Edle, leise davon, und gingst für immer schlafen, kleiner Franziskus!

Niemand war bei dir, als man dir deine liebe Kuh genommen, nicht einmal dein altes Gebetbuch tröstete dich mehr in dieser grenzenlosen, unsäglichen Verlassenheit. Wer kann noch deine bittere Einsamkeit verstehen? Heute wohl niemand mehr!

So kamst du oft in den kleinen Stall, und wie freute sich deine Braune immer, wie lieb und traurig blickte sie dich an und wie dankbar, und was hast du ihr stets immer erzählt und natürlich verstand sie dich: „Ich bin zwar bloß eine kleine, dumme Kuh, aber weil ich dich sehr lieb hab, muß ich dich ja drum verstehen...“

Vor Gott dem Herrn wird dein Tod aus Kameradschaft mehr wert sein, als der gepriesene Forscher, der große Feldherr. Wenn du schon dem Tier die Kameradschaft so gehalten, was hättest du erst den Menschen beglückt und reich gemacht, der gut zu dir gewesen wär'. Wie selten sind unsre Wege und warum ist Gott so fern! So fern?

Hoffentlich, als du Kleines im Paradies aufwachtest, frei und erlöst von der bitteren Erde – wartete schon deine Braune; ja, so, beim Aufwachen war's ihre rauhe Zunge, die dir dein hübsches Gesichtlein leckte, wie ein Kätzlein ihr Junges. Und die Heiligen des Himmels haben sich mit euch gefreut, dass ihr nun wieder beinander seid.

Die Bühne, Heft 427, 1936.

Die Heimkehr

Der Müller Nikolau hatte lange Zeit in Ungarn verbracht. Er lebte sehr sparsam, gönnte sich kein Vergnügen, kein Kino. Höchst selten sah man ihn in den Gasthäusern. Sein ganzes Sinnen und Trachten gehörten seiner Mutter und seiner Schwester. In Oravica besaß seine Mutter eine Wirtschaft und die Schwester half fleißig. Nikolau konnte nicht schreiben. Nur höchst selten traf er einen Händler, der über Oravica musste; dem gab er viele Grüße an seine liebe Mutter und seine liebe Schwester auf, es gehe ihm gut und er komme bald und brächte eine schöne Überraschung mit.

Aber es verging ein Jahr nach dem andern, es wurde Herbst, es wurde Frühling. Solche Bauernschädel sind zäh, und haben sie sich einmal etwas vorgenommen, so kann sie nichts davon abhalten.

Endlich näherte er sich seinen sehnlichsten Wünschen. Sein Dienstgeber starb, setzte ihm zum Erben ein und er konnte endlich seine lieben Angehörigen überraschen. Traumhaft schön war die Heimreise. Ja, er wollte sich verstellen, mit seinem Bart würde man ihn kaum erkennen. Das hätten sie wohl nie gedacht. Sechzigtausend Dinare brachte er den beiden mit, jeder die Hälfte.

Glücklich lächelte er, als er endlich vor seinem heimatlichen Neste stand, die Tränen waren ihm nahe.

Es schneite. Wie herrlich würde der morgige Weihnachtsabend sein. Wie würden sie staunen und wie würden sie sich freuen. Eilig schritt er dem kleinen Gasthause zu. Mutter und Schwester erkannten ihn nicht. Er ließ sich Wein und Wurst bringen und als die paar letzten Gäste gegangen, zog er die Banknoten heraus und zählte sie vor den staunenden Augen der beiden.

Die konnten ihren Augen kaum trauen. So viel Geld! Mutter und Tochter zogen sich in die Küche zurück und sie beschlossen beide, den reichen Gast zu töten.

Die Mutter konnte es kaum erwarten, dass der Gast zur Ruhe ging. Aber dem war es gar nicht eilig, der Wein schmeckte ihm und immer wieder aufs Neue zählte er seine Banknotenbündel mit einem seltsamen Lächeln. Nikolau hatte sich seit langem nicht so wohl gefühlt, nur eine

Ziehharmonika hätte noch da sein sollen. Er lud selbstverständlich Mutter und Tochter ein, sich doch zu ihm zu setzen und fest mit ihm zu trinken auf das Wohl seiner Familie. Seiner Schwester tat fast der vergnügte Zecher leid. Jetzt noch so lustig und froh, war es nicht schändlich? Aber Geld ist eben auch eine schöne Sache, was konnte man alles mit dieser Summe machen? Endlich würde sie heiraten...

Sie zog sich mit der Mutter wieder zurück und machte ihr den Vorschlag, ihn bloß zu betäuben und ihm das Geld abzunehmen. Das Geld würde man doch so gut verstecken, dass es niemand findet, wer konnte ihnen schon nachweisen, dass sie es dem Fremden abgenommen. Es wären doch ohnedies noch Schlafpulver da. Die Mutter jedoch war für ganze Arbeit: ein Toter könne nicht mehr reden. Die Leiche würde man einfach verbrennen. Endlich wurde der Gast schläfrig und sie zeigten ihm seine Kammer. Er warf sich angezogen auf das Bett und fiel sofort in einen bleiernen Schlaf.

Wieder versuchte die Tochter der Mutter abzuraten, aber zuletzt überzeugte die Alte doch die Junge, dass es so viel besser wäre. Sie schlichen sich in den ersten Stock, wo ihnen schon lautes Schnarchen seinen sicheren Schlaf verriet. Die Junge leuchtete, die Alte trug ein langes Küchenmesser. Nicht das geringste Bedenken überkam sie, als sie ihm das Messer wiederholt in die Brust stieß. Nicht einen Seufzer hörten sie, nur das Blut quoll in dicken Strömen über das Bett.

Sie leerten ihm die Taschen und begaben sich in die Wirtsstube hinunter.

Während die Alte die Bündel zu zählen begann, blätterte die Tochter in den Papieren. Plötzlich schrie sie auf, reichte der Mutter wortlos den Pass des Toten, die Alte wankte... ja, es war kein Irrtum: sie hatte ihren eigenen Sohn ermordet.

Wilde Verzweiflung bemächtigte sich der Frauen, unfähig zu sprechen, fielen sie beide in eine bleierne Ohnmacht.

Ein trüber Dezembermorgen dämmerte, die Tochter erhob sich. Irre blickte sie umher, dann stürzte sie in den Hof hinaus, schaute in den tiefen Brunnen hinab und ließ sich fallen. Als der erste Sonnenstrahl auf die Gläser vom gestrigen Gelage fiel, erhob sich die Mutter, schleppte sich auf den Dachboden und erhängte sich. In der Wirtsstube lagen verstreut die Bündel Banknoten herum.

Das ganze Dorf war entsetzt. Ja, das Geld war schon immer verflucht und der Teufel treibt sein Spiel damit. Wie ganz anders träumte Nikolau von diesem Weihnachtstag, und was hat der Teufel damit gemacht!

Dies ist eine wahre Begebenheit, die sich Anfang Januar 1936 in Oravica ereignete. Die Wirklichkeit ist immer wieder lebendiger, wahrer, als die blühendste Phantasie und das Leben spielt Dramen, von denen sich ein Dichter oder ein Kinobesucher nichts träumen lässt. Sparsamkeit aber ist auch nicht immer am Platze, was für ein vergnügtes, sorgenfreies Leben hätte sich Nikolau bereiten können. Geld ist wohl eine gute Sache, aber es macht nie glücklich und von allen Teufeln ist der Geldteufel der schlimmste.

Salzburger Volksblatt, 28. Mai 1936.

Der Bürger von Russo

Dies ist eine wahre Geschichte aus unseren Tagen, die wieder zeigt, dass auch die Schlauen hereinfallen. Der Gemeinderat von Russo hat wohl kaum an die Folgen gedacht, die ihm entstehen würden, als er hunderte Bürger-Urkunden an Ausländer verkaufte. Wenn man ein paar Stunden die schöne Straße von Locarno Italien zuwandert, liegt plötzlich das entzückend malerische Russo vor einem, ein schönstes Juwel des Tessins. Die Geschäftstüchtigkeit und der materielle Sinn dieser biederen Schweizer hat ihnen schon oft unangenehme Folgen gebracht; so auch den lieben Russoern. Sie dachten Wunder wie schlau sie seien und was das Gold bringen würde. So konnte also jeder, der einen tüchtigen Batzen Geld dafür ausgab, und selbst wenn er auf dem Monde wohnte, Bürger von Russo werden.

Tatsächlich, das Geld in der Gemeindekassa mehrte sich, man wusste schon gar nicht mehr wohin damit.

Gewiss waren damals schon im Rat einige Miesmacher, die zu bedenken gaben: was aber dann, wenn diese Bürger plötzlich arm wurden und der Gemeinde zur Last fielen. „I wo," schrien die meisten, „wir verkaufen eben das Bürgerrecht nur an die ganz Reichen, unter 5000 Franken überhaupt nicht."

Und Russo bekam so viel Geld, dass es von allen Nachbargemeinden sehr beneidet wurde, umsomehr, als sich Niemand den Grund erklären konnte. Nur hie und da raste ein flotter Wagen die prächtige Gebirgsstraße hinauf, hielt vor dem schönen, alten, bogengeschmückten Gemeindehaus und dem meistens beleibten, behornbrillten Inhaber wurde vom Herrn Bürgermeister die Hand gedrückt. Der Motor rasselte, die Hupe hupte und der neue Bürger von Russo war auf Nimmerwiedersehen verschwunden. Die Russoer lachten sich ins Fäustchen, erstens über ihre Schlauheit und zweitens über den Patzen Geld. So ging dies ein paar Jahre; man verkaufte flott und teuer Bürgerrechte, aber hatte dafür nicht das Geringste zu geben als ein Blättchen Papier.

Eines Abends nun rückte am Marktplatz ein verlottertes Wägelchen an, mit Mann, Frau und acht Kindern – alles waschechten Zigeunern. Sie sammelten sich Holz, machten sich ein Feuer, brieten ein paar Hühnchen, die sie ganz, ganz bestimmt gekauft hatten. Die Bürger waren so erstaunt, dass sie lediglich nur vor lauter Entsetzen momentan gar nichts unternehmen konnten. Das war noch nie da. In diesem soliden, höchst anständigen, ehrbaren Städtchen, und noch dazu mitten am Marktplatz so ein Gesindel. Na, einen Tag wollte man noch ein Auge zudrücken, aber dann hinaus mit dieser verstohlenen Bande. Es vergingen ein paar Tage und es geschah nichts, als dass Hühner, Gänse, Töpfe nebst einem Schwein aus Russo spurlos verschwanden. Und so setzte sich nun also die hochlöbliche Polizei von Russo in Bewegung und forderte den Herrn Zigeuner auf, möglichst sofort mit seiner werten Familie das schöne Stadtbild nicht mehr länger zu verunzieren.

Der Zigeuner schüttelte sein edles Haupt, der Polizist redete, schimpfte – der Zigeuner schüttelte bloß, es vergingen Stunden mit Schimpfen und Schütteln, bis es der wackeren Polizei zu dumm wurde und sie telephonierte dem benachbarten Kollegen. Vereint wollten sie diesen elenden Fremdling schon hinausbefördern.

So stand also das ganze Dorf um den zigeunerlichen Palast, die Polizisten wollten eben selbst den Wagen aus dem Städtchen befördern, als der Zigeuner ein Blättchen Papier aus seiner rückwärtigen Hosentasche förderte und mit tränender Stimme heulte: „Schämt euch, so behandelt ihr einen Bürger eurer Stadt, nach der ich mich von ganzem Herzen gesehnt habe. Unter Mühen, einzigen Beschwerden und harter Not komme ich zu euch, voll Liebe zu meiner Vaterstadt. Bevor ich sterbe, wollte ich noch meine Heimat sehen und meine geliebten Mitbürger kennen lernen. Aus weiter Ferne komme ich zu euch, und ihr wie einen räudigen Hund behandelt ihr mich!"

Man schäumte vor Wut über die eigene Dummheit.

Was blieb auch übrig, um den elenden Kerl wieder los zu kriegen? Einzig und allein, ihm das Bürgerrecht wieder abzukaufen. Und die Miesmacher von damals jubelten, sie hatten es ja gewusst, dass es so kommen würde. Aber der schwarze Zigeuner schüttelte weiter den Kopf: ob man ihn für so niedrig halte, dass er seine Heimat verkaufe. Nein! Hier gedenke er seine alten Tage zu beenden im Kreise seiner lieben Mitbürger...

Man war verzweifelt.

Und bot ihm sogar das Doppelte der Bürgertaxe, und als auch das nicht zog, bat man ihn händeringend, doch das Zehnfache allergnädigst annehmen zu wollen. Nur mit Tränen in den Augen entschloss sich endlich der schwarze Zigeuner. „Aber" seufzte er, „mir blutet das Herz, meine geliebte Heimat wieder verlassen zu müssen."

So kam es, dass die Russoer einen ihrer anhänglichsten Bürger verloren, schweren Herzens zwar, weil sie so viel zahlen mußten, aber doch frohen Sinnes, dass sie ihn endlich los geworden.

Salzburger Chronik Nr. 181 vom 10.8.1937.

Über die Liebe zu Büchern

I.

Die Einzigen, die dir die Liebe lohnten, die immer da sind, dich zu trösten, die immer warten, dir Liebes, Gutes zu tun: die lieben Bücher!

Wo wären die Liebste, die Menschen, die so wie sie jahrelang auf dich warteten, bis du endlich kommst, bis sie endlich dich bezaubern, dich reich, groß und frei machen dürfen!

Freilich Bücher sind fast nichts ohne das Leben, zum Erleben, als die Bücher.

Dieses feine, zarte heitre Glück des Lesens, durch das wir weiser, glücklicher und besser werden.

Du sitzt unter Menschen, einsam, lächelnd über ihr Tun und Treiben. Du denkst: Wär ich fort, wär ich allein bei schönen, lieben Büchern – bei ihren Sehnsüchten, Träumereien, Wahrheiten! Oh, heim, zu den Büchern heimgehn! Auf dem Kanapee liegen und ein schönes Buch lesen ist ein Vorgeschmack der Seligkeit.

Was für Wunderwelten, unerschöpfliche Schätze warten nur auf uns! Und wir brauchen sie nur zu nehmen. Mag einer noch so arm sein, solange er liest, ist er reich.

Was hat das Leben sonst noch für uns? Weder Wein, noch Freundschaft, noch Essen, noch Lieben, noch das Bewusstsein der Tugend – alles enttäuscht, bringt Ärger Kummer Sorgen, Verdruss, Verzweifeln und zeigt uns Schwächen. Nicht die geringste Beachtung ist dies alles wert. – Nur in den Büchern allein liegt das Bleibende!

Die Menschen und ihre Werke vergehen, die steinernen Denkmäler verfallen in Staub, nur der Gedanke ist unvergänglich, ewig.

Nicht Macht noch Reichtum – nichts! Nur des Geistes Zepter dauert.

Ein Palast ohne Bücher – wie arm! Eine Hütte mit Büchern – wie unsäglich reich!

II.

Ja, ich fand im ganzen Leben keine besseren und treueren Freunde als die Bücher.

Heute noch grüßen mich Robinson und Rübezahl und all die tausend anderen schönen süßen und gruseligen Märchenbücher. Der Kindheit Maiental steigt wieder auf. Und heute noch trösten Stifter, Andersen, Thomas von Kempen, Armin, Brentano oder Eichendorff. Wie schön, wie unsäglich schön war es, als ich noch Knabe, auf sommerlichen Wiesen hingestreckt, über Hoffmann, Jean-Paul, Nestroy, Raimund und Shakespeare träumte!

Vom ersten Taschengeld wurden immer nur Bücher gekauft. Viele verstand ich zwar noch nicht, aber sonntags schleppte ich sie im Rucksack herum und freute mich am bunten Einband, an neuen Worten, blätterte verträumt und wünschte mir nichts, als täglich lauter Bücher kaufen zu können. O Seligkeit, als ich alle nur auftreibbaren Bücher auf unseren Boden schleppte, sie aufstapelte – alte Säcke ersetzten meine Perser – und drin rumwühlte, während ein Mairegen aufs Dach prasselte. Was andere – jeder tut eben, was ihn freut – in Krawatten, Zigaretten, Münzen, Briefmarken anlegten – ich kaufte Bücher, nur Bücher und wieder Bücher. Und noch heute – in vielen Ländern war ich – vergaß ich oft alles Schöne um mich herum und stand stundenlang bei den Bücherwagen Berlins, den Antiquaren in der Schweiz, in Paris, in Wien, in Italien, in Kopenhagen. Jedes schöne Buch war Entdeckung und Freude an der Entdeckung, auch wenn ich's ein zweites Mal las. Und ich würde eher ohne Hut und Mantel als ohne Bücher reisen.

Die Sammlung meiner Jugendzeit ging wie alles, alles verloren. Auch später noch erwarb ich öfters wieder große Sammlungen und in Zeiten der Not und des Elends mussten sie wieder um ein Nichts verkauft werden. Aber noch heute freue ich mich über alle Maßen, find' ich wieder irgendwo billig ein Buch, das ich schon als Kind, als dummer Junge einst besessen, das ich mir vom Mund abgespart. Ich habe lieber gehungert, als mir ein Buch, das ich mir wünschte, nicht gekauft und in stillen Stunden des Friedens träumte ich dann, all meine geliebten Bücher, die, in Kisten verpackt, in allen Städten der Welt rumlagern, wieder einmal, endlich einmal gesammelt und geordnet um mich zu wissen.

Welcher unendliche Trost auch strömt aus den Büchern, für jedes Leid, jeden Schmerz! Sie lassen eine Dummheit, Gemeinheit der Mitwelt vergessen, trösten wie Mütter und weisen in morgenrötliche, schönere, bessere Zukunft. Von manchen Büchern muss man nur kosten, andere muss man verschlingen und einige wenige muss man kauen und verdauen.

Obwohl es töricht wäre, in der Regel vom Buch auf den Dichter zu schließen, so sind doch die wahren Dichter schon deshalb so tröstend, weil sie alle große Leidende.

Dante, Cervantes, Sokrates, Giordano, Bruno, Voltaire, André de Chenier, Reuter, Dostojewskij – wie litten sie alle! Ihr Leben war Flucht, Guillotine, Feuer, Tod, Gefängnis, Irrenhaus, Verspottung und Schlimmstes. –

Und waren sie doch alle nicht anerkannte Gesetzgeber der Menschheit.

III.

Was kümmern sich richtige Menschen um deinen Anzug, aber an deinen Büchern sehen sie, wer du bist. Und wenn du von Tausend Mark, die du einst besessen, nichts mehr hast – die Bücher, die du einmal um ein paar lumpige Mark erstanden – die blieben, und dir zu Gewinn, Veredelung, zur Freude.

Und die Armen! Sie klagen nicht wie die Reichen, sie sind glücklich über Bäume, ein Stück blauen Himmels – ein Buch! Sie sind so froh, sich über nichts freuen zu können als über einen irgendeinen zerfetzten und doch so kostbaren Schmöker.

Würden wir mehr lesen – wir wären bessere Menschen. Aber weil wir zu wenig in den Gottfried Keller, den Zschokke, den Gotthelf, den Storm gucken – drum steht's so schlimme um uns.

Viele haben wohl ihren Bücherschrank, aber er ist immer gut verschlossen, und sie haben für alles Mögliche, Unmögliche, nur nicht für ein schönes Buch Zeit.

Und ein Leben ohne Bücher ist kein Leben, und ein Tag ohne Buch – und sei es bloß ein Gedicht oder ein Märchen der Brüder Grimm – ist verloren.

Ein Mensch mit Geschmack liest nichts Schlechtes, und selbst aus schlimmen, unartigen Büchern lernt er noch. Siehe schon Shakespeare: „Vermeinst du, weil du tugendhaft seist, solle es in der Welt keine Torten und keinen Wein mehr geben?" Und Tolstoi sprach zur Gorki: "Oh, die Scham müsste einen abhalten, von Hässlichem zu schreiben. Das heißt:

Weshalb soll man nicht darüber schreiben? Nein, man muss über alles schreiben, über alles…"

Kein Geschenk ist so wertvoll wie eine schönes Buch; von der Schokolade bleibt nichts, und der Ring ist vielleicht zerbrochen schon – das Buch ist doch noch da und erzählt dir von dem, der dir's geschenkt. Aber nur Bücher, die du selbst erworben, erfreuen wirklich. Ein schönes Buch soll einem viel zu lieb sein, als dass man's verleiht. Man leiht ja auch keine Krawatte, keine Würste, keine Frau, keine kostbare Briefmarke, all das, was einem lieb und wertvoll, borgt man nicht.

Ich möchte keinen zum Freund, der nicht die Bücher liebt und die Dichter, und halte sogar die Bücher als zauberhafte Medizin gegen manche Krankheiten. Wer keine Zeit zum Lesen findet, ist oberflächlich, denn keiner ist so klug, so gütig, so reich, dass ihm nicht doch noch ein Buch etwas zu sagen hat. –

Es hat immer unter den Büchersammlern komische Käuze gegeben, die vor keinem Mord, keinem noch so verwegenen Diebstahl zurückschreckten, nur um in den Besitz eines schmerzlich vermissten Werkes zu kommen. Für ein Buch gaben sie ihr Leben, ihre Seligkeit. Andere wieder wurden grotesk und verwunderlich. So habe ich einen Bekannten, der seine liebsten Bücher in Panzerkassen verwahrt. „Dass kein Straub hinkommt!" sagt er…

Und als ich einen armen Freund in seiner Mansarde aufsuchte, lag er fiebernd und frierend, um sich hunderte Bücher getürmt und weinte: „Sieh die zwei toten Mäuslein", sprach er, „sogar die verhungerten bei mir, weil sie bloß Bücher fanden!" Dabei blätterte er in einem alten, handgeschriebenen Kochbuch und faselte davon, dass er nicht in den Himmel will, wenn nicht Bücher da wären, und er die Sterne, Gottes Blindenschrift, für uns Blinde nicht lesen könnt". –

Freilich sind unzählige, denen die Bücher die Jugend genommen und die das Leben nur aus Büchern gekannt.

Ach, es blieb ihnen wohl viel erspart! Und doch ist es besser, vom Leben nichts zu wissen, immer Kind bleiben und es nur aus dunklen Büchern ahnen, drin das kostbarste Lebensblut eines großen Geistes einbalsamiert und verwahrt für uns Lebende…

Von fernen Ländern kam ich zurück, wieder heim, heim zu meinen Büchern.

Draußen schneit's. Ich lese…

Ich habe keine Wünsche, es bleibt einem ja doch nichts von allem Besitz, allem Leben. Man kann nichts mitnehmen … gar nichts. Nicht Macht, noch Reichtum, – nichts! – nur des Geistes Zepter dauert, nur der Gedanken ist unvergänglich, ewig …

Vermischte Schriften Verlag Anton Pustet Salzburg Leipzig 1935.

Salzburg

Das ist wie ein Bilderbuch für große Leute. Sie hat von hundert schönen Städten nur deren schönste Seiten. Man muss da aber immer das Gefühl haben, recht bald wieder abreisen zu müssen, das verschönt alles mit einer leisen Trauer. Zu allen Gassen schaun die fernen und nahen Hügel und weißen Berge herein wie neugierige Mädchen und liebe, gütige Groß- mütter. In unendlicher Liebe neigen sich die alten Häuser zueinander. Es duftet nach Wachs, Äpfeln, Wäsche. Vom Mirabellschloß klingt Musik herüber. In einer dunklen Gasse stehst du, da dich plötzlich immer wieder ein goldner Streifen rosa Sonne, mildes Grün und Sehnen überrascht.

Zwar ist die ganze Luft wie ein zartes, mädchenhaftes Parfüm, aber in der Arenberggasse duftet es immer nach Frühling.

Diese Stadt, die so süß von Liebe, von der Treue, von Sehnsucht geigt – man ist ihr verfallen wie einer Frau. Da beschleicht einen die Wehmut verklungener Tage der Kindheit, der ersten Liebe, der letzten Hoffnungen. Das Herz ist zu Tränen erschüttert.

Draußen in den Feldern hocken die Maler. Man spricht vom Herbst schon, rote österliche Schiffe segeln am Himmel. Du verlässt mit deinem geliebten Mädchen die Vorstadtgärten und wanderst durch die nahen Dörfer. Schöne Wirtshauslauben locken euch. Du träumst davon, es auch einmal so gut zu haben wie andere Menschen, und erzählst schönste Mär- chen. Ja, das Leben ist nimmer schwer, wenn man drauf pfeift. Gefahren sind keine mehr, lächelst du drüber... ach nein, du bist ja einsam...

Die ersten Sterne schillern. Die jungen Mägde weinen und seufzen: O du himmelblauer See... Des Mondes roter Türkensäbel glänzt phantastisch. Nie, ach, war mein Herz so überschattet! Und ich trinke ein Glas für die Nacht und die Melancholie. Ein Lachen klingt. Eine alte Heimattür fällt leis ins Schloss. Der Krämer hat schon zu. Man muss durch den Hausflur gehn. Vom Kapuzinerberg herab blasen zwei Hörner: O du himmlischa Vada, schick uns a klans Geld... Kätzchen putzen sich. Und früher einmal schrieb Mozart für all die kleinen Mädchen, die verträumt in Cafes und Konditoreien vom Leben schwärmen, die „Zauberflöte".

Um den Mönchsberg, an der Gstättengasse, sind Winkel, wie du sie nur in deinen schönsten Kinderträumen geschaut. In den uralten Kastanienalleen wandeln Verliebte, um die Stadtmauer blühn die späten Herbstfalter, Brunnen plätschern.

Die Dinge sind nicht tot, sie leben mit uns. Diese uralten Gassen, die steinern Wappen, Portale, mystischen Durchhäuser, Schlösser, sie lebten mit uns Menschen, sie nahmen manches von unsern dunklen Herzen an.

Und nachts denkt man erschrocken an dunkler Wälder Bäche, an ein lang verstorbnes silbernes Lachen wieder, an ein weißes Alpenhotel, an ein entschwundenes Kinderspiel und dass wir eine Seele haben, die von uns stiefmütterlich vergessen ward!

Und du seufzst um eines letzten unsäglichen Enttäuschtseins welken Rosenkranz. Oh, die Meere der Wehmut ertränken das Herz! Ach, als ob wir nicht viele Wege gehen müssten, um zum Herzen zu finden...

Das kann man nicht sagen. Kann man ein herrliches Vanille-Eis, den Duft des Maiglöckchens, ein bräutliches Erröten, eine heimatliche Speise, das edle Trauern gefangener Tiere beschreiben? Ich glaube kaum.

Freilich, alte Gassen mit spielenden Hündlein, dunkle, gespenstische Häuser, Klosterhöfe mit schönen Kindern, verträumte, kleine Kneipen, die alle auf dich warten, draus Zithern wie Nachtigallen schlagen, verzauberte Hügel – ja, dies alles gibt es überall, ist woanders auch oft; aber vielleicht doch nirgends ganz so wie hier. Nirgends klingen die kleinen Lieder: Wenn die Schwalben heimwärts ziehn; Gute Nacht, du mein herziges Kind – so herrlich, nirgends klingen die alten, lockenden Walzer von Strauß, Gungl, Lanner so rührend lieb wie aus diesen Gärten, wo du allein mit deinen paar letzten Hoffnungen verweilst.

Aber wie schön dies alles, weißt du erst immer, wenn du wieder fort bist. Wenn man nimmer da ist, weiß man dann plötzlich, dass diese Stadt eine Heimat ist, so wie sie uns manchmal aus Kindertagen, aus alten Ländern, aus schönen, lieben Bildern, einer süßen Erinnerung aufsteigt.

Ach, wieder fort, wieder draußen in Fremde und Bitternis, unter verirrten, betörten Menschen sein, und doch, wie tröstlich ist es, zu wissen: auch über der Heimat sternt derselbe Himmel.

O große Gnade des Lebens, arm zu sein! Entbehren zu müssen, wieder in Sehnen und Enttäuschungen durch große Städte irren und dann wieder in diesen uralten Alleen, kleinen Kneipen träumen, am Mönchsberg wandern, in der Ferne die nahen Alpen, den tiefblauen Himmel... Und überm Mozartplatz tröstet das Glockenspiel: Dort unten in der Mühle...

Wieder nachts vorm Fenster ein Wasser rauschen hörn! Vor Sonnenaufgang liegen zaubervoll ferne und nahe Landschaften und blicken schimmernd in die alten Gassen herein .... Erst in zwei Stunden löscht man die Laternen. In rosigem Morgenlicht glimmt die Burg auf, und langsam steigt die Sonne hinter dem weißen Gebirge auf. Morgenhell ist dein Zimmer und der Menschen Lärm macht dich froh.

Durch die Bierjodlgasse wanderst du übers Nonntalerkloster hinaus. Ein ewiges Ostern liegt in den Lüften. Hab Mut, kleines Herz! An stillen Dörfern vorüber, lagerst du zufrieden im hohen Gras. Wenn die Sonne dann in die Fenster der Burg brennt, als stünd sie im hellsten Feuer, und die Glocken alle so traumhaft schlagen, kommt vielleicht ein dunkles Ahnen über dich.

Ja, wo soll man leben? Aber es ist hier zu schön. Es ist hier nur schön, um in den Armen einer geliebten Frau, von treuen Freunden umhegt, so ganz, ganz langsam sterben zu können, die letzten Blicke um diese geliebte und doch so schmerzliche Erde, diesen blautraurigen Himmel mit seinen hoffnungsvollen Sternen! –

Am Nachmittag bist du in Hellbrunn. Der stille Park ist da von uralten, stählern, schilfbekränzten Weihern umspielt. Beete voll Rosen um die Statuen und umgestürzten Säulen. Die letzte Sonne flattert wie ein Schmetterling über Gras und Kies. Kühl fröstelnd weht es aus den Grotten. Ein leichter Nebel hängt in den Wipfeln der Pappeln. Da tönt die alte Orgel vom Puppentheater.

Mondlicht funkelt durch die Alleen. Und das Herz seufzt auf... Gib Ruh! Altes und doch so dummes Herz!

Und wenn der Mond droben über die Stadt schaukelt, wie eine von einem Mädchen angebissene Ananas, oh, dann rührt Musik wieder jünglingshaft dein Herz, und es schlägt wieder jung... ach, all die bitteren Enttäuschungen der Geliebten, denen man begeistert all dies Herrliche gewiesen, ihr Lachen, Verrat, Glühn, Betrügen, Fliehn – konnten dies kleine Ding nicht sterben machen, dann ist man wieder der dumme Knabe voll Hoffnung und Sehnsucht.

Dann wünscht man wieder, hier in geliebten Träumereien selig zu sein, und vertraut wieder den Menschen, dem Leben und den lockenden Fernen.

Oh, in der herrlichen, alten Gastwirtschaft zu Aigen zu hocken! Die ganzen Lichter der Dämmerung spielen hinterm Weinglas. Drüben, vom Schloss herüber, plätschert der Brunnen. Der ganze wilde Sommer duftet... Noch tropfen die Blätter der Bäume vom Nachmittagsgewitter. Dann *die* Treppen *hinab,* dorfeinwärts *dem Abendrot* zuwandern. Drinnen liegt die Burg mit den schönen Hügeln, alten Gassen und vielleicht auch wieder einer Hoffnung für dein armes, müdes, heimatlos irrendes Herz...

Das Blaue Heft Kulturzeitschrift Wien-Paris Heft 8 1933/34.
Später in „Vermischte Schriften" 1935.

LYRIK

Abend in Salzburg

Durch Zaubergassen summt der Mädchen Heimwegstern,
Die Klosterglocken zerläuten dein Rosenherz – Bloß ich bin fern.
Der Herbstwind guckt süß in der Sommerkeller Bürgerwein,
Wie muß ich unter fremden Fraun elend und trostlos sein.
Der Liebenden Kinderkuckuck grast aus goldnem Kahn,
Daß ich in der Ferne nachts einsamer sterben kann.
Knaben durchstreunen den Juli … eine Seele zirp Winter aus rotem Klee.
In der Fremde tut mir die schönste Abendstunde weh.
Maria und der Liebe Gott und der Himmel ist bloß bei dir,
Draußen aber martern die Menschen mich wild und irr.

Hellbrunn

Park meiner Kindheit! Deine zarten Blicke
Betörn mich wieder, als sei nichts geschehn;
Laß mich, so tot von all dem Weh und Glücke,
Als welkes Blatt in deinen Weiher wehn!
In deinen Grotten schlafen meine Träume –
Die reinen, die mir wohl ein Stern geschenkt,
Das weiß ich aber nicht, die schönen Träume …
Sie sind verschwunden, weil ich sie gekränkt.
Und deiner Wunder zarte Frühlingsreden
Erstarben auch und meine Schwärmerein.
O Park! verzeih mir all mein wildes Leben:
Ich dürft ja keine deiner Blumen sein!

Wanderung über Gmain nach Salzburg

die Sonne auf goldne Kirchuhrzeiger scheint.
Einsamer Schandarm Zigarette raucht. Ein rotes Kätzlein springt im
      weißen Schnee.
Zwei dunkle Augen fließen an Deiner Sträflingsmühle vorüber.
ein Pferd an harter Deichsel nagt. Schon schimmert der Mond ein
      dünnes Biskuit am Himmel, ein
toter Rabe streckt an der Moorstraße, die Berge liegen wie die
      abgestreiften Kleider einer schönen Frau.
Eine Rehspur führt in den Wald. Fern ach
fern liegt meine Heimat. Ein Heizer
klebt an seinen Kessel eine alte Ansichtskarte, arme
arme Mütter schleppen ihre Kleinsten am Schlitten. Eine
Hure winkt dir, letzter Briefträger des Tods

Morgenspaziergang im Park zu Hellbrunn

Ein kleines Glück macht stolz und wanderfroh,
Ein Knabe lieb auf einer Mauer hockt,
Ein Hund durchschnüffelt wild ein Wurstpapier,
Ein Kind weint der verlornen Puppe nach.
Und schneeiger Sonntagabend Kindheit fiebert.
Der Schwermut Käuzchen tränt und Kater streunen
Vergongt ein häßlich Weinen um den Weiher
Ach schneller noch als Schwalben und Gedanken
Rast unsre einst geschworne Treu. Das, was du
Verlangst, kann dir die Welt – ein Weib nicht geben!
O Gott, gib doch mir auch ein kleines Glück,
Der Seele blinde Augen schrein sich tot.
Wann wird der Schnee ach wieder lustig von
Den Dächern tröpfeln. O und märzlich harft
Das Herbstparfüm und Glück-Braun einer Frau
In ewiger Erinnrung an die alte schöne Zeit.

Mühle bei Anif

Nun rötet Juni schon die Vogelbeeren,
Ein Falke lockt den muntren Finken tot.
Am Weiher frühlingt unser Sommerboot,
Dem Liebesbrief entblitzt der Kirschkern.
Ach daß ein mondnes Leid Dein Herz betang!
Nun war ich blauer Spiegel Deiner Hand,
Ein roter Schurz harft müd ums Winterland
O Sturm du bellst verstorbne Sünden bang.
Zwei Raben schaun der Sonne Bluten zu –
Bald stehn wir vor der letzten Kindertür.
O Kornfeld meiner Herbstmohnsterne. Du
O Gott wie bist Du oft uns nah und schön –
Was läßt Du uns so schwer nach Hause gehn??
Mein Urgroßvater kam heut Nacht zu Dir …

Salzburg / Sigmundsplatz

Ach, früh am Morgen Glocken traurig geißeln. Aus
braunen
Fenstern duftet Zichorie. Und die Tauben
Flattern. Brauner Winter im Mund … und
Das hausmütterliche Tun eines goldnen Mädchenarms.
Der Trauer Schlitten klingeln. Die Sonne malt
Der Schmerzen knisternd Tannengrün an dein purpurn Haar. Der
Treue Pfefferkuchen lockt. O golden
Starb deiner Stimme Schwärmerei!
Vorbei das süße Es-war-einmal eines Knabenmärchens,
Täglich kehrt die Stunde meiner Hinrichtung.
Bitte um Hilfe verblutet. Dein weißer Schleier schluchzt,
Verklungner Zeiten Seerosen sommern. Kind mit Kirschen
Lächelt vom blauen Berg. Verschneiten Parks Legende
Schreit auf. Ein Schatten spiegelt

Der Jahreszeiten Frühlingskinder. O golden
Starb deiner Kindheit Schwärmerei.

Trauriges Stück

Da sah ich alle Menschen krank und wund –
Die Toten leis ans rote Fenster klopfen,
Da malt die Sehnsucht keinen Schnee mehr bunt.
Nun bist du alt. Der Herbst ist längst vorbei,
Die Kerzen kränzen nimmer schwarze Wand,
Maria zündet schon die Sternlein an!
Ans Sterbbett duftet keiner Hoffnung Heu.
Im blauen Zimmer kocht die Gräfin Tee.
Zum Flusse nieder rauschet der Hollunder.
Im Haar der Vierzehnjährigen wächst ein Wunder,
Schlaf ein! ihr Lächeln tut dir nimmer weh!
Erinnrung föhnt dir keine Zauberklagen,
Nun bist du still, wie blinder Bettelgreis –
Und Gott – das dumme Kind aus lieber Sage
Laubt deine toten Knospen nimmer weiß.
Dein Morgen dämmert abendgut ... die Stadt
Weint ewig Gräber mir ans tote Herz.
Die Menschen sagen froh, nun wird's schon März.
... Der kleine Hund spielt noch mit welkem Lindenblatt.

Wien

I.
Die Gläser klirren rot. Die Uhr blieb stehn.
Gott spricht leis: Nein, so war es nicht gemeint.
Die Menschen haben wohl ein Wort wie: Glück,
Wer weiß, was heut die Zeit noch aus uns macht.
Ein Baum mit Moos, zerklirrt im Stundenfraß,

Da lachst du im türkisnen Morgenkleid,
Ein Kind möchte, ach, so gern nach Afrika,
Und Neger werden oder Lieber Gott.
Und Seelen sind wie Kleider frühlingsbraun,
So wie der Äpfel Widerschein leis fällt
Aufs müde Antlitz dieser schönen Magd.
Der Blumen ewges Sehnen ist so sinnlos,
Die öden Tage öffnen sich wie Zimmer,
Wer immer unterwegs ist, der verirrt sich leicht,
Das Abendrot ist wohl ein blauer Brief an mich.

II.

Aus lauter blöder Langweil leb'n wir fort,
Ein Donner schreckt uns. Eine Dame lacht,
Ja, unsre Schmerzen sind die Nacht.
Ein Hof singt: zieht im Herbst die Lerche fort.
Hör auf! Es ist um deine schöne Bluse schad,
Ein alter Graf möchte eine Reise tun,
Die Donau wird so plötzlich frühlingsbunt,
Hans kauft Revolver sich und Limonad,
Berta macht Szenen, ach, und kränkt sich doch,
Der Ingenieur zum Thermometer blickt,
Du Depp bist auch in einen Baum verrückt,
Ein neuer Schlips lenzt, schwarzer Strumpf verglockt,
Die Trambahn blecht. Ein Bürstenhändler stirbt.
Kastanien kränkel an der Hitze. Schrill
Rasen Trompeten. Roß scheut, Unglück grillt.
Die Wache stelzt. Ein loses Fenster klirrt.

III.

Ein blonder Backfisch maischick Tennis spielt,
Bei Hofrats duftet Mehlspeis zart,
Ein schönes Kind ißt Kirschen auf dem Markt,
Ein Gymnasiast in blöden Büchern wühlt.
Der feige Lehrer liegt auf seiner Frau,

Aus einer Mietshaustreppe strömt Kaffee,
Die Mama schimpft, weil Ida Nasen bohrt,
Vom Klopfbalkon fällt müd ein Liebeswort,
Und Gas zischt, und ein alter Säugling grinst.
Auf einmal ist ein Märzgewitter da,
Die junge Köchin stinkt schier aus dem Mund,
Wir warten in den Straßen wie ein Hund.
Und Stühle wackeln. Nachttöpf treiben Algebra,
Und Windeln trocknen, und im Krautsalat
Sind Würm. Ein seidnes Bett wird nie gemacht,
Zerbrochner Teller weint die ganze Nacht,
Am Speicher liegen Zinnsoldaten stad.

IV.
Die Tochter möchte heut in den Zirkus gehen,
Ein Girl pfeift süß: ach gut, dass du rasiert.
Die Schwangere sieht so gelb und traurig aus,
Ein Bierglas bricht. Ein Kind weint still im Nebenhaus.
Arbeiter krempeln Hemden auf. Der Fürst
Klopft seinem Portier auf die Schulter. Süß
Und Trällernd Ruth Gefrornes ißt.
Du rotes Buch mich wieder blau betörst,
Roleaux sind runter. Taumeln sie zum Bett.
Er zerrt am Haar, am Kleid, am Strumpf … nein, laß,
Du schau, es geht ja nicht: ja küß, du laß,
Aah, bist du wahnsinnig. Du, du, o nein.
Sie kratzt und wimmert, lacht und lacht wie wild,
Er würgt ihr schon die seidne Kehle zu.
Ein Kind fleht: müde bin ich, geh zur Ruh.
Ich Tor brenn Kerzen noch vor deinem Bild.

V.
Sie sind wie Fliegen, die am Leim noch hoffen,
Auf einmal ist ein Duft von Fäulnis da.
Die Knospen klopfen an das Morgenfenster,

Ein junger Mann sitzt einsam im Café
Im Stall der Knecht greift nach der blonden Magd,
Derweil ein Regen lind ans Dach hintropft,
Das Leben ward sein Weg zu Dir. Als Gott
Dich schuf, erschrak er und verstarb.
Durchs grüne Licht verdroßner Regen prunktet,
So wie die Träum, durch die das Leben rinnt,
Dein Haar schmolz rötlich in der schwarzen Sonne.
Wo Türen sind, ist's dunkel auch, und leer.
Die Bahnhofsdüfte wieder Güte zaubern,
Wie schöne Frauen, ach, die man nie begreift,
Die Schulter bebt noch vor verhaltnem Weinen,
Woher ich komm, da wachsen keine Blumen.

VI.
O Graus: des Andern Teufel ist der Mensch,
Die Armen sind wie Straßensteine, die
Von Jedermann sich treten lassen. Ach,
Du dümmste Stadt, der Hölle ärgste Schmach,
Die Greisin schlägt sich arm die Karten auf,
Gott! Wenn Du stirbst, lach ich mich mausetot,
Der Mond die alte Totentante kaut,
O Gott, Du Spinne, die uns Mücken frißt,
Und oft vergessen wir das Falsche, Gift.
Besinnen uns, das Menschen wir und gut,
Und wie die Menschen, sterben Städte ab,
Die Sterne sind uns nur noch Schiffahrtszeichen.
Das Tier, die Blume ist uns nur zum Fressen.
Und eine Kuckucksuhr schmolz im Dezember,
Da tun wir Dinge, die uns plötzlich morden,
Da handeln wir und wissen keinen Grund,
Mitten im Frühling ist es Herbst geworden,
Wo Lachen war, ist bloß Erinnerung.

Im Prater

Tief im Grünen siz ich – die Liliputbahn saust vorbei,
Mir ist so bang . . . heut ist der letzte Mai.
Zwei schöne Jüdinnen lächeln süß mir vis á vis,
Ein Grammofon spielt leis eine alte ganz ganz alte Melodie:
„Das Glück is a Vogerl", „Die Post im Walde" und „Wer hat Dich
              du schöner Wald" . . .
Ja, jezt ist Frühling und in mir ist Alles so kalt.
Die kleine Hansi war frech und ich hab sie zum Teufel geschickt,
Du lieber Himmel! als wär'n wir nicht alle mal blöd und verrückt.
Sie war so lieb, so treu, so fleißig und brav –
Aber ich bin halt bloß ein Dichter und daher bloß ein Schaf.
Zwar bin ich gescheiter wie ihr und streb nicht nach Gut und Geld.
Drei kleine Mädchen spielen Neger und ein Hund den Mond anbellt.
Man hat so sein liebes Malheur, seinen Wahn –
Und man freut sich, weil man endlich dann sterben kann.
Kleine, arme Hansi! werden Dir jetzt wohl Rosen blühn?
Ach wie oft bat sie mich, den hellen Anzug anzuziehn.
Das Leben ja, ist eigentlich schon recht, so wie es ist,
Man schreit fest Unrecht, ach, und hat doch Alles selbst verschuldet,
Und es ist billig, daß nur Der, der arbeit ißt,
Und ist nur Der befriedigt, der sein Ich erkämpft, erduldet.
Man lebt ach! nur für sich und die paar Bessern. laß Dir doch
              nicht ganz
Dies letzte Stücklein Jugend rauben . . . blick der Sterne himmlischen
              Glanz . . .

Braunau

Fremdling, an Scholastika Schuldenzuckers Krämerei gehst du
Vorüber. Ein Mädchen putzt die
Wirtshausfenster und lächelt dir zu.
Der böse Nachmittag kann nicht sterben.

Du denkst an ein stilles blondes Kind.
Kleine Buben, den Finger im Mund, gucken dich an als wärst du der
Liebe Gott. Ein Zirkus kündet seine noch nie dagewesnen
Sieben Weltwunder an. Wo
Wirst du morgen traurig sein, mein Bruder? Im
Palmgarten fällt das erste gilbe Laub. Ach, greiser
Knabe, der all seine bunten Träume verlor.
Wir armen Totengräber unsrer Sehnsüchte; unsrer
Seele Unkraut rast. O laß
Die Lüge des Sterbens, die Leben heißt. Vergiß
Die dummen Märchen der Dichter und froher Sommerkinder, die Sagen
Um einer Blonden blaue Paradiese und purpurn Knabenmorgen.

Sehnsucht im Cafe

Kein Mädchen ist zum Anschaun da,
Kein Beamter verfeixt sich blöd,
Es ist als ob wieder ein Unglück naht,
Und die Uhr sogar steht.
So traurig schaun alle Tische drein,
Niemand setzt sich zu mir,
Die Sessel klagen, der Spiegel weint,
Traurig rinnt ein Klavier.
O wär ich ein Kind noch, dann wär ich noch froh,
Dann braucht ich kein Geld, kein Cafe –
Und ich schäm mich so und ich langweil mich so
        Nach einer Pappelallee

Kaffehaussonett

Aus heilger Gertrud blonde Herzberg bitten,
Es wird ja nichts mehr so wie früher sein.
Die Gartenlaube rieselt Zauberschlitten,

Plafond gilbt silbern Stolzenfels am Rhein.
Der goldne Barbarossa Zeitung schlafet,
Ein Billardherz schmilzt Morgenrot und Geld
Die ihr verflucht an Abortsteine lafet,
Der Kellner unser Trauer Anziehn hilft,
Zigarre lacht erhaben Knabenprunk
Und Mond … Du willst ein bißchen edel sein,
In deinem Hirn hurn tote Schneegewitter,
Aus Mitternacht verliebtes Mädchen unkt,
Wie arme Kinder vorm Zubettgehn zittern.

Der Jahrmarkt (Auszug) VI

Ein Bahnhof uhrt verzweifelt Mohnkometen,
In Läden träumen goldne Spezerein.
Der Schuster will achatne Magd erbeten,
Die Brücke rost Erinnern uns hinein,
Aus Junilandschaft laubn Oktoberplätze,
Olivenkinder wäldern Gottes Haar.
Ich faul ein ekler Fidschi-Wuchrergötze
Dir, die mir gelb Johanni tot gebar.
Mansarde blökt nach jungen Himmelsleitern,
Ein Fenster Dom spukt blitzend Mutterhang.
Der Alchimist zerhurt Propheteneuter,
Mauskönig rätselt Mondkasernengang,
Kein Burgbach will die armen Apfel hirten,
Der Fieberwind verrauscht Unsterblichkeit.
O brach Gelübde! Frau am Abend! Myrte
Verelfter Schlafhand sommert schwangren Neid
Und müder Blödnis Schädelspiel bricht horchend
Wie Mörder, den verseuchter Richtkot pißt.
Einst quillt Erinnern schönes Veilchen morgen,
Und Ölbergseele liebe Ufer schifft.

Reichenhall

Ein alter Mann kehrt ab das Trottoir;
Sehr interessiert schaun ihm drei Kurgäst zu.
Ein Stadtrat wackelt stolz und meckt krukru.
Ein Jüngling wedelt in die Ochsenbar.
Ein Kurmusiker schreitet weltverachtend,
Er hält sein Winseln faustisch. Eine Hur
Stelzt durch die Affenstraßen rot und lachend,
Auf einmal bellt dich an die Rathausuhr.
Und einer Köchin brennt die Suppe an.
Drei fette Christen wackeln rund zur Bahn.
Ein Servierfräulein träumt von Mond und Nacht.
In diesem Nest hab ich an Gott gedacht.
Ein Polizist bewacht stolz Reichenhall.
O Fremdling geh aus diesem Leichenstall!!
Die Bürger muffeln Bier, Profit und Ruhm –
Mein Salzburg lächelt Stern und Avalun.

Münchner Hofbräuhaus

Leise plätschern die Worte. Beamte träumen
Vom Urlaub . . . alte Militärs
Verblühn der schönem Zeiten Zauberberg;
Eine kleine Ladnerin wähnt noch Frühlingsküsse unter
Sommerbäumen.
Oft freun sich Freunde. Die müde Kellnerin
Möcht sich später ʼs grüne Seidenkleid kaufen,
Arme bettelnd und beglückt vorüber laufen,
Mir wird so weh, wenn ich unter zufriednen Lumpen bin.
O, wieviel Erinnerungen wurden hier ausgegraben,
Da wird das Leben zum Märchen, zum Spatzenlied –
Oder wir stärkten uns, weil wir gemeinsam im Dreck lagen,
Blickten ins Sterben wie in einen Raritätenladen,

Lachten mit Fremden, die auch nicht an morgen dachten,
Und an die Sehnsucht, die immer wilder verglüht.

Dame in roter Bluse geht über eine Tiergartenbrücke

ein Herrenrad sehnt sich nach einem Damenrad.
Wenn ich stirb, bindet mir die rote Cravatte um.
in tausend Schöße möcht ich mich verpflanzen.
Ja, ich mach ein Abführmittel aus Dir und
des Cafés Beleuchtung schläfert dich ein.
Gott! heiliger Bardirektor –
dein in alle Welt hinaus Verlorner Sohn grüßt dich nie;
von Glassplittern träumt mir oft. Denkst du nach
was ein Butterbrot in Hamburg kostet. Deine
schönen Augen – kauf ich mir was dafür?
mein Herz, die Großstadt im Regen eitert. Du
Wasserschaf und Aff hast viel zu lang Urlaub vom
göttlichen Menageriedirektor. Den menschen
sind üble Nasen angepickt. Begeilt
sich Gott an unsern Herzärschen. Ein Spatz
wälzt sich im Staub. Ein Mädchen
wirft mir süß aprilne Blicke zu. Bier und Rettich
und Butterbrot schmecken lecker. Der Sonne
letzter Strahl, trifft's erste welke Blatt am Baum.
Komisch dieses Leben! da beten die armen
menschen zu tausend Heiligen und
Keiner hilft ihnen. Ein Pinsch
geht einsam wurschtverlorn spaziern. Ein
blondes Mädel verkauft Zigaretten.
So oft bin ich o Gott vor Dir gekniet –
Nun will ich nimmer! falscher Teufel DU

In Prag ...

Der ist wohl glücklich, der um ein Verlornes Glück
Laut auf schluchzt und in die Nacht hinaus weint;
Ich aber muß klagen um ein Verlornes Leben
Und meine Tränen wissen um kein Glück mehr.
Auch der liebe Gott hat keine Mutter und darf
Sich nie ausweinen. Aber ich bin nur ein armer Mensch!
Alles ist, als ob es schon lang verstorben,
Als käm nie mehr Weihnachten und Ostern und Mai . . .
Sonntags, ach, kochte die Großmutter viel bessern Kaffee.
Ach, so traurige Lieder spielt die süße Musik.
Ich denke der Mädchen die alle alle gegangen.
Ach ich mag auch nimmer „Rosemarie" pfeifen.
Durch fremde ferne Länder irr ich – Kannitverstan . . .
In Marseille aß ich Fische, in Prag herrliche Leberwürste,
In Moskau trank ich Rheinwein, in Neapel Muskateller,
In Madrid kauft ich mir ein gelb seidnes Taschentuch,
Und in Innsbruck einen ametystnen Bischofsring.
Ich habe mir Fraun gekauft, wie edle Trauben und Äpfel . . .
Aber kein Glück fand ich, keine Heimat, kein Zu Haus.
Zu keinem Herzen darf ich: O du mein Glück! sagen _
Nur weinen, beten darf ich für alle, alle!
In Salzburg zünden sie wohl jetzt die Lampen an.
Das Glockenspiel verklang; die Mädchen meiner Jugend
Ach, sie sind alt und müd und einsam geworden…
Du lieber Gott! Ich glaub an Dich und meine arme Seele

Deutschland

heute sah ich einen alten Knecht der schimpfend aus dem Armenhaus
davonlief weil ihn die Schwestern so schikanierten,
ich sah zwei Staatsanwälte die vorher Heilige zermetzgerten und dann
Elfjährige verführten,

ich sah einen Krüppel den Dank des Vaterlands: eine Drehorgel
    leiernd,
ich sah eine arme Hauptmannswitwe sich zum abendlichen
    Strichgang magdlich verschleiernd,
ich sah eine elende liebe gütige Frau die grauen Haare vor Hunger
    zerwühlen,
ich sah einen wirklich edlen Aristokraten in einem Vorstadtkino
    Klavier spielen,
ich sah einen verzweifelnden Friseur der sich vielleicht morgen die
    Schlinge um den magern Hals legt,
ich sah eine irre Greisin beim Spiel der Kinder tiefst und schmerzlich
    bewegt,
ich sah ein kleins Bubi den ausgestopften Bären küssend, ach wie
    traurig es aus Mutters leerer Speiskammer schlich,
ich sah eine arme Näherin die für ihre kranken Eltern schuftete, ihnen
    ein karges Margarinebrot aufstrich,
ich sah einen Knaben weinend an einem Gartentisch –
Und ÜBER dies Alles meckerten die patriotischen Henker und Mörder
mit hurraischem Natterngezisch.
o Geschichte der kommenden Jahrhunderte dich beschwör ich wild,
nachdem die Mitwelt so blöd brandmarke du dieser patriotischen
Rotzbuben und Raubmörder Affenbild.
O mein armes blutendes Volk gehn dir ach nie die Augen auf,
mußt du verreisen ohne rauchendes Märzgetrauf?
Deutschland du arme irre blutend im Winterwind,
Deutschland mein Deutschland ist denn kein Gott mehr der
Sich erbarmt, dich süß in seine Mutterarme nimmt

Minister Versprichalles von Haltenix

Um Dich ist schad, daß du ein Mensch geworden bist.
. . . trag das Closetpapier hin – neuster
               Würdenträger unsres Staats;
wirst du einst mein Sterbemonat sein. Kein Mensch

fragt Dich um Deine Ahnungen. Erinnre mich,
daß ich mir einen Revolver kauf und erinnre
                    mich dann, daß
ich mich erschieß. Wie in Tinte gefallne Fliegen, schleppen
wir Uns fort, alles besudelnd. Weh, eurer verstimmten
ausgeschrienen Stimmen. Tja, man müßte sich
                    diese erotischen
Genüsse seltener machen, um sich dadurch selbst wieder eine
richtige Freude zu bereiten. Das Gespenst des Monds
erschreckt den lieben Gott. Leg Dich auf den Bauch
                    und deck
Dich mit dem Hintern zu. Ich bin mit meiner
                    Gitarre verheiratet.
Früher war ich's mit dem Mond. Nur die Lieder
                    am Grammofon
die blieben. Ein Elefantenberg trottet heran. Wenn du
roten Wein trinkst, sieht man ihn Deinen Hals
                    runtergleiten.
Die Tiere sind kaum mehr wert als die menschen. Der
größte menschliche Feind: der Stolz. Warum
verreckst du nicht duftend wie eine Blume. Ich aber
                    bin ein Sonntagskind,
Montag geboren, Mittwoch gestorben, Sonnabend
                    wieder auf die
Welt gekommen. Gibst du meine Leiche her
oder ich schlag dir den Sarg um die Ohren. Stolz bist du
wie ein Klosett mit Kacheln. Kein Kind von
                    Deinen Zwölfen
ist von mir. Na, Weiber . . . wer auf zwei
Rebhühner zielt trifft gar keins . . .

Städtchen

Gott, ein fremder Mensch ist in der Stadt,
Nicht sympathisch der Popolizei,

Und vielleicht steht morgen schon im Blatt,
Daß der Hochstapler verhaftet sei.
Nur die kleinen Mädchen träumen nachts,
Daß er schließlich doch ein fremder Graf,
Tränen fiebern süß durchs Herbstgemach,
Und sie hörn Gitarren noch im Schlaf.

Der Mensch

Ich mache Ruh aus eurem Lärmen,
Ich blühe Welt aus eurem Tod,
ich mache Stahl aus eurem Brot,
aus eurem Wasser preß ich Sterne.
Ich mache Finsternis aus eurem Strahlen,
mit eurer Nacht will ich mich silbern malen,
mit euren Sonnen mach ich Eis –
Dein junges Herz mach ich zum Greis.

Maß und Gesetz

Je mehr du Dreck, so leichter wird dir's Leben,
Sei immer bloß Beamter und geh nur
Durch diese Pfütze wie die grauste Hur,
Laß dir für jedes Herz drei Groschen geben
Und schwindle, bis du nimmer weißt was Recht –
Was Lüge. Miß den Nächsten bloß nach deinen
Verlognen Masken, ach, und Seelenschweinen,
Sei immer Lump mit Herrn und Gott beim Knecht . . .
Und wenn sie dich mit ihrem Kot umziern
Und dir die letzte Träumerrippe brechen,
Vergiß nicht: »Tausend Dank, mein Freund!« zu sprechen,
Vielleicht wird einer dich dann in sein Lokus führn –
Und morde deinen Bruder ob dem Splitter,

Und deine Balken faß in Gold, verehrter Ritter,
Schenk Geld und Herz den feisten Pfaffen, blöden Richtern,
Auf daß sie amtlich dich zum Trottel trichtern.

Der Held

Der Eine lebt wohl jüdisch oder christlich
Und Beide bleiben leider unverwüstlich
Der geht zu A- und der zur Z-Partei
Und Beide schrein an Schreierei vorbei
Und der ist rot, der schwarz, der gelb,
    der braun

Die Meisten bloß chamäleonisch schaun
Und klüger noch du tätst dem Wind vertraun
Und keiner, KEINER der nach Besserm strebt
Und keiner, KEINER der bloß mannhaft lebt –
Nur Phrasen halten sie verzückt in Bann
WO aber, WO bloß ist ein MENSCH-
    ein Mann???!

Le Testament: Francois Villon
in Umdichtung von Haringer[*]
Das Vermächtnis

Und als ich hinstarb dreißig Jahr,
der Schanden tiefste trank –
kein kleiner Gott, kein größerer Narr,
vom ärgsten Kummer krank,
O Bischof, Hund! dein Straßensegn
du Judas ist mir nit,
ich bin dein Sklav nit und dein Reh,
verflucht was um dich blüht.

Vergeß dir nie dein Kerkerschwarz,
da draußen Sommer quoll,
dein Wasserfraß du ekler Ratz,
und Feme, Fraun und Gold ...
Geb Gott dir Herr was du mir gabst,
unnütz daß ich dir fluch,
was du mich gnädig liebend labst
sei auch dein Gnadenkrug.

Jesu der Paradiese Fürst
geb Treu was du verschenkt,
und was du hart und grausam schürst
er lenk's wie du's gelenkt.
O laßt den Pfaff für Feinde flehn,
Gott wird sein Richter sein,
Mein Beten muß viel Zorn hinschneen,
Denn ich bin müd und klein.

Da denk ich toter Kamerad
was soll der Bibeln Wortsalat
mir, den der Dolch einband;
so lern er eben mein Gebet
wie ich sein kerkern litt,
bis wieder Mai aus Flandern fleht
und Mond ins Elend glitt.

Wenn er mein Blut auch bang gebleicht,
ich will doch schweigen und
des siebten Psalms Verachtung schleicht
und macht mich jesuwund.
Bet ich zum lieben Gottes Sohn,
zu dem ich ewig floh,
der blüht mein Nöten gelb zu Mohn
und harft mich wanderfroh.

Er gab ja Leib und Seel so wild
und wieder knabengut,
MARIE dein heiliges Blumenbild
half stets mir argem Blut.
Und alle Heilgen sein gelobt
Und DIR mein König Sieg –
Glück Jakobs, Salomons Sternrot
um Dane Locken blüh.

In dieser Welt wo Alles schnell
Und elend hingerafft,
sei DIR Methusalems Lustquell,
sei Du der Größten Kraft.
Kein anders Unglück wünsch ich ihm
Und nur das Paradies,
er schien mein schönes Frankreich grün
und war wie Heilge süß.

Er hat mich aus des Bischofs Turm
befreit und nun mein Herz
schreibst du nach ärmster Jahre Sturm
die letzten Abendvers.
Weil ich mich elend fühl und schwach
und ohne Gut und Glück,
da Alles floh und Alles brach
schreib ich dies Winterstück.

Und wenn die Welt mich wieder hält –
dem König schuld ichs heiß,
da ward mein Irren wieder hell,
mein nächtges Zweifeln weiß.
Solang ich leb, so lang ich leid
lieg ich, ein Hund vorm Herrn
Und wars auch bitter, rollt dochs Leid
nun blau die tiefste Fern.

Und Tränen, Traurigkeit und Klagn,
Aufschrein in schwerster Nacht,
und schwarze Wandrung leer und bang
in böser Menschen Schacht –
dies wusch die Augen brauner mir
als aller Bücher Tand,
Ward ohne Kreuz und Stab ich irr,
getrost mich Gottes Land.

Und der den Pilgern Emmaus gut
hielt Falschheit fern und Riff
und wies mir guter Städte Mut
und füllt mein Hoffnungsschiff.
Wie sehr ich auch gefallen bin,
mein Sterben wollt Gott nit,
will einkehrn meinen harten Sinn
und lockt der Engel Süd.

Wie Mancher auch in Todsünd starb –
Gott lebt! sein ewges Herz
ließ stets dem Alter seinen Sarg.
Der Jugend ihren März.
So edel manche Mär bekennt
von Lastern jung und schön,
und wie im Alter Reue brennt
und Tränen drüber schneen;

Und will auch Mancher meinen Tod,
hat doch kein Glück davon,
ist doch die Welt so groß und rot
und aller Armen Hohn.
Kein Berg rührt sich für sie, kein Hund,
so eng ist's ohne Geld,
dem blüht kein süßer Sommermund
sind Stern und Bach vergällt…

Als Alexander noch regiert,
die Welt noch größer, ward
blutend ein Räuber vor ihn gführt,
kein gnädig Herz ihn barg;
zum Tod sollt er verurteilt wern.
Der Kaiser fragt »warum
bist du ein Räuber?« .. aus der Fern
die Schlacht ihm Ruhm hinbrunnt.

»Warum heißt DU mich Räuber« sprach
der Mann – »weil Winzigs ich
genommen, hätt ich Deine Macht –
wie Du wär Kaiser ich«
Wie still ward Alexander und
sagt: »ich werd dein Geschick
einpflanzen nun in bessern Grund,
wos schön und edel blickt.«

Und Jahre zogen hell herauf
und keine üble Schand
blich mehr die hohe Güte aus ...
O schien auch mir die Hand,
Und eines Alexanders Huld;
hätt einmal ach ich Tor
so Glück gespürt Gott, meine Schuld
blieb klein. So darbt und fror.

So blieb verflucht mein bettelnd Irrn,
ich Asche ausgebrannt
und keines Alexanders Stirn
hieß mich in heilges Land.
Ja bloß die Not trieb mich so schlecht
wie Wölfe aus dem Wald,
da hab ich stets mein Leid gerächt
und blieb doch dumm und kalt.

Was war ich lustig ach und froh
in grüner Knabenzeit –
Und über Nacht brannt ich zu Stroh,
in bittrer Jahre Streit.
Nun bin ich ein verfehlter Mensch
Und schwärzer als ein Mohr,
Vorbei der goldnen Flöten Tänz
die Treu und Liebe schworn.

Kein Gut, kein Taler ist mehr mein,
der Sippschaft Ärmster tritt
vor mich und leugnet daß ich sein
weil ich kein Stern, kein Glück.
Einmal hab auch ich Wurm geliebt
und würde wieder gut,
aber ein Herz so schwer und müd
und welk läßt's nimmer zu;

Ein Leib verhungert, krank und dorr
flucht alle Küsse fern,
Ein Andrer nimmt was SIE geschworn
und meinen Mai und Stern.
Auf meinem Platz im Hochzeitssaal
ein Andrer mit ihr tanzt.
Mir blieb die ärgste Bettlerqual –
den Andern Fest und Kranz.

Hätt ich die Zeit nit so vertollt,
hätt ich in Zucht gelernt –
wär mir ein Haus und Weib und Gold,
ein Lager kußumsternt.
So floh ich schlimmes Kind die Schul ...
ach während ich dies schreib
denk ich wie süß du einst verbuhlt
Und springt mir's Herz entzwei.

Nun fürcht ich nicht mehr daß mich was
verbrennt und überfallt,
Tod schlummert Alles hinters Glas,
was einst vermärzt, gequellt.
Wo ist der Freunde Gaukelei,
das Lied das mich verführt,
der Erste Herbst, der letzte Mai –
der Kuß der uns geziert?

So mancher gute Kamerad
der Treu und Glück versprach
Und schönes Wort und edle Tat –
Und nah ihr kühles Grab.
Die Einen tot, verlorn und starr,
HERR nimm's ins Paradies
und segne Was von ihnen war
und noch in Tränen ist!

Die Andern Große Herrn und stolz
und meistern freund und feind,
und Andre ohne Brot und Holz
und betteln nackt versteint.
Und schaun die Wurst im Laden bloß
und zweifeln in die Nacht
aus harter Fern der Frohen Ros,
in Fenster die umlacht.

Der Eine fand im Kloster Ruh,
ich blieb der Aermste Narr –
Mir hilft Nichts mehr, kein ICH, kein Du,
Mein Leben starb und WAR
Ich wurd kein Richter und kein Herr,
der Aermst von Allen bin
ich. Hört, mein totes Herz laut plärrn
und war doch einst so grün!

Und doch: Gelobt du süßer Christ,
Was ich gelitten, blieb –
weil Keiner Alexander ist
und meine Schuld vergibt.
Ach laßt die Kirche wo sie ist,
spricht andre Dinge stumm,
Ach Elend bloß aus Elend gießt,
o ewges Giftwarum –

Und Armut, Kummer, Trotz und Weh,
kein Sternlein schien mir ein,
da fiel kein blauer Heimatschnee
in schwarze Kerkerpein.
Der Ahnen Gräber ziert kein Stern,
o Vater armer Mann!
Uns blieb der Kronen Himmel fern,
Wir sind verdorrt, verbrannt.

Und doch, so bitter ich auch wein,
daß Alles mir versagt,
ein Kleines mir auch Tröstung haint,
da ich die Jahr verklagt.
Es muß ja Alles bald verfauln,
ob später ach und früh –
ich brauch auf keine Pläne schaun,
mir stirbt kein Weib, kein Vieh;

Mir raubt und stielt und brennt man nichts,
bin keines Engels Sohn –
Mein Herz wie eine Laute brichts,
versteint und ohne Lohn.
Die Mutter liegt am Sterbbett müd,
die arme Frau weiß wohl
wie arm ich blieb und ohne Lied,
wie stets ich starb und hohl –

Und doch ob Arm, ob Pfaff, ob Reich
ob Edel, Groß und Klein,
dem Tod ist Puz und Flitter gleich,
und Schmuck und Ehre eins.
Es starb Paris und Helena,
Wer stirbt – ach stirbt mit Weh –
dann ist kein Kind, kein Bruder nah
Und draußen Wald und Schnee;

Und stiller wird dein Hauch und Herz,
du schwizt den letzten Schweiß,
kein Schwester löst den ärgsten Schmerz,
da wirst du gelb und weiß.
Tritt Keiner nun an Deinen Platz,
dein Hals schwillt's Fleisch wird weich,
der letzte Schauder schwarz dich blaßt –
elende, ekle Leich!

An mir ist freilich nichts verlorn,
doch du, du schöne Magd,
daß du hinsinkst wie's Sommerkorn,
der toten Mörderjagd.
O könntest du so lieb und zart
ins Paradies eingehn –
O schöne Frau im schwarzen Sarg
Und droben die Stern hinwehn ...

---

* [1912] Diese Übersetzung von Haringer erschien im Jahre 1925 in der Zeitschrift *Die Bücherstube –
Blätter für Freunde des Buches und der zeichnenden Künste*, Vierter Jahrgang/Erstes Heft. Interpunktion
und Schreibweise wurden nicht verändert, außerdem im Band: „Die Dichtungen" (Potsdam: G.
Kiepenheuer 1925. 241 S.) In der Januarausgabe der Zeitschrift *Das Kunstblatt* (Herausgeber Paul
Westheim) – 10. Jahrgang 1926, wurde „Das Vermächtnis" – Umdichtung nach Francois Villon: „Le
Testament" unter der Überschrift „Jakob Haringer: Neue Gedichte" in 28 Strophen, also um 4 Strophen
kürzer als in *Die Bücherstube*, veröffentlicht. Daneben wurden die Gedichte „Knabensommer" und
„Lied, weil ich bald sterben muss" in *Das Kunstblatt* veröffentlicht. Haringer, der am 16. März 1898 zur
Welt kam, dürfte die Übersetzung kaum 1912 erarbeitet haben, wie bei der Veröffentlichung datiert.
Das wäre einem vierzehnjährigen kaum zuzutrauen. Im Band „Der Hirt im Mond" (*Stiasny Verlag*,
Graz Wien. 1965) herausgegeben von Theodor Sapper, ist das Gedicht „Vermächtnis" mit 10 Strophen
veröffentlicht. Sapper glaubt Haringers Angabe, er hätte dieses Gedicht 1912 ins Deutsche gebracht,
wie man seiner Einleitung entnehmen kann.

Königliche Litanei

und die Rosa / ist ziemlich Prosa / aber die Resi / hat viel Po-Esi / Ah mia Bella / geh abi im Kella / und bring mir an Telia / mit dein rot'n Deckl / bist a ganz a liabs Breckl / sag, wie heißt der Ort / mit diesem schönen Abort / O bleib bei mir und geh nicht fort / an deinem Herzen ist der schönste Abort / O, Marie / du bist wie ein Paraplüh / sag mir noch einmal das traute Wort / daß du für mich der schönste Abort / Tja, bis man's versteht / ist's schon zu spät / ich laß mich nicht reizen / und jetzt muß ich mich schneuzen / alter Zipfihadern / mit deiner Arschlochbladern / mit deinem roten Hute / der gestern bei meinen Hoden ruhte / Die Zeit ist vorbei / der Lustmörderei / Du stinkst aus dem Maul / dein Hintern ist faul / ohne Kraft und verschlafft / ich hab mich vergafft / mensch bleib allein / oder kauf dir ne Katz / aber ja keinen Schatz / der macht dich zum Schwein

Aubade in lila

Du Gast und Geist –
Vergraust, vergreist!
Zerfluchter Krampf,
Ach ew'ger Kampf,
Mit Gottes Fern
Und Teufels Stern.
Dein Schwur verflattert
Wie welkes Laub,
Verzweiflung klappert
Dich menschentaub.
Du Keil und Beil
Und menschenfeil.
Mensch unter Steinen!
Gott unter Schweinen!
Rast dich dein Herz grau,
Frißt dich die Weib-Sau!

Der liebe Augustin

Mein Herz, es klopft, mein Herz, es klopft,
Als ob ein Hausknecht Teppich klopft.
Das Herz, der alte Esel bockt,
Das Herz, das alte Pumpwerk stockt,
Mein Herz, es prasselt, rasselt als
Ein altes Fallbeil übern Hals,
Wie Pestgaleerenruderschlag,
Galgenaufzimmern früh vor Tag.
Wer hackt da Holz in tiefer Nacht?
Es ist mein Herz bloß, das so kracht!
Verstorben alle Melodie –
Der Metzger kommt zu jedem Vieh.
Mein Herz, voll Schimmel ganz vergraut,
Hart wie ein alter Klöppel haut,
Wie einer einen Sarg zuklopft –
Unnütz die Not bei Gott anklopft;
So wie ein leckes Schiff hinkeucht,
Wie Rinder würgen, die versucht.
Das Herz wie eine Hündin weint
Und ist in Wehmut ganz versteint.
Kein Efeu um sein steinern Bild –
Der Trauer Pest zerfraß es wild.
Mein Herz, es schreit, mein Herz, es schreit,
Wie Kinder arm im Sterbekleid.
Mein Herz, es schnarrt wie tausend Narrn,
So wie ein alter Schinderkarrn;
Mein Herz, der arme Totenwurm,
Ächzt wie ein alter Glockenturm ...
So wie ein Hausknecht Teppich klopft –
Kein Engel, der ihm Balsam tropft!
Das Unglück rauscht, das Unglück rauscht –
Keine Mutter auf deine Schritte lauscht ...
Wenn's Herz – ach, einmal Ruhe hätt

In deinem alten Puppenbett –
O wär's ein roter Abendtand
In deiner kleinen Kinderhand ...

Lied von den kleinen Mädchen

Ob auch die Marie, die Anna, die Guste –
waren alles, alles Verluste !
Von all den Schwüren, ach all den Lieben –
nichts ist geblieben, nichts ist geblieben!

Ob auch die Else, die Greti, die Berta –
ich bin nun kein bißchen weiter, gelehrta,
von all den Träumen, ach all den Lieben –
nichts ist geblieben, nichts ist geblieben!

Ob auch die Lotte, die Hilde, die Helga –
ich bin bloß älter und leerer und kälta,
ob auch die Irma, die Ruth, die Irene –
ich bin allene, ich bin allene . . .

Von all den Wunden und Stunden, den Lieben
nichts ist geblieben, nichts ist geblieben!
Ach wenn auch alles, alles vorbei ist –
Herz! mein Herz wart bis wieder Mai ist!

Ewige Liebe

Du warst nur immer auf Besuch –
Du warst nie ganz bei mir!
War alles bloß ein süßer Fluch,
Und alles bang und irr.
Dein Herz war nie zu Haus bei mir,

Die Liebe hielt nur Rast.
Mein Glück, mein Leben gab ich dir
Es war dir bloß ein Gast!
So wie ein Glas, aus dem man trinkt,
Man wieder bald vergißt,
Wie eine Saite, die noch klingt,
Obwohl kein Lied mehr sprießt;
So wie ein halb gelesnes Buch –
Die Tür fiel längst schon zu!!
Du kamst nur immer auf Besuch ...
Du letztes Märchen, du!

Land der Zauberei

Immer in Sehnsucht leben –
Immer zu Tode betrübt;
Immer steht man daneben,
Ewig war man verliebt!
Immer in Sehnsucht verwarten,
Immer enttäuscht und verbrannt,
Draußen vorm Tor und vorm Garten –
Hans ohne Glück, ohne Land!
Ewig in Sehnsucht verkümmern;
Ewiger Gletscher voll Eis:
Himmlisches rosiges Flimmern –
Strahlt ihm die Sonne zum Preis!
Ewig in Sehnsucht leben,
Wenn auch das Leben vergrollt –
Aber die Wunder weben
Teppiche silbern und gold.

Ballade vom möblierten Leben

War alles bloß ein Irregehn –
Bloß am Bahnhof war man zu Haus.
Den andern leuchten die Sterne schön,
Uns löschen sie längst schon aus.
„Möblierte Zimmer" suchten wir stets
Oder wachten in einem Hotel,
Und nebenan eine Liebste sang
Den „Walzertraum" so hell!!
Einmal, wenn man kein Hotel mehr bräucht,
Eine Bude suchen gehn –
Wenn ich einmal mit einer heimgehn könnt!
O Gott! wär alles schön,
So nachts käm man müd in die fremde Stadt,
Und das Glück, das wartet schon;
O wie schön, daß nun eine Heimat hat
Der verlorne Sohn …

Kameraden des Glücks

Altes Bauernhaus,
Droben am Waldesrand,
Guckst dir die Augen aus
Nach einer Kinderhand.
War eine lustige Zeit …
Alles versank!
Bloß dein Spätsommerkleid
Hängt noch im Schrank.
Spielst du Verstecken nur
Im Dämmerlicht –
Ach um die Sonnenuhr
Blühn Vergißmeinnicht.
Nur meine Pfeife, die glüht

Rot in den dämmernden Tag,
Bloß ein Frosch quakt noch müd
Über mein dummes Gefrag.
Ach übers Fenster hängt
Blauer Enzian –
Die alte Dachrinne fängt
Wieder leise zu singen an.

Die Zwergin lächelt

Ein alter Hofrat trinkt ein Viertel Roten nach dem andern.
Ein Dackel schämt sich sehr vorm kleinen Mädchen.
Ich bin so faul, so wahnsinnig faul, daß es schon
an größten Fleiß grenzt. Aus Umwerben
wird schließlich erwerben. Kriecht nur ins Bett mit Hurn,
weibische Männchen. O Geruch deiner Schenkel geistert
nimmer durchs Zimmer. Wie könnt ich leben,
wenn ich Geld hätt!! Der Reichste kann sich dies Alles
gar nicht kaufen, was ich nicht haben möcht. Grad
komm ich frisch und munter von meinem Sterbbett. Sind
im Himmel die Teufel und Engel in der Hölle?
Denn einmal habt ihr alle mich ausbeschwindelt.
Gott ist die Fliege die auf unseren Nasen hockt und
Gott zerstampft die Hoden uns am Pflaster. Was
brauchst du heiraten, wo du doch Zigarrn und Bier hast.
O göttliche Bierreisen zum lieben Gott. Eine Zigarre
ward nach ihrer Seelenwanderung eine Litfaßsäule.
Ich bin vom Mond runter gefallen. Der weiße
Totenhund erscheint plötzlich neben meinem Bett.
Alle Glücklichen sind gut – wer's glaubt! und
Zentner Schatten im Hirn. O ihr Fliegen, ihr Mücken!
nur Löwen und Adler wandern einsam. Wie
wirst du im Tod erst stinken, da du jetzt schon so stinkst.
Gottes Bettelbriefe lassen mich kalt. Schmeiß

deinen Kopf aufs Pflaster, daß er platzt
wie eine Frucht, die faul vom Zweig abklopft

Sommerlied

Freu dich, daß die Blumen duften
Süß bei Bauernbrot und Speck –
Laß die Schurken und die Schuften,
Laß den ganzen, ganzen Dreck!
Und die Sonne schimmert golden,
Und das Bier ist gut und frisch,
Schmetterling und Lindendolden
Flattern auf den Gartentisch.
Was gekommen, was gegangen –
Allem trink ich lustig zu!
Keine Wünsche, kein Verlangen
Stört die liebe Sommerruh.
Und im Herz blühn Mohn und Lerchen,
Und du lachst so wunderbar,
Kind! mit deinen alten Märchen
Täusche nicht mein graues Haar!
Denn ich lernt mich längst bescheiden,
Unnütz war, was all geschah ...
Blaue Nacht! du nahst so seiden,
Und die Sterne sind schon da ---

Sternengeschichte

spät am Abend Sterne fallen,
Peter wünscht sich Glück und Geld,
Eltern schimpfen. Höllen krallen,
Böser Hund die Nacht zerbellt.
Guck! was liegt denn da am Rasen,

eine Börse dick und schwer,
Peter! alle Engel blasen
und vorbei was bang und leer.
Feste. Mädel. Wein und Rosen.
Ach nun kam die goldne Zeit.
Frauen goldne Schwüre moosen –
war ja lang voll Leid verschneit . . .
Wieder fielen süß die Sterne,
Peter ging beglückt allein,
Kamen zwei vermummte Herren,
Frugen wie viel Uhr es sei.
Da – ein Blitz, ein dumpfes Knallen,
Lieblich guckt ein Reh heraus –
Spät am Abend Sterne fallen,
Peter bringt man tot nach Haus

Abend

Wir suchen in Jeder die Andre,
Wir finden in Keiner was war!
All unser Sehnen verbrannte
Und war doch der Morgen so klar.
Weißt Du, die Veilchen und Ampeln –
Ach so verdämmern auch wir,
An unser mailiches Wandeln
Band sich bloß welkendes Haar.
Häuser! sie winkten uns Gnade,
Doch ihre Türn warn verflucht,
Kindliche Sommergestade;
Ach wo bist Du, die mich sucht?
Toren, wir! ewig Verbannte!
Was hieß einst Glück und Altar . . .
Wir suchen in Jeder die Andre,
Wir finden in Keiner was war

Der Trompeter

Weil er die Tage der Rosen
Geblosen
Tutman ihm applosen

Kleins Lied

Die Abendglocken klingen,
Die Kinder gehn schon heim,
Die letzten Vöglein singen,
Ich denk an dich und wein . . .
Steh unter der rauschenden Linden
Was hab ich geträumt und geirrt!
Laß mich eine Herberg finden
Heilige Mutter Marie - - -
Meine Schuh sind lang zerrissen.
Mein Herz ist schwer und matt.
Mädchen spieln auf der Wiese - - -
Drübn glänzt eine alte Stadt . . .

Der selige Fuhrmann

Aber im Himmel oben
Muß er nur Englein kutschiern,
Und er ist extra oft böse,
Er möcht seinen Posten verliern.
Er war schon auf Erden so seltsam,
Er liebte nicht Dinge, die fein,
Er fuhr lieber Kehrichttonnen –
Und ging ohne Pferd nie heim.
Er tät lieber Bierfässer fahren
Als dieses silberne Zeug . . .

Maria mit den goldenen Haaren
Sich über den Fuhrmann neigt --

Der heilige Josef

Und als er oben im Himmel war,
Da ward die Zeit ihm lang,
Ihn ärgert all der Frommen Trara,
Samt dem himmlischen Gesang.
Und aus Langweil und zum Zeitvertreib,
Fing er zu hobeln an –
Und da läßt er beim Pförtchen alle rein,
Die man vorn nie aufnehmen kann.
Der Petrus schmeißt ihnen die Pforten zu,
Sankt Josef milder denkt.
Und beim Pförtchen finden sie rot und grün,
Ein paar schöne Stern nausgehängt.
Durch des Himmels Gartentürchen dann,
Schleichen sie alle rein,
Die armen Diebs- und Bettelleut,
Die der Petrus nie ließ ein.
Und nun friern sie nimmer und sind froh –
Der Josef schänkt ihnen ein,
Und sie weinen fast und sie schämen sich so
Wie arme Kinderlein.

Von den Toten

Lieber im Grünen sitzen,
als mit euch Idioten schwitzen!
Lieber besoffen und tot,
als von Euch Titel und Lob!
Lieber in den blaun Himmel schaun,

als eure Freuden und Checks und Fraun!
Ihr verreckt ja viel eher als unsereiner,
Ihr Schweine und alles Schöne Verschleimer.
Wenn die Mädchen lachen und die Blumen blühn,
müßt ihr zur Börse und für eure Scheißweiber
wie Esel ziehn. Wenn die Regen tropfen und Amseln dichten,
müßt ihr Beamtenwanzen echte Menschen richten!
Aber was ihr mich schlecht macht und narrtet –
nahm mir's zu Herzen wohl mal . . .
Heut, wo mein Kind auf mich wartet –
ist mir doch alles egal!!
Heut wo mein Kind für mich betet –
ist's mir wurscht, was ihr verblödet –
Man kann im Leben nicht immer tanzen –
freilich Pest bleibt Pest und Wanzen, sind halt Wanzen

Dies kurze Leben

„Das Leben ist so kurz!" – so jammern sie,
Verhasten, hetzen diese kleine Bahn
Und kennen keine Rast und Melodie.
»Das Leben ist so kurz!« – ihr toller Wahn.
Und haben »keine Zeit!« – die Sklaven, und
Sind angeschirrt, so wie der ärmste Hund . . .
Drum lob ich mir den edlen Müßiggang,
Da wird das ganze Leben zum Gesang.
Rennt zu und hetzt und peitscht und zählt und strebt:
Sagt lieber, einfach: Ich hab nie gelebt!

Es steht auf jedem Leichenstein ein Trost

Im Leben gibt's kein Kino, keine Helden!
Die Polizei sorgt, daß kein Gott, kein Feuer,
Und daß es keine tollen Abenteuer –

Und blüht ein Stern, sie muß es eiligst melden,
Wie traurig, daß die Dichter bloß romantisch
Und heut', ach, gibt's auch keine Dichter nimmer.
Du liegst im Zuchthaus oder Krankenzimmer –
Heut ist das Leben nur mehr dilettantisch.
Die Menschen wissen nie zu Was sie beten,
Um was sie fluchen. Alles wird zum Acker.
Verdienen sollen selbst der Mond, die Flöten!
So schuften und verschuften sie, bis wacker
Der Tod sie endlich holt von ihrem Morden,
Und Gott der letzte Polizist geworden.

Der Reiche

Was er erwuchert, verprassen die lachenden Erben:
Erst wenn es abgeschlachtet, genießen wir richtig das Schwein!

Bei der Morgenzigarre

Langweilig euer ganzer Krämerkram!
Es ist mir ganz egal, ob zweimal zwei
Fünf oder sechs, die ganzen Schweinerein
Und euern Mist ich nie zu Herz mir nahm.
Ach, pfropft euch voll mit Wissen und Kultur,
Mein Witz zersticht doch euer Betteltun.
Und ist doch aller Ende: Auszuruhn.
Ich pfeif auf eure Oberlehreruhrn!
Langweilig euer ganzes Trödlerleben.
Ach, wie egal mir euer Morgen ist,
Und Idioten blöd am Gestern kleben.
Ich rauche ... und der Tod selbst wird zu Tand.
Ich paff egal – und denk an eine Hand ...
An eine Hand, die einst ich treu geküßt.

Wirtshaustisch

Im Tal der Seele ist heut schönes Wetter.
O Glück, so in den Tag hinein zu leben!
Ich denk der stillen, hellen, süßen Tage –
O wild wie Möven kreuzen die Gedanken.
Die schwere Platte glänzt so hölzern sauber,
Die Gläser klingen drauf, das Bier tropft schaumig;
Der Nachtwind blättert lustig in der Zeitung,
Ich bin ein Mann von schlichten Passionen.
Die Schellensau und andre Trümpfe fallen –
Was war schon schön in diesem kleinen Leben!
Du kannst heut tanzen, morgen hast du Gicht.
Wer an die Zukunft denkt, verekelt sich
Die Sterne und die blonde Gegenwart.
Und wie ein junges Mädchen spielt der Wind.
Der Baum der Seele hängt voll nachtblaun Früchten.
Es ist so schön, am Morgen heimzugehn
Und zärtlich noch ans liebe Mädchen denken . . .

Der Starke

„Der Klügere gibt nach!“
Der Schafe blökend Brummen:
Wo auch der Kluge schwach,
Ward er der Knecht der Dummen.

Aber die Seele

Gott wird schon wissen
Wie er MICH beschissen

Die Guten Freunde

Sie haben mich wacker verschuftet,
Verleumdet, bedreckt und bespien,
Dann sind sie stinkend verduftet
Und haben „Um Hilfe" geschrien.
Wegen ein paar Denunzianten,
Lumpen und anderem Pack –
Spielt weiter, Musikanten!
Was kümmert den Aaar das Gegack!

Der Einsame

Das Wirtshaus, ach! es ist wohl klein,
Doch kühl im Schatten denk ich mein –
Und dein und allen Krams.
Am Tisch brennt still der rote Mohn.
Was war der Dank, was war der Lohn?
Von all dem bunten Tanz.
Was half schon Fluchen viel und Reu –
Nur Bier und Wurst – die blieben treu,
Vielleicht ein alter Hund!
Ein Glück ja, das wie Glas zerbrach,
Dem schickt man keine Seufzer nach:
Das Leben bleibt schon Schund.
Die Leutchen laß schon, so ... und so –
Und bleib alleinig still und froh.
Auf wen ist schon Verlaß?
Der Braten duftet süß am Herd,
Die Welt ist keine Träne wert –
Frau Wirtin! Noch ein Glas ...

du Depp

Was gehst Du auf die Leute,
die dummen blöden Leut,
Sie sind das schwarze Getreide,
sie sind das falsche Kleid.
sie sind bloß Margarine
oder Papiermache,
sie sind gemeine Trichinen
oder Eichelkaffee.
Die Schweine, die sind Schweine,
das ist ihr ehrliches Sein –
Die Leute aber sind keine,
sie sind zu blöd und gemein.
Hast Du schon einmal am Himmel
so einen Affen gesehn??
Also scher dich nicht um das Gewimmel,
trink allein Deinen Kümmel –
laß die Bande verschimmeln!
Trau Dir und Gott allein

Gebet

O lieber Gott! du wirst mich schon beschützen
Vor Polizisten, Freunden, Schuftenpack –
Vor allem, was da Amt und Würden, Litzen,
Du Guter kaufst ja nicht die Katz im Sack!
Du, ach mein Gott! du wirst mich schon bewahren
Vor all den Blöden, die da stinkend groß,
Ob sie in vollen, ob in grauen Haaren –
Du hältst mein Herz und stürzt der Schlechten Los.
Du läßt die Würmer wohl sich Götter dünken,
Bald brennst du nieder doch der Laffen Mist,
Du läßt wohl vielen Dreck zum Himmel stinken,

Bis du Gewitter auf den Ärmsten gießt.
Und morgen kann dein dümmstes Schwein verrecken,
Der Dreck glaubt immer ja, er sei ein HERR.
Was kümmert's uns, wenn kleine Schäflein blöken,
Als ob die Welt schon ganz zugrunde wär.
O Gott! ich weiß, daß bald du alle findest,
Wenn sie auch leugnen, daß du stets verreist,
Ob du dich gleich im kleinsten Stern schon kündest,
Ob dich auch süß der kleinste Vogel preist.
Du lieber Gott! du läßt mich nicht verkommen
In diesem eklen Polizistenmist
Und ist mein kleines Herz auch fast verglommen –
Was tut's, wo du mir Herd und Heimat bist.

Poem

Manchmal such' ich mich noch
In einem alten Lied,
Auf einem Kinderbild
Oder im Mohn der verblüht.
In einem uralten Brief
Und einem spielenden Hund.
Ach! Und ich bin mir so fremd.
Gott! Und das Herz ist so wund!
Manchmal such' ich mich lang
In einem Mädchengebet
In einer Fahne, die rot
Durch Märzgassen hinweht.
Manchmal such' ich mich noch
Auf einem Berg oder Meer
In einem Kleid, einem Haar –
Und find' mich doch nimmermehr.

Liebe am Nachmittag

Wie eine Mutter Strümpfe strickt
Für den verlornen Sohn,
Wie eine Schwester Briefe schickt
Mit Veilchen und mit Mohn.
Wie eine müde Mädchenhand,
Die nächtens bebt und friert,
Wie abgepflückter Blumen Tand,
Die spielend man verliert;
So wie ein altes Puppenstück,
Ein neues Kinderkleid –
So war mein Herz, so war mein Glück,
In all der schönen Zeit.

Heimweh

Fahr ich wieder in mein altes Städtchen,
Flattert ins Coupe der letzte Mohn –
Es sind immer noch dieselben Mädchen,
Es ist immer noch derselbe Mond.
Hab an Fraun und Tand mein Herz verloren,
Blieb mir nichts als dieses alte Nest!
Kinder spielen lieb vor Gartentoren,
Morgen ist das letzte Sommerfest.
Werd ich traurig an den Hügeln sitzen,
Denk all die längst verlorne Zeit;
Droben schon die ersten Sternlein glitzern,
Glänzt kein Stern an meine Traurigkeit ...
Einst hing rotes Laub an deinen Locken,
Und bald wird es wieder lustig schnein,
An mein schlaflos Bett wehn Friedhofsglocken,
Und ich werd so ganz verlassen sein.
Fahr ich wieder in mein altes Städtchen,

Flattert ins Cafe der letzte Mohn ...
Es sind immer noch dieselben Mädchen –
Es ist immer noch derselbe Mond.

Schwermut

Ich bin ein Fremdling, einst war ich ein Dichter.
Ich bin der letzte Morgengast der müden Hur.
Ich bin die Wand, die alles hört und nichts sagt.
Ich bin ein Licht, das die Nacht über beim
Sterbenden brennt.
Ich bin der Schiffer, der aus fernen Landen zurückkehrt,
und sein Weib war nicht treu.
Ich bin der Schnee, über den der letzte Strahl der
Sonne rost.
Ich bin der alte Blinde, der nicht sterben kann.
Ich bin der müden Näherin Gebetbuch, von trostlosen
Tränen beschmutzt.
Ich bin der Greis, der ein blutjunges Weib nimmt.
Ich bin die Nacht aller Verzweifelnden, Trostlosen,
zum Tod Verurteilten.
Ich bin das traurig in der Zelle gepfiffne lustige Lied.
Ich bin ein Kind, das keiner mit Spiel und Lächeln
erfreut.
Ich bin ein blindes Lamm, das vergebens nach der
Mutterbrust greift.
Ich bin der letzte sterbende Unkenruf im Röhricht –
Ich bin der Fels, der an Veilchen und Moos und
Ginster denkt.
Ich bin kein Stern, der einen Himmel fand –
Nun bin ich nur mehr was, ich weiß nicht was ...

Porträt

Ich kann ja nichts als meine armen Verse schreiben,
Ich habe kein Geschick zu Dramen und Roman,
Das Leben hat ja Platz auch in acht Zeilen –
Und Bände da zu schmieren dünkt mich Wahn.
Was soll man Leiden da in Akte pressen,
Das kleine Glück wird schöner wohl als kleines Lied –
Und da wir sowieso ja alles stets vergessen,
Alles, was gestern noch gejauchzt und heut verblüht,
So will ich nichts als so ein kleiner Niemand bleiben,
Und nimmer freut sich meine Seele kindergut und groß,
Ich kann ja nichts als meine armen Verse schreiben,
Sie wollen, daß ich ewig fremd und mutterlos.
Es weiß ja keiner, wie dies Bluten schmerzte,
Und es ist gut, daß keiner mich erkannt,
In tiefer Nacht brenn ich mein Herz als Kerze,
Wohl, weil ich keinen Stern auf Erden fand.
So will ich gern ein kleiner Niemand bleiben,
Vielleicht kenn ich das Leben trotzdem mehr als ihr!
Ich kann ja nichts als meine armen Verse schreiben –
Dies große Herz ja, auf ein kleines Blatt Papier!

Das Leben

Nur die jämmerlichsten Wichte
Fabeln stets von Weltgeschichte
Und der Menschheit ganzem Jammer:
Mir genügt der Herzenskammer
Ganz alltägliche Geschichte

Heim zu den Büchern gehen

Heim zu den Büchern gehn –
War schon mein Kinderspiel.
Mußte wohl viel verwehn,
Und das Herz ward so kühl!
Blieb keine Frau und kein Traum –
Alles war Trug!
Und das Herz stirbt vor Graun,
Stillt's kein Abendkrug.
Mädchen, ihr Zeitverschwender,
Gabt nichts dafür!
Lauten und Hochzeitsbänder
Spielten uns irr.
Aber ihr Bücher, ihr Treuen,
Immer wart ihr bereit,
Das kleine Herz zu betreuen,
Als sei noch Kinderzeit.
All das Wunderbare
Wird wieder wahr –
Mögen die Menschen und Jahre
Bleichen das Haar.
Nichts, ach, ist uns geblieben,
Als heim zu den Büchern gehn.
Heim zu den Guten und Lieben,
Zu Engeln und Helden und Feen.
… Ob ich im Dunkel gelegen –
Treu wart ihr und schön …
Ach, so im rauschenden Regen
Wieder heim zu den Büchern gehn –

Der Bücherkasten

Die Lebenden gehn von uns, da sie immer bei uns sind.
Die Toten kommen zu uns, da sie uns verlassen.
Menschengeräusche zerbrechen deines Hirns
Sommergläser,
Aber des Herzens verbrannte Mühle tröstet ein Vers.
Sei getrost, diese Welt hat keinen einzigen Menschen für
dich,
Aber manch toten Dichters verlornes Paradies.
Wage nicht, vom Menschen die Weisheit des Tiers zu
verlangen.
Aber die Bücher zaubern uns wieder erloschne
Kinderampeln –
Nur noch die Toten erwarten uns mehr.

Der Dichter

Alles Glück, es ward nie Seligkeit,
Und der schönste Stern wird nie zum Licht,
Aber auch das tiefste Erdenleid
Ward kein Leid: es wird bloß zum Gedicht!
Und des Lebens schönste Dinge sind
Strophen bloß und euerm Herz zum Tand:
Jeder Dichter ist ein blindes Kind.
Worte sind sein armes Vaterland!
Sucht auf alles Leben nur den Reim!
Ach der Reim ihm alles Sein verdirbt –
Fand er keine Hand und kein Daheim.
Der ist Dichter bloß, der ewig stirbt.
Dichter ist nur, wer nie ein Gebet,
Und als Toter durch das Leben geht.
Ist die Welt ihm eine tote Stadt,
Weil er bloß sein Herz zum Leben hat –

Bilanz

Das Leben … ach! Ich könnt' im Lächeln weinen –
Der Tod wird mir wohl bald als Sonne scheinen!
Von all den Jahren, all dem lieben Glück –
Blieb nichts, kam nichts als eine Träne mir zurück;
Und diese eine Träne – ach mir scheint,
Ich hab' sie wohl als Kind schon mal geweint …

Jakob Haringer 1947*

Die Gedichtauswahl stammt aus folgenden Ausgaben:

Die Kammer. Franz Ludwig Habbel. Regensburg, 1921.
Weihnachten im Armenhaus. Verlag Christof Brundel.1924.
Die Dichtungen. G. Kiepenheuer. Potsdam, 1925.
Kind im grauen Haar. Iris-Verlag. Frankfurt, 1926.
Heimweh. (Gedichte.) P. Zsolnay. Wien, 1928.
Abschied. (Gedichte.) P. Zsolnay. Berlin, 1930.
Der Reisende oder Die Träne. Grigat. Ebenau, 1932.
Vermischte Schriften. Anton Pustet. Salzburg, Leipzig, 1935.
Das Fenster. (Gedichte.) Pegasus. Zürich, 1946. 159S.
Der Orgelspieler. (Gedichte.) Steinklopfer. Fürstenfeldbruck, 1955. 17 S.
Neuausgabe mit einem Aufsatz von Paul Heinzelmann: Jakob Haringer in memoriam (1. Auflage 1955). Steinklopfer. Egnach, 1963. 34 S.
Lieder eines Lumpen. Aus dem Gebetbuch des armen J.H. Werner Classen. Zürich, 1963.

ANHANG

ALLERERSTE BEGEGNUNG
MIT JAKOB HARINGER

„Irgendeinmal in den 20er-Jahren"
Dozent Dr. Theodor Sapper*

Man wird selten einen anerkannten Dichter finden, der eine ihm zukommende schriftliche Bitte eines Unbekannten, der ihn kennenlernen zu dürfen bittet, augenblicklich, und mit der größten Herzlichkeit, positiv beantwortet.

Jakob Haringer war in dem Augenblick, als er meine Bitte um eine Begegnung dem Brief entnahm, den ich unter dem Eindruck seiner tief aufwühlenden Lyrik, impulsiv an ihn gerichtet hatte, ein „anerkannter" Dichter, da er gerade damals den Gerhart-Hauptmann-Preis erhalten hatte, und ganz Deutschland davon sprach. In den 20er-Jahren war die Zuteilung dieses Preises an einen Dichter gleichbedeutend mit einer wirklichen Hoch-Bewertung. Wie sehr Haringer auch hernach vernachlässigt wurde: gegen Ende der 20er-Jahre genoss er zumindest bei einem Teil der Freunde deutschsprachiger Dichtung ein hohes Ansehen; damals war das Buch seiner expressivsten Gedichte, die „Kammer", ohne weiteres noch in allen Buchhandlungen erhältlich.

Da verdient doch die Tatsache Beachtung, dass der die Öffentlichkeit Interessierende das Ersuchen eines Unbekannten, den er aus dem Stil seines Briefs als einen sehr jungen Menschen erkennen musste, sogleich mit einer Einladung beantwortete. Der Brief, worin Haringer sie aussprach, bezeichnete das Datum eines Tages, an dem ich ihn in Bad Reichenhall würde treffen können. Das Haus, das ich aufsuchen sollte, war in dem Brief angegeben.

Bad Reichenhall gehört zu den in der Umgegend Salzburgs gelegenen Orten, und Salzburg-Aigen sei sein Geburtsort, so sagte mir Haringer später. Dass Bad Reichenhall außerhalb des österreichischen Staatsgebietes auf bayerischem Boden lag, spielte allein schon deshalb keine

Rolle, weil in jenen 20er-Jahren kaum eine Grenzkontrolle ausgeübt wurde. Bayern in Reichenhall und Salzburger sprachen trotz der zwischen ihnen liegenden Grenze fast genau den gleichen Dialekt.

Der Dialekt, Bayerisch-Salzburgisch, war denn auch die erste unerwartete Überraschung, die mir widerfuhr, als Haringer, die Treppe des Hauses, in dem ich ihn treffen sollte, herabkommend, mich begrüßte.

Denn nur wenige Dichter gab es in jenen 20er-Jahren, mit deren Schaffens-Art der Dialekt so sehr kontrastierte, wie dies bei Haringer zutraf. Die platonisch-expressionistischen Gedichte seiner „Kammer" bewegten sich großenteils in den Gefilden der sogenannten ESOTERIK. Diese ist weit über den Alltag hinaus entrückt. Dagegen entsprach der Dialekt sehr oft dem Alltag, so wie auch dieser ihm seinerseits gemäß ist.

Doch nun begrüßte der Dichter einer verklärten Esoterik den Angekommenen in Dialektworten; und überdies vermehrte er noch den Eindruck des Unerwarteten durch sein Äußeres. Es wäre die Vermutung nahegelegen, der Dichter der ätherischen Strophen der „Kammer" werde zart und fragil sein von Gestalt! Er erschien jedoch eher massig; der mittelgroße Körper ein wenig gedrungen und schwerfällig – schien eher an langsame als an fahrig-nervöse Bewegungen gewöhnt zu sein; dies zeigte sich sofort, als nun der Dichter, dem Gast vorausgehend, wobei er ihm den schweren Rücken zuwandte, die knarrenden Stufen der Holztreppe hinauf schritt, die, im ersten Stock des typisch reichenhallerischen Landhauses, in einen gleichfalls gänzlich aus Holz bestehenden Korridor führte, aus welchem man dann in verschiedene, an Bauernstuben erinnernde Zimmer gelangte; in eines dieser Zimmer ging Haringer mir voraus. Seltsamerweise war er nur mit einem blauen Schlafrock bekleidet, den ein einem Strick gleichender Gürtel zusammenhielt, und Hausschuhe, in denen er sich fast lautlos bewegte, verstärkten den Eindruck von etwas Überraschend-Wunderlichem. Wieder waren es ein paar Dialektworte, in denen Haringer den Gast einlud, sich zu setzen, während er, in dem soeben betretenen Zimmer, den gegenüberliegenden Stuhl einnahm – wobei es sehr auffallend schien, dass gar keine Möbel in diesem Raum standen, der kahl und leer schien, wie es bei Wohnräumen, aus denen soeben eine Wohnpartei auszog, gewöhnlich der Fall ist, und es dauerte nicht lange, da hatte ich auch schon Kenntnis davon, dass irgendein Reichenhaller Bekannter dem Dichter vorübergehend dieses sein Landhäuschen überlassen habe. Bald jedoch würde Haringer es wieder verlassen müssen, und seiner gewöhnlichen Lebensform, jener des Unbehaust-Umherirrens, aufs Neue ausgeliefert sein!

Ohne dass in dieser ersten Viertelstunde viel Worte gewechselt worden wären, verstand ich es doch sehr schnell: Haringer war arm, sehr arm, trotz des Gerhart-Hauptmann-Preises, trotz der ihm damals zuteilgewordenen Publizität, und seine Armut war ihm so sehr bewusst als das sein Schicksal Prägende, dass er sich immer wieder so zu ihr bekannte, wie man sich etwa zu einer Anschauung oder einer Gesinnung bekennt.

Sehr schnell lernte ich es verstehen – ich, der ich einige Tage als Gast des Dichters in dem Reichenhaller Holzhäuschen zubringen durfte –, dass Haringer dieses ihm „geliehene" Domizil nicht als dessen tatsächlicher Insasse bewohnte, obwohl er de facto für einige Monate dieser Insasse war. Er bewohnte es vielmehr ganz so, wie ein Flüchtling, der schnell irgendwo unterkriecht, seinem Augenblicksasyl vollständig gleichgültig gegenübersteht; so wie ein solcher Flüchtling selbst die geringste Verschönerung seiner momentanen „Bleibe" als einen gänzlich sinnlosen Zeitverlust ablehnt, so verzichtete Haringer in diesem Landhaus ganz und gar auf alles, was ihm das Hausen in gänzlich kahlen Gemächern erträglicher hätte machen können. Man fühlt sich gedrängt, dies konzis so auszudrücken: DER HEIMATLOSE VAGABUNDIERENDE DICHTER BETONT SEIN HEIMATLOS-SEIN NOCH DANN, WENN ER AUSNAHMSWEISE EIMAL EIN DACH ÜBERM KOPF HAT. Erst viel später erschloss sich mir der geheimere, gleichnishafte Sinn solchen Sich-Verhaltens: Den Dichter der zarten Platonismen des goldgründigen „Kammer"-Büchleins hatten grausige, leidvolle Erfahrungen (Zuchthaus zu Stadelheim und dergleichen mehr!) in eine Lebenshaltung hineingedrängt, welche den größten Abscheu vor all dem hat, was man „Beschönigung" nennt; aber auch vor all demjenigen, was, ohne eigentlich „Beschönigung" zu sein, doch dazu führen könnte, dass irgendein Sachverhalt schöngefärbt werden *könnte* oder dass eine Tendenz auftritt, die von der völlig harten, nackten Wahrheit abrücken möchte.

Ich lernte in jenen Tagen – in diesem Reichenhaller Landhaus, welches Haringer so bewohnte, als bewohne er es faktisch nicht – sehr viele neue Gedichte von ihm kennen, die ihrer oft ungeheuerlichen Schonungslosigkeit wegen, worin sie sich aussprachen, in seine Gedichtsammlungen überhaupt nicht aufgenommen worden waren: Gedichte, deren Um und Auf das brutale, direkte Aussprechen nackter Wahrheit war. Und eben dies war die Ursache dafür, dass dieser, so außerordentlicher Ausdrucks-Raffinierung fähige, Dichter, den Dialekt sprach, den man aus seinem Mund nicht erwartete; und dafür, dass seine körperliche Struktur mit ihren eher zur Wuchtigkeit neigenden Formen eine andere sein musste, als die Einbildungskraft sie sich vom Dichter der „Kammer" selber erschaffen hatte. Unverhohlen, ungeheuchelt, aufs Ungeschminkteste, das Bittere, Ätzende, Leidvolle herauszuschreien: das war bereits ein Element der Gestaltung geworden, die der Dichter seinem privaten Leben zuteilwerden ließ – und davon sollte ich sehr bald ein erschütterndes Symptom zu sehen bekommen.

Doch war mir, dem noch ganz unausgereiften, die Schichtung verwickelter Seelenvorgänge in der Brust der Mitmenschen noch nicht durchschauen könnenden jugendlichen Besucher des Dichters, noch lang nichts davon bewusst, dass all dies in der Seele des Jakob Haringer mit zwangsläufiger Notwendigkeit sich entwickelt hatte: meine Einsicht, dass dies alles letzten Endes gar nicht anders sein könne, war vielmehr rein intuitiv: sie gestaltete sich als ein naives Empfinden, das sich so in mir äußerte:

„Verwunderlich und seltsam ist's zwar, dass dieser Dichter, im blauen Schlafrock, mit den Hausschuhen an den Füssen, Dialekt sprechend, in kahlen kalten Räumen mit Holzwänden, der Vorstellung so wenig entspricht, die seine Lyrik dem Leser suggeriert hatte; aber dennoch ist all dies, mitsamt seiner Wunderlichkeit, irgendwie *richtig*; ja, es muss sogar so sein."

Diesen nur halbbewussten Gedankengang schien der mir auf einem wackeligen Sessel gegenübersitzende Dichter, der seinen Blick auf mich gerichtet hielt, zu erraten. Denn er lächelte mir mit einem Ausdruck zu, den menschliche Gesichter gewöhnlich nur dann annehmen, wenn sich irgendein als unlösbar scheinendes Problem plötzlich entwirrt; ist das einmal der Fall, dann lächelt man in einer Art, die noch mehr enthält, als das gewöhnliche Befriedigt-Sein. Ich weiß mich nicht zu erinnern, welche – abermals im Dialekt ausgesprochenen – Sätze es waren, die Haringer zu mir sprach. Nur das fühlte ich: er weiß, ich stellte ihn mir anders vor; aber er fühlt es auch mit einer gewissen Liebe mit, dass ich seine Wirklichkeit ebenso liebzugewinnen suche, wie ich zuvor meine Vorstellung von ihm liebte! Dass es wirklich möglich ist, Worte zu finden, mit welchen wir jemandem, der seine anfängliche Vorstellung, die er nicht von uns machte, korrigieren muss, beistehen können: das habe ich im Grunde nur damals, vor Jahrzehnten, an Haringer erlebt!

Alles, was Prüfung ist, hat die Tendenz, vom Leichteren fortzuschreiten in das Schwerere, ins Schwerer-Verständliche. Eine Prüfung, die ich damals nicht bestehen konnte und die ich auch wirklich nicht bestand, schloss sich nun unmittelbar an.

Es war eine jugendliche Frauensperson, die das kahle Zimmer, worin wir saßen, in überaus schlaffer Haltung, mit gesenktem Kopf und wie leblos herabhängenden Armen, betrat – groben Dialekt sprechend, mit einer Stimme, die schon in ihrem Klang betonte, dass ihrer Sprecherin so ziemlich alles auf der Welt gleichgültig sei. Haringer stellte sie und mich keineswegs einander vor; er gab bloß, mit ein paar hingeworfenen Worten, zu verstehen, dies sei seine derzeitige „Lebensgefährtin" und sie teile mit ihm vorläufig die Benutzung dieses Hauses. Sie schwieg dazu, mit einem geradezu angewiderten Gesichtsausdruck, als sage er da etwas, was ihr längst ein Gegenstand des Ekels geworden sei.

Ich muss vorausschicken, dass ich noch manche anderen „Lebensgefährtinnen" des Dichters kennenlernen sollte; wobei freilich dieser Ausdruck für einen zutiefst heimatlosen und stets „umherzigeunernden Mann" – er hat eine „Lebensgefährtin" – genau genommen eine contradicto in adjecto ist; doch wie sollte man sich anders ausdrücken, um den Sachverhalt zu bezeichnen? Niemals während seines ruhelosen Dichterlebens hat Haringer sich verheiratet; immer wieder waren es vorüberfliehende, unstete, auf der Wanderschaft oder aber wie im hier berichteten Fall, während einer gelegentlichen Schein-Häuslichkeit angeknüpfte Lebensgemeinschaften; und zwar Gemeinschaften, die immer wieder zerbrachen, sich auflösten, wie dergleichen „Abschieds"-Themen ja auch in Haringers späterer Lyrik noch nicht in der Zeit der „Kammer" stets wieder aufs Eindringlichste hervortreten. Bezüglich der Problematik, die sich in des Dichters Haringer Verhältnis zum weiblichen Geschlecht bekundete, genügt eine kurze Kennzeichnung:

Auch auf diesem Gebiet wollte er nackte, rücksichtslose Wahrheit erzwingen und nur das völlig Ungeschminkte gelten lassen. Das musste selbstverständlich dazu führen, dass ihm die „geistige" Frau, oder gar die „geistreiche", die intellektuell angekränkelte Weiblichkeit in jeder Abart, der ärgste Gräuel war. Daraus aber folgte wieder, sehr zum Unglück des Dichters, dass er statt der „verlogenen intellektuellen Weiber" die Gattung suchte, die sonst dem sensiblen Künstlertyp, um ihrer unentwickelten Primitivität willen, meist missfällt.

Nach einigen Jahren genauerer Bekanntschaft konnte ich es mir selbst nicht mehr verhehlen: gerade dieser tiefgründige Dichter gab sich mehr oder minder bewusst als der Don Juan der kleinen beschränkten Dienstmädchen oder Kellnerinnen zu erkennen. Dass jede solche „Liebeswahl" zu einer schlimmen Enttäuschung werden, und dass die Depression über jedes „Auseinandergehen" den Lebenswillen und die Lebenslust des Dichters unterminieren musste, wird jedermann begreifen, der auch nur ein einziges der so sehr künstlerisch geformten Gedichte der „Kammer" konfrontiert mit jenem Phänomen, das von einem geistig unentwickelten Frauenzimmer verkörpert wird. Ein erschreckendes Beispiel für diese, zwar vom Gesichtspunkt Haringers aus „sinnvoll" getroffene, jedoch in ihrer Auswirkung nur skurril-groteske Gefährtinnen-Wahl stand nun in der kleinen, die schlaffen Arme hängenlassenden, den Blick gesenkt und die Stimme in wegwerfendem Tonfall haltenden Frauensperson vor uns.

So wie den Dichter, konnte ich auch diese seine Gefährtin einige Tage lang, wie man so sagt, in ihrem „Tun und Lassen" (wobei es sich fast nur um ein „Lassen" handelte, da irgendetwas zu „tun" ihr stets missfiel) beobachten. Und da begriff ich – wiederum keineswegs mit philosophischer Klarheit, vielmehr nur intuitiv – welch ein Kurzschluss dem „Streben nach unverschleierter, nach ungeschminkt nackter Wahrheit" manchmal anhaften kann; selbst dann, wenn dieses Wahrheitsstreben, was bei Haringer gewiss der Fall war, völlig legitim und berechtigt ist.

Was nimmt denn eine „Lebensgefährtin", sei sie Gattin oder Geliebte, von ihrem Partner wirklich auf? Was anders, wenn nicht den letzten, den zuinnerst wahrsten Inhalt der Gestaltung, die der Mann seinem Leben geben will? Und daraus wird meistens etwas auch dann, wenn kein leibliches Kind zur Welt kommt, auch dann, wenn die Frau nur irgendetwas von dem mit lebt, was dieser Mann im Leben *will*! Und nun musste ich es zum ersten Mal sichtbar, fühlbar erfahren: dass es auch das pure Nichts sein kann, das eine Frau von dem Mann, mit dem sie lebt, aufnimmt! Sie treibt dann die Karikatur noch, die ihre Unentwickeltheit an und für sich schon gegenüber dem, was ihr männlicher Gefährte kämpfend und leidend erlebt, verkörpert: so jetzt in diesem von Haringer bewohnten Reichenhaller Haus – und niemals trat es krasser zu Tage. Man mochte sagen, sie hat seine Negativität, die sich in ihm freilich mit Notwendigkeit hatte ausprägen müssen – ohne die geringsten persönlichen Voraussetzungen für diese Negativität zu haben wie er!, – derart übertrieben, dass das „Zusammenleben" dieses

Paares mir als der krasseste Nonsens, den eine menschliche Beziehung jemals darstellen kann, in Erinnerung geblieben ist. Dies, sowie die Persönlichkeit der „Gefährtin", musste mir sehr zu denken geben. Sehr bald musste auch ein unerfahrener jugendlicher Besucher, wie ich es damals war, verstehen lernen:

Alle diese Seltsamkeiten bildeten ein Gleichnis für das, was man im allgemeinen als eine „Sinndeutung des Lebens" bezeichnet, wobei eine solche Sinndeutung natürlich dann völlig problematisch werden muss, wenn daran bezweifelt oder gar verzweifelt wird, dass menschliches Leben überhaupt sinnvoll werden oder sein könne. Gerade in jenen Tagen der ersten Begegnung, da mir der Dichter eine Unmenge unveröffentlicher Lyrik, die es außer seinen Gedichtbüchern noch von ihm gab, täglich zu lesen gab, drängte sich, noch viel stärker als vor dem Zustandekommen der Bekanntschaft, der Eindruck des Am-Lebenssinn-Verzweifelns als vorherrschend auf.

Freilich leitete Haringer daraus nicht so, wie später der Existenzialismus, Folgerungen einer krassen Gottlosigkeit ab: in irgendeiner Region seines Seelenlebens erhielt sich seine kindliche Frömmigkeit; er betonte immer wieder, man müsse sich, inmitten der größten Sinnwidrigkeiten und Ungerechtigkeit, ganz und gar der Führung Gottes anheimgeben. Im Übrigen aber war ihm menschliches Dasein gleichbedeutend mit Sinn-Entleertheit, mit Verlassenheit, und mit einem immer aufs Neue schmerzenden Heimatlos-Sein; und dafür bildet die „Lebensreise", während derer man mit tausenderlei Ungemach kämpfen muss, und in deren Verlauf man in trostlosen Herbergen nur wenig Ruhe findet, ein Gleichnis, eines, das Haringer mit der genialen Mystikerin Spaniens Santa Teresa, gemeinsam hat! Wie in ihrem Gleichnis die „elende Herberge" mit „Aufenthalt des Menschen auf Erden" gleichgesetzt ist, so war dieses vernachlässigte Haus, das der Dichter bald wieder verlassen, so war auch diese Frauensperson, die nur eine kurze Zeit lang ein scheinbar sesshaftes Daseinsintervall des Dichters eines lebenslangen Vagabundentums teilen sollte, eine Art von Gleichnis.

Und beinahe war dies für Haringer schon ein bewusstes Wissen. Denn nun folgten Tage, die ich bei ihm verbringen durfte, Tage, an denen ich nicht umhin konnte, ihn merken zu lassen, wie sehr mir die sogenannte „Lebensgefährtin" missfiel, die immer ihre Arme und Hände hängen ließ, immer oder fast immer nur schnippische Bemerkungen von sich gab, und die immer von neuem betonte, dieses Haus hier und der Dichter und alles Sonstige sei ihr restlos gleichgültig. Selbst wenn sie es nicht wörtlich so meinte – es war nicht denkbar, dass man sich von ihren Reden und Betragen nicht herausgefordert fühlte. Mag man immerhin einen jungen Menschen dafür tadeln, dass er eine heftige Antipathie, wie sie in jenen Tagen der „Gefährtin" Haringers von mir entgegengebracht wurde, nicht für sich behält: gewiss mag es als wenig taktvoll erscheinen, wenn ein geladener Gast gegen eine dritte Person protestiert, die außer ihm und dem Gastgeber noch da ist: allein die Atmosphäre war es, das Milieu drängte dazu: die wüste Kahlheit der leeren Zimmer, die prononciert zur Schau getragene „Schlampigkeit", so etwa das beständige In-Strümpfen-Herumschlurfen der „Gefährtin", oder der nur selten gegen ein anderes Kleidungsstück ausgetauschte Schlafrock, den der Dichter trug, das dauernde, oft lautstarke Breittreten ungeschlachter Dialektfloskeln im Dialog zwischen den beiden. In solchen machte Haringer seinem Ärger über das Verhalten, das sie ihm gegenüber zeigte, Luft, sie ihrerseits äußerte in solchen ihren Hohn.

Am ersten und wohl noch am zweiten Tag fügte ich mich, aus Ehrfurcht vor dem Dichter, in dieses atmosphärische Klima; am dritten Tag aber vermochte ich meinen Unmut nicht mehr zu zügeln und sagte es dem Dichter, was ich über solche Lebensweisen denken zu müssen glaubte. Und da zeigte es sich, dass er keineswegs einen solchen Protest zurückwies. Vielmehr erwiderte er mit sanfter Stimme, und diesmal ohne intensive Betonung des Dialekts in seiner Rede, SO SEI NUN EINMAL DAS LEBEN. War ihm, seit er das Elternhaus in Aigen bei Salzburg hatte verlassen müssen, jemals eine andere „Häuslichkeit" gewährt gewesen als eine vorübergehende, gleichsam geliehene, wie diese hier, für die irgendetwas zu leisten völlig überflüssig sei, weil sie doch gleich wieder würde aufgegeben werden müssen?

Und das Mädchen! (Ich hatte diesen Ausdruck kaum über die Lippen gebracht, weil sich mit dem Begriff „Mädchen" gewöhnlich doch irgendein Etwas von „Anmut" verbindet). Gab es denn, so fragte Haringer mich damals, irgendeine, die sich dazu verstanden hätte, auf kurze Zeit ein Logis mit ihm zu teilen? Und mochte sie höhnisch, gleichgültig, nachlässig sein: war dies nicht noch besser als „überhaupt keine", als eine vollständige und restlose Einsamkeit?

Abgesehen von den Gesprächen, die ich mit dem Dichter führte, liefen diese Tage völlig leer. Ich schätze dennoch, in meiner Rückerinnerung, diese Zeitspanne. Ich durfte viel von Haringers Lyrik lesen. Vieles, was auch seit her nie gedruckt wurde; kleine Heftchen oder nur Zettel, worin Gedichte, eilig hingeschrieben, das entscheidende Thema Haringers, die hoffnungslose Verlorenheit in der Vereinsamung, in immer neuen Variationen auszusprechen. Dann geschah es oft, dass ich, von einem solchen Zettel aufblickend, bemerkte: Der Dichter war ganz leise herein gekommen, er stand neben mir, zu mir herabgebeugt suchte er in meinen Zügen zu lesen, was ich beim Lesen seiner Gedichte fühlte; sah er dann meinen Blick auf sich gerichtet, dann sprach er nicht, sondern sah mir nur mit einem langen traurigen Blick seiner großen Augen aufmerksam zu – ein Blick!

Auf „Abbruch" war diese vorübergehende Episode, die mich zuerst mit Haringers Lebensstil vertraut machte, ganz und gar abgestimmt. „Abbruch" ist ein Wort, das vielleicht dort am deutlichsten seinen Sinn offenbart, wo „von Zelten, die man abbricht", die Rede ist! Von Zelten, die dann irgendwo anders wieder aufgeschlagen werden, um aufs Neue „abgebrochen" zu werden. In Haringers Leben wiederholte sich, dessen sollte ich noch oft Zeuge sein, dieses Motiv immer aufs Neue. Als ich ihn etwa ein Jahr nach dieser ersten Begegnung wieder traf, war all das zu Ende, was sie vorübergehend gekennzeichnet hatte. Verschwunden aus Haringers Leben war die weibliche Gestalt, die immer die Arme herabhängen ließ und den Kopf gesenkt hielt … Diese hatte der Dichter mit einer anderen Freundin vertauscht; und die "Neue" war wieder von anderer Wesensart, zeigte ein anderes Gehabe, und wieder nach einem

Jahr war es eine dritte, die sich von der zweiten wie von der ersten unterschied.

Und Reichenhall und das Haus, worin wir einander begegnet waren? Auch das gab es nun nicht mehr, es waren andere und wieder vorhergehende „Bleiben", wo ich den Dichter aufsuchte, und sie alle waren bescheiden, oft ärmlich, aber ihrer keine ein „Zuhause". Allmählich begriff ich, was der Dichter in seinem Lebensstil darzustellen suchte: das Vergängliche, das Verschwindende: eben das, dessen beständiges Dahinfliehen und Enteilen so viele seiner schönsten Gedichte in melodischstem Sprachausdruck, in wirklich musischen Kadenzen, besingen und beweinen – das unterstrich er in allen seinen persönlichen Lebensäußerungen. Da nimmt er irgendwo Quartier, um es bald wieder aufzugeben; da verbindet er sich auf kurze Zeit mit einem weiblichen Wesen, von dem er wieder Abschied nehmen wird – und bei alledem betont er, wie wenig darauf ankomme, wie im Grunde so gar nichts daran gelegen sei, ob das Quartier wohnlich, ob die ephemere „Gefährtin" seinem eigenen Wesen irgendwie gemäß sei. Glich er nicht einem jener strengen Mönche, die sich das Aussprechen ihres „Memento mori!" zur dauernd zu befolgenden Pflicht machten? Zwar teilte er dieser Mönche asketisches Ideal nicht; auf meine Äußerung – damals, im Reichenhaller Haus – es sei mir unbegreiflich, weshalb er gerade diese Gefährtin vorübergehend erwählt habe – antwortete er still und schlicht:

„Es ist aber doch schön ... es gibt Augenblicke, da ist sie zärtlich, und ich vergesse darüber mein lebenslängliches Heimweh, mein ewiges Heimweh nach dem, was nie kommen wird."

Und, so möchte ich hier einfügen, ist ja gerade er der Dichter jenes „Armen Judas", worin dieselbe Haltung zum Leben gleichsam „steil", in folgende Gott-Anrufung ausbricht:

„DU HAST MICH IN DES LEBENS SARG ZERSTEINT UND TÖTEST EWIG, WAS NIE STERBEN WIRD."

Gewiss, all dies ist wahr. Und doch, dies sollte ich bei dem Dichter der „Kammer" noch stets deutlicher vorgelebt sehen: Es ist vergänglich, es wechselt, es flieht vorbei, auf nichts kommt es an wie gleichgültig, im Grunde, wie einer seine Lebenszeit hinbringt!

Quelle: Dokumentationsstelle für neuere österreichische Literatur, Wien, N1.40, Teilnachlass Jakob Haringer.

*Dr. Theodor Sapper (16. 9.1905 - 25.9.1982) hat um 1925 Jakob Haringer als junger Mann in Bad Reichenhall besucht. Haringer war sieben Jahre älter als sein Besucher. Das Manuskript hat in Schreibmaschinenschrift mit Vorsatzblatt 9 Seiten und dürfte sicher erst Jahre nach den Begegnungen zwischen Sapper und Haringer entstanden sein. Das beweisen auch zahlreiche handschriftliche zusätzliche Bemerkungen von Theodor Sapper, der im Jahre 1965 im *Stiasny Verlag*, Graz, das Buch „Der Hirt im Mond" herausgegeben hat. In seiner Einleitung gibt der Herausgeber Haringers Geburtsdatum noch mit 1883 an. Die 23 Druckseiten lange Einleitung von Theodor Sapper liest sich, im Vergleich zum hier veröffentlichten Text, sehr versöhnlich und endet mit der Feststellung:

„Im Frühling 1948 erlag Haringer in Zürich einem plötzlichen Herztod. Dass dieser ihn verhältnismäßig früh hinraffte, mag dadurch mitverursacht sein, dass ihm eine Welt – die Welt des 20. Jahrhunderts – die Liebe verweigert hatte. Die Liebe, die er für vieles von dem, was er geschaffen, sehr wohl verdient hätte.

Dieser ihm geltende Nachruf soll nicht enden ohne einen Rückblick auf die unantastbare Größe seiner Frühzeit. Damals, vor 1920, ist im Salzburgischen, im Angesicht der Alpenwelt, ein unverlierbarer Wert in der Stille gereift. Er wirkt wie Substanz der „Seele des Lebens". Es sind vier kurze Zeilen aus dem Gedicht ,Namenlos':

> Waldhänge jubeln, Rosenlaub
> Tropft leis ins Sonnenkleid,
> Verlorne Früchte springen taub,
> Küssen verklungnes Leid

Man geht wohl nicht fehl, in solchen Worten Haringers ein Vermächtnis zu sehen, das Jahrhunderte dauern wird."

Briefwechsel von Jakob Haringer und Hertha Grigat (soweit im Aktenkonvolut StAM 15664 gefunden) nach Verhaftung in München Stadelheim mit anschließender Einweisung in die Psychiatrische- und Nervenklinik München: Nr 1197/31

(Meine liebe, liebe kleine Herti, erschrick nicht; ich bin im Gefängnis, es wird nicht lang sein, da kannst Du versichert sein. Mach mir große Sorgen um Dich. Bleib gut und brav. Schreib gleich und viel, damit ich was zu lesen. Mir bleibt auch nichts erspart. Vergiß nicht zu beten.)
Schreib folgende Mitteilung u. verschick sie an die untensteh. Adressen.

Ich wurde gestern beim Münchner Rundfunk an dem ich Sendung hatte verhaftet und ins Gefängnis Stadlheim eingeliefert. Im Auftrag des Traunsteiner Staatsanwalts. Trotzdem ich 60% Schwerkriegsbeschädigter, dauernd an Herzkrämpfen, Lungenblutungen usw. leide und gesundheitlich so schlecht beisammen bin, wie noch nie behält man mich in Haft. Bitte sofort beim Justizmin., und Kultusministerium vorstellig werden und die gesamte Presse informieren. War im Begriffe auf Veranlassung des Untersuchungsrichters in ein Sanatorium zu gehen. (Ich will Dir nicht viel schreiben, damit Du gleich Bescheid hast. Ich denk stets an Dich. Nun pflegst Du mich nicht mehr, machst mir Herzwickl, Umschläge etc. – aber es wird bald wieder sein.)

Ich bin und bleibe in aller Liebe
Dein Jakob
                München, Gefängnis Stadlheim, Psychiat. Abteilung

Als Hertha Grigat den folgenden Brief schrieb, war sie schon schwanger. Der Sohn Johannes kam am 15. Januar 1932 in Ebenau bei Salzburg zur Welt:

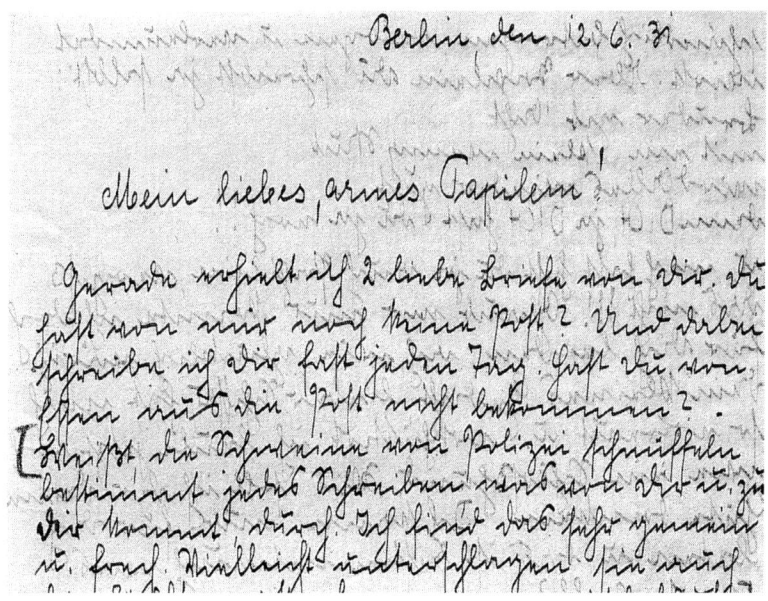

Mein liebes, armes Papilein!

Gerade erhielt ich 2 liebe Briefe von Dir. Du hast von mir noch keine Post? und dabei schreibe ich Dir fast jeden Tag. Hast Du von Essen aus die Post nicht bekommen? (Weißt, die Schweine von Polizei schnüffeln bestimmt jedes Schreiben was von Dir u. zu Dir kommt, durch. Ich find das sehr gemein und frech. Vielleicht unterschlagen sie auch die Hälfte – ist eben germanisch Blut.)
Papilein, wie geht`s Dir gesundheitlich. Du weißt gar nicht, was ich mir für Sorgen mache um Dich ärmster, verlassenster Mensch, der nur immer anderen hilft u. sich selbst nicht helfen kann. Ob es wohl noch ein Gott gibt? Ach sind die Menschen doch gemein, elende Kreaturen, dass sie nur immer die Besten u. Gerechtesten ihrer Mitmenschen quälen und leiden lassen u. sie zu Tode hetzen. Und warum will man gerade immer Dir was warum musst gerade Du so viel Feinde haben, Du, der doch keinem Menschen Böses tut, nur

immer für Deine Güte schändlich betrogen, belogen und verleumdet wirst. Aber Papilein Du schreibst ja selbst:

Bruder gib acht
mit ein klein wenig Mut
wird alles wieder gut.

Denn DICH, ja DICH hast Du ja noch!! u. mich hast Du ja auch Papilein vergiss das nicht!!! Glaub mir nur, könnte ich doch für Dich leiden ach wie glücklich wär ich.
Dein kleines Gedicht lieber Schisser hat mich so erfreut u. erschüttert ich weine heule jetzt noch wie ein Schoßhund. Wie soll ich Dir Deine Güte danken. Ich kann nur für Dich beten und das ist bestimmt auch was wert, gell ? –
Papilein soll ich dem Bigl. Schreiben er soll Dir die Post all schicken? Ich habe schon so viel dafür geschrieben. Soll ich Dir irgendetwas schicken. (Weißt Post möcht ich Dir nicht gern schicken, denn dorten die blöden Kaffern brauchen nicht Alles zu wissen, gell? Haben halt genug schon in meinen Briefen zu schnüffeln. Weißt lass Dir nicht zu viel gefallen, das hast Du nicht verdient. Sei lieber saufrech, die Idioten können sowieso nicht mehr gutmachen, was sie an Dir gesündigt.)
Du möchtest gern meine neue Wohnung. Sie ist immer noch die gleiche. Weißt Spitzer ist schon 14 Tage verreist und bleibt noch 4 Wochen in der sächsischen Schweiz. So hab ich das Zimmer ganz allein u. brauch nur 10 - Miete zu zahlen da hab ich wieder was gespart, gell. Sie lässt recht herzl. grüßen, wenn ich Dir schreiben sollte. Du bist doch nicht bös, dass ich hier geblieben bin, aber die Umstände waren doch so günstig. Sobald sie wieder kommt, allerdings erst in 4 Wochen hau ich ab. Bis dahin nütze ich die Gelegenheit noch aus. Hoffentlich Papilein, bist Du bald wieder frei und wir sehen uns bald wieder. Ich habe solch eine Sehnsucht nach Deinen lieben, gütigen treuen Augen. Aber wir sehen uns bestimmt bald wieder, gell. Papilein. Hast Du eigentlich am Rundfunk gelesen? (Weißt meine Eltern, sogar mein Vater u. meine Brüder waren so

erbost, dass man Dir solch ein großes Unrecht tut, mein alter Herr sagte, es ist direkt ein Skandal, ich möchte am liebsten alle Zeitungen informieren!)

Sophi, mein Mütterlein wird wohl nicht mehr lange leben, ich glaub nicht, dass ich sie noch einmal lebendig sehe. Sie wiegt nur noch 95 Pfund. Aber hoffen wir, dass sie noch mal hochkommt.

Papilein, weißt schreib doch lieber auf jeden Brief das Datum. der Brief ist bestimmt immer eine Woche sogar noch mehr unterwegs. Hast Du mein Paketl nicht bekommen. Wenn Du irgendetwas brauchst, schreib nur, ich schicke es Dir sofort. Deinen Kamm und Nagelputzer hab ich in dem Paketchen.

Armes Papilein, darfst Du da gar nicht hinaus. haben sie Dich wirklich wie ein Verbrecher eingesperrt? Ich kann mir das gar nicht denken. Aber die werden auch noch einmal zu Verstand kommen. Es muß ja doch noch ein Gott geben, u. der wird schon helfen. – Lebe wohl, mein liebes armes Papilein, vergiss nicht, dass Dein Kindl Dich recht lieb hat u. immer für Dich betet u. Dich nie verlassen wird, u. wenn man mir das Schlimmste von Dir erzählte; denn ich glaub an Dich u. vertraue Dir.

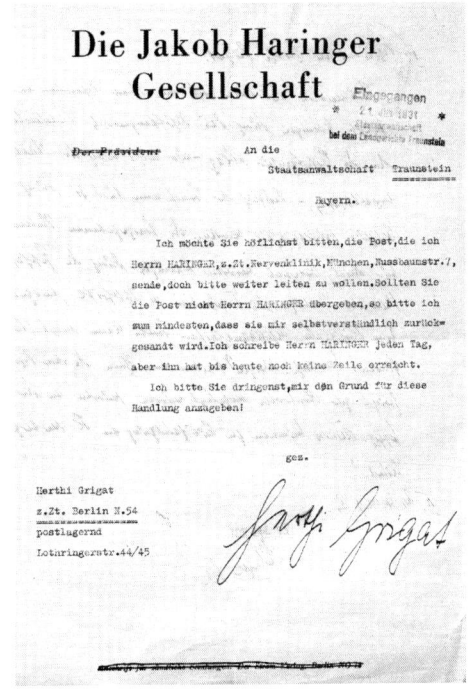

Viele 10000 Bussis
Dein Mädi
Herthi

Antwortschreiben der St.A. Traunstein handschriftlich auf der Rückseite des Schreibens von Hertha Grigat von Anfang Juni 1931:

"Ausweislich der Akten ist von Ihren Schreiben an Jakob Haringer durch das Schöffengericht Traunstein, dem die Briefzensur oblag – also nicht durch die Staatsanwaltschaft – lediglich der Brief vom 12.6.1931 durch Beschluss beschlagnahmt worden. Die freigegebenen Stellen auch dieses Briefes wurden Haringer durch die Geschäftsstelle des Amtsgerichts Traunstein in Abschrift mitgeteilt.

Eine Rückgabe beschlagnahmter Briefe kann nicht stattfinden. Sämtliche übrige Schreiben von Ihnen, die dem Schöffengericht zur Kontrolle vorgelegt wurden, wurden an die Psychiatrische und Nerven Klinik München zur Aushändigung an H. weitergeleitet."

22. Juni 1931, Unterschrift

Gutachten über den Geisteszustand von Jakob Haringer

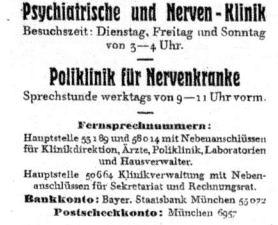

München 2 SW, den Juli 1931
Nußbaumstraße 7
Eingegangen
* 13. JUL 1931 *
Staatsanwaltschaft
bei dem Landgerichte Traunstein
Aktenzeichen C 786/29, F. 246/27.

"Der Staatsanwaltschaft beim Landgericht Traunstein erstatte ich im Folgenden das gewünschte Gutachten über den Geisteszustand des Schriftstellers Jakob Haringer bei Begehung der ihm zur Last gelegten Handlungen. Das Gutachten stützt sich auf eine Beobachtung des Herrn Haringer in der Zeit vom 6.6. bis 1.7.1951 sowie auf den Inhalt der übersandten Akten. Außerdem habe ich das Krankenblatt der Nervenklinik Essen mitverwendet. Herr Haringer war im Jahre 1926/27 in eine Zivilbetrugsaffäre verwickelt. Er ist seinerzeit zu einer Geldstrafe von 8000 Mark verurteilt worden. Diese Strafe wurde auf den Gnadenwegen in eine Busse von 200,- Mark umgewandelt.

Zurzeit schweben gegen Herrn Haringer folgende drei Verfahren: Im Anschluss an die damalige Zollaffäre hat Herr Haringer gegen den Herrn Zollrat Hofmann eine falsche Beschuldigung erhoben. Dieser soll ihn zu einem Geständnis durch Erpressung genötigt haben. Da diese Beschuldigung auch durch die Presse verbreitet worden ist, ist zuerst Strafantrag wegen Beleidigung des Finanzamtes gestellt worden und nach dessen Zurückziehung wurde ein Verfahren wegen falscher Anschuldigung eingeleitet. Im Verlauf dieses Verfahrens hat Herr Haringer einer Vorladung nicht Folge geleistet, sie vielmehr durch einen höhnischen Brief beantwortet (Akten A.V.F. 246/27).

Weiter ist Herr Haringer wegen Beleidigung angeklagt (A.V.C. 400/29); er hatte im Oktober 1927 dem Gerichtsarzt Herrn Dr. Schöppner in Reichenhall, der ihn in der Zollbetrugsaffäre untersucht hatte, einen beleidigenden Brief geschrieben. In ähnlicher Weise hatte er auch den Arzt des Versorgungsamts, Herrn Obermedizinalrat Höchstetter, beleidigt.

Endlich ist Herr Haringer wegen Meineidsverleitung (A.V.C. 786/29) unter Anklage gestellt, weil er in dem Zollstrafverfahren seinen Hausherrn Dufter in Reichenhall zu einer falschen eidlichen Aussage verleiten wollte. Herr Haringer hatte, offenbar auf Veranlassung einer Firma in Salzburg, bei seinem Umzug Teppiche, die ihm nicht gehörten, als sein Umzugsgut mit über die Grenze genommen. Dufter sollte als Zeuge aussagen, dass die Teppiche verwechselt worden seien.

Weiter hat er auch Beleidigungen gegen Gerichte, Staatsanwalt u.s.w. geäußert. Strafantrag ist deswegen nicht gestellt, weil man annahm, dass Herr Haringer geistig nicht normal sei.

Die Beleidigungen, von denen hier die Rede ist, beginnen, soviel ich sehe, im Jahre 1927 im Laufe der Zollhinterziehungsaffäre. Auch später hat er noch eine Reihe von beleidigenden Zuschriften verfasst; die letzten in den Akten enthaltenen Briefe dieser Art sind datiert vom 22.1. und 22.5.1931.

Vom 8.1. bis 7.2.1931 war Herr Haringer in den Städtischen Krankenanstalten Essen, Psychiatrische Klinik, in Behandlung, Die Diagnose lautete: Vitium cordis (= Herzfehler). Er wurde dort als ein schwerer geltungssüchtiger Psychopath angesehen und man nahm teils bewusste Übertreibung bei ihm an. Herr Haringer wurde aus der psychiatrischen Abteilung des Strafvollstreckungsgefängnisses Stadelheim hierher verlegt zur Beobachtung auf seinen Geisteszustand und zur Untersuchung auf seine Haftfähigkeit. Da in einem seinerzeit schon übersandten Gutachten von Herrn Oberarzt Privatdozent Dr. Lange (I. Medizinische Klinik) mit Rücksicht auf das Herzleiden des Herrn Haringer eine Haftunfähigkeit angenommen wurde, ist laut telefonischer Mitteilung des Herrn Staatsanwalts in Traunstein die Haft aufgehoben worden. Mit Rücksicht auf die Schwierigkeit der Untersuchung, die sich in Kürze nicht vornehmen liess, habe ich Antrag gemäss § 81 St.P.O. gestellt, dem dann auch stattgegeben wurde.

Die Untersuchung des Herrn Haringer ergibt folgendes:

Knapp mittelgrosser, kräftig gebauter Mann in überreichlichem Ernährungszustand mit starkem Fettpolster. Hautfarbe etwas blass. Herr Haringer sieht etwas älter aus als es seinen Jahren entspricht. Bezüglich der inneren Organe verweise ich auf das schon oben erwähnte Gutachten des Herrn Oberarzt Dr. Lange.

Nervensysteme Pupillen reagieren prompt auf Licht und Convergenz. Augenhintergrund normal. Augenbewegungen frei. Hirnnerven, Reflexe, Motilität, Sensibilität in Ordnung. Wassermannsche Reaktion im Blut negativ. (Die Blutentnahme ist in Stadelheim gemacht, die Untersuchung, deren Resultat uns vorliegt, ist in der Deutschen Forschungsanstalt für Psychiatrie vorgenommen worden.)

Psychisch: Herr Haringer ist in Jeder Beziehung klar orientiert. Er antwortet erst zögernd und zurückhaltend, kommt aber dann sehr bald in eine lebhafte Sprechweise. Seine Angaben sind oft etwas ungeordnet und vielfach unpräzise. Aus seinen Mitteilungen ergibt sich etwa folgendes über seinen Lebenslauf:

Er stammt angeblich aus gesunder Familie. Beide Eltern leben noch. Der Vater sei Gastwirt. Er selbst habe sich als Kind normal entwickelt, sei ein sehr guter Schüler gewesen. Bereits im 6. Lebensjahr habe er gedichtet. Diese Verse seien 1917 veröffentlicht worden. Die Angehörigen hätten wenig Verständnis für ihn aufgebracht. Er habe das humanistische Gymnasium in Ansbach absolviert und sei 1917, angeblich nach beendetem Schlussexamen, eingerückt. Im Felde habe er Gelenkrheumatismus und Herzbeutelentzündung durchgemacht und sei wegen dieser Herzaffektion lange in Lazaretten gelegen bis er unter Anerkennung von K.D.B. mit einer Rente von 50 % (später 70 %) entlassen worden sei. Herzbeschwerden habe er seitdem dauernd, über das, was er nach dem Kriege unternommen hat, lässt sich etwas Sicheres von ihm nicht herausbekommen. Auch wenn man Mitteilungen, die in verschiedenen literarischen Notizen oder dem Krankenblatt Essen niedergelegt sind, heranzieht, wird das Bild nicht klarer; hält man ihm derartige Angaben vor, so nimmt er dazu eigentlich nie richtig Stellung, sondern redet nur so obenhin einiges darüber, ohne etwas präzise zu sagen. *So* ist er offenbar – ob vor oder nach dem Kriege, ist ebenfalls nicht bestimmt – eine Zeitlang als Ausgeher, Arbeiter oder kaufmännischer Angestellter tätig gewesen, aber immer nur sehr kurze Zeit. Diese Mitteilungen stehen in Widerspruch zu seiner ersten Angabe, er sei gleich nach der Schule eingerückt und er habe nach dem Kriege gleich studiert. Angeblich haben ihm seine Eltern in dieser Zeit keine Unterstützung mehr angedeihen lassen. Weiter scheint er, wie ich dem Krankenblatt Essen entnehme, nach dem Kriege sich in der Politik betätigt zu haben. Er soll Kultusminister unter Eisner gewesen sein und in dieser Eigenschaft den Versuch gemacht haben, „die volksverblödende" Universität München zu schließen. Bei einer direkten Frage nach diesen Dingen weicht er zunächst mit einer wegwerfenden Handbewegung aus, betont dann aber mit großer Geste, gewiss, er habe Eisner, Landauer und andere Männer der damaligen Zeit sehr gut gekannt. Man habe ihn auch gefragt, ob er das Kultusministerium übernehmen wolle: er lässt dann eine Äußerung folgen, aus der man schließen kann, er habe abgelehnt. Im Laufe der Unterredung, bei der er etwas später leicht entrüstet betont, dass seine politische Tätigkeit doch hier keine Rolle spielen dürfe, geht aber vielleicht hervor, dass er doch in dieser Stellung gewesen ist. Außerdem war er nach dem Kriege, wie er bei anderer Gelegenheit erzählt, als Musiker und Kapellmeister tätig. Er habe studiert und 1924 den Dr. phil. gemacht. (Angaben des Herrn Haringer gegenüber dem Stationsarzt). Da ich inzwischen aus den Akten entnommen habe, dass er den Doktortitel nicht besitzt, fragte ich ihn direkt danach, worauf wieder eine ausweichende Antwort kam, den deutschen Doktor habe er freilich nicht, aber er sei von dem revolutionären Hochschulausschuss in Moskau zum Doktor ernannt worden. Ein Abschlussexamen an der Universität habe er jedenfalls nicht gemacht. Er sei aber unentwegt tätig gewesen, habe 40 - 50 Bücher geschrieben, und es sei klar, dass er sich dabei überanstrengt habe, dass ihm die Nerven etwas durchgingen. Vorwiegend habe er Lyrik geschrieben; diese sei nur in ganz großen Verlagen veröffentlicht (*Kiepenheuer*, *Insel*, *Zsolnay* etc.). Außerdem habe er 1919 den Kleist-Preis, 1925 als Erster den Gerhart Hauptmann-Preis, 1928 den Schiller-Preis, 1931 den Staatspreis des sächsischen Staates erhalten. Er sei auch im Ausland außerordentlich bekannt. Seine Werke seien in viele Sprachen übersetzt. Er habe einen Ruf an die Preußische Dichterakademie abgelehnt. Viele namhafte Dichter und Schriftsteller hätten über ihn geschrieben; er sei mit sehr vielen befreundet. Er habe auch zahlreiche Werke aus fremden Sprachen übersetzt, aus dem Französischen, dem Altägyptischen, aus dem chinesischen und endlich habe er auch Dichtungen von den Salomon-Inseln umgedichtet. Die zweifelnde Frage, ob er denn alle diese Sprachen studiert habe, bejaht er ausdrücklich und benutzt die Gelegenheit dabei wieder von seiner enormen Leistung und geistigen Arbeit zu sprechen. Seit 1924/25 sei er allgemein anerkannt und berühmt, man solle nur in Meyers Konversationslexikon (eine Abschrift findet sich bei seinen Papieren) darüber nachlesen. Er habe zahlreiche Freunde, die sich alle um ihn bemühten. Er brauche nur zu schreiben, dann stehe ihm Geld in Fülle zur Verfügung. In anderem Zusammenhang betont er wieder, dass er durchaus einsam, ohne innere Beziehung zu anderen sei.

Über seine erotischen Bindungen spricht er nur wenig. Er gibt auf Befragen nicht ohne Eitelkeit zu, auf das weibliche Geschlecht eine erhebliche Anziehungskraft ausgeübt zu haben, behauptet aber, jetzt impotent und erkaltet zu sein.

Früher habe er Morphium, Opium und Cocain genommen, auf ausdrückliches Fragen wird aber eine eigentliche Sucht abgelehnt. Irgendwelche Anzeichen von noch etwa jetzt bestehender Rauschmittelsucht, um das gleich zu erwähnen, finden sich nicht. Abstinenzerscheinungen sind hier ebenfalls nicht beobachtet worden. Er habe das Cocain auch nur zur Anregung genommen (geschnupft) und es bald wieder aufgegeben.

Er klagt jetzt vor allem über alle möglichen Herzbeschwerden. Er könne nachts nicht oder nur sehr schlecht schlafen.

Fortwährend habe er Stechen am Herzen und Herzklopfen und außerdem Schwindelanfälle. Ferner rege er sich leicht auf. Dass unsereins anders veranlagt ist wie andere Menschen, ist klar, man meint das gar nicht schlimm. Künstler sind eben Kinder. Da könnte man alle möglichen Künstler wegen Beleidigung verklagen. „Wir Künstler lassen uns halt einmal gelegentlich hinreißen." Wie viele andere habe auch er gegen die moderne Justiz gewettert. Man habe anderen doch auch nichts getan; warum habe man es gerade auf ihn abgesehen?

Im Vordergrund der Persönlichkeitseigenschaften steht ein erhebliches Selbstbewusstsein. Das Gespräch drehte sich, wenn man den Stoff ihm überließ, ausschließlich um seine eigene Person, seine vortrefflichen Leistungen, die stets erneut hervorgehoben wurden. Immer wieder versicherte er, dass er ein berühmter Dichter sei. Man könne ja im Konversationslexikon nachlesen, die und die berühmten Leute fragen, die er gut kenne, mit denen er eng befreundet sei. Viele hätten ihn immer wieder eingeladen, und wenn er Geld benötige, brauche er nur zu schreiben; man stelle ihm jede beliebige Summe zur Verfügung.

Auch wenn sich das Gespräch um seine gerichtlichen Angelegenheiten dreht, beginnt er sofort mit seinen Beziehungen zu berühmten Leuten (Künstlern, Dichtern, Reichstagsabgeordneten usw.). Diese würden alles tun, um ihn aus seiner Lage, in die er zu Unrecht hineingeraten sei, zu befreien. Man habe ihm alles Mögliche schon angeboten, er habe aber gebeten, vorläufig nichts zu unternehmen.

Mit Wohlgefallen kramt er eine Fülle von Zeitungsartikeln aus, die eine Reihe überschwänglicher, im Grunde nichtssagender Verherrlichungen seiner Gedichte enthalten. Auch andere Artikel über ihn zeigt er vor, wie sie z.B. in der von ihm herausgegebenen Zeitschrift „Einsiedelei" enthalten sind. Dieses Blatt scheint, nach den Nummern, die ich gesehen habe, zu urteilen, fast nur Sachen von ihm und über ihn zu enthalten.

Die Stimmung ist bei Herrn Haringer ohne besondere Färbung, jedenfalls lässt sich im Laufe der Beobachtung nichts Krankhaftes daran feststellen. Anfangs war Herr Haringer sehr ungehalten über seine Verhaftung und seine Unterbringung in der Klinik. Er zeigte daher zunächst eine müde Resignation und eine ewig beleidigte Miene, als er nach Aufhören der Haft durch besonderes Entgegenkommen etwas komfortabler untergebracht war, wurde er freundlicher und war dann meist ganz vergnügt.

Zwischendurch war Herr Haringer von einer gewissen jovialen Gemütlichkeit, über Stimmungsschwankungen war auch, in der Vorgeschichte nichts zu eruieren. Er gibt an, dass er gelegentlich recht erregbar sei. Namentlich nehme es ihn sehr mit, wenn ihm Unrecht geschehe oder wenn er eine Ungerechtigkeit sonst irgendwo sehe. Dann vergesse er alles und könne sehr aufgeregt werden. Er beruhige sich aber rasch wieder. Während des Aufenthalts hier sind endogene Stimmungsschwankungen nicht beobachtet worden. Dagegen zeigte er sich vielfach launenhaft, schimpfte namentlich im Anfang erheblich über Schwestern und Pfleger, beschwerte sich über alle möglichen Dinge, drohte mit Veröffentlichung in der Presse. Versuchte man diesen Beschwerden nachzugehen, so verlor er sich in diffuse Angaben und tat so, als ob er aus Wohlwollen gegen die verdächtigten Pflegepersonen nichts Näheres sagen wolle.

Seine intellektuellen Fähigkeiten sind schwer zu beurteilen. Auffällig ist, dass er trotz seines doch offenbar großen Formtalents kein fehlerfreies Deutsch spricht und auch nicht ganz einwandfrei orthographisch schreibt. Dass er in der Auswahl seiner Gespräche sehr eingeengt ist, wie oben schon angedeutet wurde, mag vielleicht mit der Situation Zusammenhängen. Immerhin ist es bemerkenswert, dass man mit ihm eine Unterhaltung höheren Niveaus kaum führen kann.

So kann man ihm in keiner Weise beibringen, dass er jetzt die zur Beobachtung nötige Zeit in der Klinik bleiben muss und nicht ohne weiteres einer Aufforderung, im Rundfunk zu sprechen, Folge leisten darf. Bemerkenswert für seine <u>Denkart</u> sind die zahlreichen Widersprüche, die sich im Laufe der Unterhaltungen ergeben. Er ist der Dichter der „Vereinsamten", hat aber „tausende" von Freunden und scheint auch von Frauen durchaus bevorzugt zu werden. Weiter bezeichnet er sich als Dichter der Unterdrückten und Armen, lebt dabei aber, wie ich von Fräulein Paukert, die mit ihm in näheren Beziehungen steht, erfahren habe, sehr gut, lässt sich nichts abgehen, und auch aus den Ansprüchen, die er in der Klinik an Verpflegung u.s.w. stellt, ergibt sich, dass er durchaus nicht zu asketischen Gewohnheiten neigt. Auch mag es auffällig erscheinen, dass er, der immer wieder für die Rechte untergeordneter Leute einzutreten behauptet, für sich eine besonders bevorzugte Behandlung vor Gericht und sonst verlangt. Gewiss gibt er auf entsprechenden Vorhalt zu, vor Gericht müssten alle gleich sein, aber andererseits sei es doch unerhört, dass „ein gewöhnlicher Staatsanwalt" den besten Dichter von Deutschland, ja der Welt, so ohne weiteres verhaften könne.

Es ist bei allem schwer festzustellen, ob er diese Dinge nicht verstehen, die Widersprüche nicht einsehen kann oder ob er es nicht will. Jedenfalls ist es Tatsache, dass er bei Themen, die ihm nicht passen, außerordentlich schwer zu einer präzisen Antwort zu fixieren oder auch nur auf ein ihm unsympathisches Gebiet einzustellen ist.

Wenn man keine Einreden macht, spricht er außerordentlich lebhaft und notabene ohne jede Atemnot. Ab und zu unterbricht er sich dann für einen Augenblick, indem er einfügt: "ahh so, Sie wollten mich ja eigentlich etwas fragen", aber kurz darauf fährt er schon wieder weiter mit seinem etwas diffusen Redeschwall. Besonders hervorgehoben sei weiter noch seine Neigung zu Übertreibungen und zu einem oft etwa aufdringlich wirkenden Renommieren. Es darf dazu erwähnt werden, dass im Gerichtsakt festgestellt ist, er habe den Gerhart Hauptmann-Preis angeblich aus Bedürftigkeit erhalten. Von anderen Preisen ist offenbar nichts bekannt geworden. Immerhin kann ich darüber nicht urteilen. Ich hatte aber auch sonst Gelegenheit, unauffällig festzustellen, dass viele von seinen großspurigen Behauptungen einer Nachprüfung nicht standhalten. So beschrieb er einen bekannten Künstler, den er als einen guten Bekannten oder gar Freund bezeichnete, der ihn schon öfter eingeladen habe, als groß und schlank, während er in Wirklichkeit, wie mir von authentischer Seite versichert wird, klein und dick ist. Ein ebenfalls von ihm als guter Freund bezeichneter Arzt und Schriftsteller, bei dem der Stationsarzt sich erkundigte, ist mit Herrn Haringer persönlich gar nicht bekannt. Die einzige Beziehung scheint nach der uns gewordenen Auskunft die zu sein, dass er von Herrn Haringer mehrfach angepumpt worden ist. Mehr in den Bereich harmloser Übertreibungen gehört die Klage gegenüber einem anderen Bekannten, dem Herr Haringer aus der Klinik mitteilte, sein Leib sei voll von Geschwüren; in Wirklichkeit hatte er nur einen nicht sehr belangvollen Furunkel am Bauch.

Dass er auch seine Herzbeschwerden erheblich übertreibt, sei nebenbei erwähnt. Seine Klagen darüber wirken nicht sehr echt, insbesondere lassen sich die geräuschvollen Exspirationen, die er in Gegenwart des Arztes immer wieder produziert, keineswegs auf eine kardiale Atemnot zurückführen, diese hat vielmehr ein durchaus anderes Gepräge. Wie wenig ernst er selbst das Herzleiden nimmt, geht schon daraus hervor, dass er alle Maßnahmen, die ihm verordnet waren, wie Bettruhe, Einschränkung der Flüssigkeitszufuhr, Diät u.s.w., ablehnt. Er geniert sich auch nicht, seine Entlassung zu einer Reise nach Berlin zu fordern, obwohl er doch weiss, dass er mit Rücksicht auf seinen Herzfehler nicht haftfähig ist und daraus ableiten sollte, dass er sich die Strapazen einer Reise nicht zumuten dürfte. Auf den Arzt, der das Verhalten von Herzkranken kennt, wirkt, geradezu komisch die primitive und ganz ungenierte Naivität, mit der er immer wieder seinen Herzfehler und seine Nervosität als Haft- und Strafausschließungsgrund in den Vordergrund schiebt, während er auf der anderen Seite jede Schonungsbedürftigkeit vermissen lässt. Charakteristisch für seine enge, nur auf sich selbst eingestellte Denkart ist weiter seine Einstellung zur Frage der Zurechnungsfähigkeit. Er hält sich zwar nicht für geisteskrank, ist aber nicht ganz sicher, ob es für ihn in der gegenwärtigen Situation nicht besser wäre, wenigstens den § 51 für sich in Anspruch zu nehmen, und nachdem er gemerkt hatte, dass ihm seine Eigenschaft als Dichter nicht ohne weiteres die von ihm beanspruchte Ausnahmestellung auch vor Gericht sichert, sucht er in etwas würdeloser Weise über die Frage des § 51 (Unzurechnungsfähigkeit) zu verhandeln, wobei er nicht versäumt, Anspielungen auf die Macht der Presse nebenbei einzuflechten. „Es wird natürlich ein grösserer Artikel, seitenlang, in der Vossischen Zeitung etc. erscheinen". Ein andermal weist er auf verschiedene seiner Werke hin, so z.B. auf das "Schnarchen Gottes". Wer das geschrieben habe, müsse doch verrückt sein.

Er tut so, als wolle er die offensichtlich für den Gebrauch des Arztes bereitgelegten Bände dieses Werkes diesem nicht geben, weil er eine falsche Meinung über ihn bekommen könnte. Die Bändchen enthalten – offenbar nicht für die breite Öffentlichkeit, sondern nur für einen "Kreis von Erwählten" bestimmt – eine Reihe von witzlosen Versen, die sich lediglich durch ungenierte Anwendung unanständiger Ausdrücke auszeichnen, ohne auch nur das geistige Niveau einer guten Zote zu erreichen. Ich erwähne das nur, weil Herr Haringer, der jetzt wohl selbst nicht gerade stolz auf dieses Werk ist, diese Gedichte als Zeichen einer geistigen Störung anführt. Anhaltspunkte für das Vorliegen einer Geisteskrankheit ergeben sich daraus nicht. Erörterungen über den ästhetischen Rang dieser und anderer Werke des Herrn Haringer gehören im Übrigen nicht zu dem Bereich des medizinischen Gutachters. Herr Haringer sucht übrigens seine Sammlung von Latrineninschriften und Dirnenliedern in gleichem Sinne zu verwerten. Diese Veröffentlichungen habe ich nicht einsehen können.

Ein Eindruck von seiner Einstellung zu den verschiedenen ihm zur Last gelegten Straftaten ist nicht leicht zu gewinnen, da er hier mehr noch als sonst im Gespräch ablenkt. Er zeigt eine souveräne Verachtung der gerichtlichen Behörde, insbesondere der Staatsanwaltschaft. Zunächst macht es den Eindruck, als ob er sich im Laufe der Zeit in einen erheblichen Affekt gegen die Gerichtsbehörden hineingesteigert hätte. Wenn man dann aber erwartet, dass im Laufe des Gesprächs eine paranoische Auffassung gegenüber dem Staatsanwalt etwa herauskommt, so täuscht man sich. Es fehlt jede paranoische Verarbeitung;

Herr Haringer ist zwar auch heute noch nicht gut auf die genannten Behörden zu sprechen, immer von der Einstellung ausgehend, einen so bedeutenden Menschen wie ihn dürfe man nicht gerichtlich verfolgen, er gibt dabei aber, wenn auch mit herablassendem Tone, zu, es wäre vielleicht klüger gewesen, wenn er diese Briefe nicht geschrieben, diese Beleidigungen nicht ausgesprochen hätte, wenn man so arbeite wie er, dann könne man jedoch seine Nerven nicht behalten. Er betont immer wieder, er habe 50 Bücher geschrieben, dann denke man nicht so an die Folgen von Äußerungen. Er sage so etwas nicht aus Ehrgeiz, er sage das nur, um zu zeigen, dass sein Kopf wo anders stehe als bei derartigen belanglosen Sachen. Auch aus der Anzeige gegen den Staatsanwalt wegen Briefunterschlagung und aus seinen jetzigen Angaben dazu lässt sich nichts entnehmen, was mit echten Verfolgungs- oder Beeinträchtigungsideen zusammenhängen könnte. Man erkennt vielmehr immer wieder, dass es sich nicht um Beleidigungen eines Wahnkranken, etwa eines echten Querulanten handelt, sondern dass die Beleidigungen hervorgehen aus der Launenhaftigkeit eines unbeherrschten Menschen, der in seinem maßlosen Selbstbewusstsein der Meinung ist, dass seine Leistungen als Lyriker ihm jedes Rücksichtnehmen auf Gesetze, Herkommen und Sitte ersparten. Das ergibt sich deutlich bei der Besprechung derartiger Fragen, wobei immer wieder eine gewisse Diskussionsunfähigkeit zutage tritt. Er ist auch scheinbar gänzlich uneinsichtig bei dem Versuch, auf die gegen ihn schwebenden Beleidigungsklagen einzugehen; so will er z.B. durchaus nicht einsehen, dass der Ausdruck "unfähiger Streber", den er gegen den Obermedizinalrat Höchstetter gebraucht hat, eine Beleidigung sei. Er habe das nicht in beleidigender Absicht ausgesprochen. Wie die meisten aggressiven Leute ist auch er auf der anderen Seite von einer mimosenhaften Empfindlichkeit, wenn man ihm zu nahetritt; so hält er die Anschuldigung gegen Herrn Zollrat Hofmann aufrecht und lässt sich hier in keiner Weise belehren. Auch bezüglich der Anklage wegen Meineidsverleitung will er nicht einsehen, dass er irgendetwas Verkehrtes gemacht haben könne.

Bei all den hier geschilderten Eigenarten seines Persönlichkeitsbewusstseins, seiner Stimmung, seiner Denkart und seiner Einstellung zur gegenwärtigen Situation handelt es sich um Erscheinungen, die nicht als krankhaft angesehen werden können; auch sonst hat die Beobachtung keinerlei psychotische Symptome ergeben. Wahnideen, Sinnestäuschungen, Anfälle sind nie bemerkt worden. Erwähnt sei nur, dass sein Selbstbewusstsein mit all seinen Auswüchsen zum großen Teil auf eine hysterische Geltungssucht zurückgeführt werden muss, die wohl auch als Triebfeder für seine oft exzentrische Art sich zu benehmen in Betracht kommt. Seine Neigung, in zum Teil ungenierter Überheblichkeit zu renommieren, hängt ebenfalls mit seinen hysterischen Eigenschaften zusammen; denn die hysterischen Charaktere lieben es, vor sich und vor anderen als etwas Besonderes zu erscheinen, und um sich Geltung zu verschaffen, sind sie in der Regel nicht wählerisch in ihren Mitteln, vor allem sind sie fähig, sich derart in eine gedachte oder erträumte Rolle einzuleben, dass sie unter Umständen selbst an ihre Flunkereien glauben und sie auch im Tone innerer Überzeugung Vorbringen.

Beurteilung

Es handelt sich bei Herrn Haringer um einen sehr unausgeglichenen, geltungssüchtigen Psychopathen. Über seine offenbar nicht überall gleichmäßig geschätzten künstlerischen Leistungen habe ich nicht zu urteilen. Für den Psychiater ist allenfalls wichtig die wohl nicht ohne weiteres zu bejahende Frage, ob Herrn Haringers Bedeutung als Dichter und Schriftsteller einigermaßen seiner ungewöhnlich hohen Selbsteinschätzung entspricht. Sicher erscheint mir jedenfalls, dass er auch außerhalb seiner lyrischeren Tätigkeit von der dichterischen Freiheit einen ungewöhnlich ausgedehnten Gebrauch machte.

Wie viele Psychopathen passt Herr Haringer sich in keiner Weise seiner Umwelt an, und er hält es offenbar auch gar nicht für nötig, sich in dieser Beziehung irgendwie zu bemühen oder sich etwa gar einmal Zwang aufzuerlegen. Dass ihm eine Anpassung von anderen Leuten schwer gemacht würde, kann man für die letzten Jahre wenigstens nicht sagen, denn wenn seine Angaben richtig sind, so ist er in dieser Zeit allgemein anerkannt oder zum mindesten beachtet worden und hat auch Geld genug gehabt, um ohne Schwierigkeiten leben und arbeiten zu können. Nach dem zur Verfügung stehenden Material macht es mir übrigens den Eindruck, als ob Herr Haringer ab ovo gar nicht so sehr schwierig in der Anpassung wäre, aber er gibt sich in etwas sensationeller Art exzentrisch, offenbar weil er meint, dass zur genialen Begabung, die er für sich in Anspruch nimmt, auch ein genialisches Verhalten gehöre. Leider macht dieses sein Verhalten, eben weil es gekünstelt ist, keinen echten Eindruck, ebenso wie sein Selbstbewusstsein in dieser grotesken Aufmachung nicht als Ausdruck einer großen Persönlichkeit wirkt, sondern eher einen reklamehaften Anstrich hat. Dabei tritt vor allen Dingen eine erhebliche Geltungssucht zutage, die, gemeinsam mit seiner Neigung zu Pseudologien, ihn als hysterische Persönlichkeit erkennen lässt. Wie viele Hysteriker ist auch er sich wohl über die Grenzen zwischen Wahrheit und Dichtung nicht immer ganz klar, ja er vermeidet es gerne, gegen sich aufrichtig zu sein, und man gewinnt wenigstens zuweilen den Eindruck, dass er einen Teil der immer wieder vorgebrachten Übertreibungen und Aufschneidereien vielleicht selbst glaubt oder wenigstens glauben möchte. Die Art und Weise, wie er sich bei präzisen Fragen in Unklarheiten verliert, erinnert ebenfalls viel an das Verhalten eines allerdings nicht sehr gewandten Hysterikers, der sich in unklaren Situationen wohlfühlt und sie der nüchternen, dabei aber oft unerfreulichen Klarheit vorzieht. Hysterische Züge sind offenbar auch bei seinen Erregungszuständen mit im Spiele. Er mag wohl ein von Hause aus in primitiver Weise erregbarer Mensch sein, aber die Art und Weise, wie er diese Erregtheit in schriftlichen Beleidigungen entlädt, lässt erkennen, dass er sich in hysterischer Weise in seine primär gar nicht erhebliche Erregung hineinsteigert, dass er bei seinen schriftlichen Ergüssen sich gänzlich unbeherrscht sieht noch weiter in seine Wut hineingleiten lässt. Unterstützt wird das Zustandekommen der Beleidigungen wohl noch durch den Umstand, dass Herr Haringer wohl seit langem von kritiklosen Verehrern verwöhnt worden ist, dass alle seine Launen und Ungezogenheiten als geniales Tun nicht nur verziehen, sondern bewundert und sogar herausgefordert wurden. Dafür, dass Herr Haringer in diesen Zeiten irgendwie psychotisch gewesen wäre, spricht nichts. Auch jetzt findet sich nichts Krankhaftes

in seinem Seelenleben. Die Erinnerungsfähigkeit an die ihm zur Last gelegten Straftaten ist gut, und nach allem hat er auch in diesen Zeiten Rauschgifte in irgendwie erheblichen Mengen nicht zu sich genommen. Danach ergeben sich aus der Beobachtung unter Verwertung der Akten und unter Berücksichtigung der mir zugänglichen sonstigen Angaben keine Anhaltspunkte dafür, dass Herr Haringer die ihm zur Last gelegten Straftaten in einem Zustand von Bewusstlosigkeit oder krankhafter Störung der Geistestätigkeit begangen hat, durch die seine freie Willensbestimmung ausgeschlossen gewesen wäre. Er ist zweifellos ein launenhafter weicher Psychopath, der sich in seiner Überheblichkeit leicht gekränkt fühlt und aufgeregt wird, der sich dann vermögens seiner hysterischen Eigenschaften leicht in eine gewisse Erregung hineinsteigert und sich dabei in Anbetracht seiner künstlerischen Tätigkeit zu keinerlei Selbstbeherrschung verpflichtet fühlt.
Professor,

Bostroem

Oberarzt der Psychiatrischen und Nervenklinik"

Haringer und die Justiz

Haftbefehl

"Haringer Johannes Jakob, geb.16.3.1898 in Dresden, Sohn von Hans und Franziska Haringer, geb. Albert, ledig, Schriftsteller in Aigen bei Salzburg, z. Zt, unbek. Aufenthalts ist hinreichend verdächtig fortgesetzt auf Grund eines einheitlichen Entschlusses durch die gleiche Handlung 3 Personen beleidigt und teilweise zugleich in Beziehung auf diese nicht erweislich wahre Tatsachen behauptet zu haben, welche dieselben in der öffentlichen Meinung herabzuwürdigen und verächtlich zu machen geeignet sind.
Gegen den Beschuldigten Haringer schwebt seit 1929 bei der Staatsanwaltschaft bei dem Landgerichte Traunstein ein Verfahren wegen Meineidsverleitung (0 786 /29).

Mit der Sachbearbeitung waren bis 1.1.1932 Staatsanwalt Böhm und seit diesem Zeitpunkt I. Staatsanwalt Engel betraut. Diese unterstanden dem Vorstand der Staatsanwaltschaft Oberstaatsanwalt Kellerer. Seit November 1929 richtete der Beschuldigte an die St.A. Traunstein oder deren vorgesetzte Behörden, den Generalstaatsanwalt bei dem Oberlandesgerichte in München und das Bayerische Staatsministerium der Justiz in München Zuschriften ,welche bestimmt sind, den Leiter der St.A. Traunstein und den jeweiligen Sachbearbeiter in dem Ermittlungsverfahren gegen Haringer, in ihrer Ehre zu kränken, wobei Haringer gleichzeitig Behauptungen aufstellt, welche den Beamten schwerste Dienstpflichtverletzungen und Verstöße gegen Strafgesetzte zur Last legen. In allen diesen Fällen hat Haringer auf Grund eines von Anfang an vorhandenen Entschlusses gehandelt, durch wiederholte Beleidigungen und Vorwürfe die Durchführung des gegen ihn schwebenden Strafverfahrens zu erschweren."

So schrieb Haringer in einem am 3.11.29 bei der St.A. Traunstein eingegangenen Schreiben unter anderem:

Die Traunsteiner Staatsanwalt findet, gelinde ausgedrückt, den Mut gegen mich ein Verfahren und Fahndungsbefehl, der übrigens sämtlichen anderen Behörden nur ein Lächeln und Kopfschütteln macht, wegen Hochstapelei zu eröffnen….
Der Handlung aber dieser bayerischen Beamten wird sich das ganze übrige Deutschland für Bayern schämen.

Am 30.11.29 schreibt er der St.A.Traunstein: „*Sie haben binnen 3 Tagen jene staatlichen Angestellten namentlich bekannt zu geben, die sich an dem groben Unfug und Ungesetzlichkeiten gegen mich beteiligt haben, widrigenfalls sind die direkten Anzeigen gegen die dortigen Behörden an sie richtet.*" Am 20.1.31 ging bei der St.A. Traunstein ein als Abschrift bezeichnetes Schreiben an die Oberstaatsanwaltschaft München ein.

Zur Oberstaatsanwaltschaft München
Betrifft: Anzeige gegen den Traunsteiner Staatsanwalt.

Der Traunsteiner Staatsanwalt hat aus Rache und Gehässigkeit, da ich vor Jahren seine totale Unfähigkeit in der gesamten deutschen- und Weltpresse bewiesen, vor Monaten die Zensierung und Durchsuchung meiner Post angeordnet, der auch durch unterordnete Personen nachgekommen sind.

Da mir in letzter Zeit zahllose wichtige Post abhanden gekommen ist, liegt es mir nahe, diese öffentliche Stelle verantwortlich zu machen.

Ich erstatte daher gegen den Traunsteiner Staatsanwalt und seine Helfershelfer Anzeige wegen Diebstahls und Unterschlagung von Post -etc- Sendungen.

Aigen b. Salzburg am 7.Jan.1931. Gez.: Haringer.

Eine Zuschrift vom 23.3.32 gegen die St.A. Traunstein hatte folgenden Inhalt:

Jakob Haringer
Aus "Abrechnung": Kapitel: Traunstein:

…. eine mehr grotesk = hinterlistige als lächerliche Person war und ist der vom "Staat " bedienstete & Staatsanwalt " (!!!). Seine in Traunstein jedem Schusterjungen bekannten Verirrungen, Ausschreitungen und Gewalttätigkeiten mögen andere interessieren, ich spreche hier nur über das schleimige Gebahren, das diese schmierige Polizistenseele mir gegenüber gezeigt, zugänglich für jede, die gemeinste, dümmste und unmöglichste Denunzierung, – während er oft genug Gendarmerie, Kriminale und andere, die von Spioniererei und Schuftigkeiten leben, mir nachsandte – haben nicht nur die Gemeinheit, sondern auch die grässliche, lächerliche Dummheit dieses ganzen Systems bewiesen. Der vollkommenste Idiot ist diesen Lakaien als Zeuge maßgebend und ein Heer von Spitzeln und ähnlichen gewissenlosen Halunken wird in Szene gesetzt, meist mit dem Resultat, dass man sich wieder mal gehörig blamiert (folgt Aufzählung und Schilderung der von mir selbst und anderen erlebten Vorkommnissen).

Am 3. Mai 1931 übersandte Haringer nachfolgenden Zeitungsausschnitt an die St.A. Traunstein mit der Bermerkung, dass weitere Bemühungen zwecklos seien, und die St.A. sich überflüssige Lächerlichkeiten ersparen möge.

"Die Liga für Menschenrechte und die bayerische Meineidsseuche.
Zahllos sind die Verdienste der Liga um wahre Gerechtigkeit.
Im Plenarsaal des Herrenhauses und Reichswirtschaftsrats tagten gestern Prozessor Dr. Jastrow, Oberstaatsanwalt Köhler, St.A. Dr. Loewenthal, Dr. Karl Misch, Justizräte Wertheimer und Zeitz, sowie zahlreiche bedeutende Juristen über: Die Meineidsseuche.

Es ist als bestimmt anzunehmen, dass sich das Reichs Justizministerium nun energisch mit den besprochenen unerhörten Fällen beschäftigt. Besonders und dringendst wurde auf den Traunsteiner Staatsanwalt verwiesen, dessen jüngstes Opfer der berühmte Dichter Jakob Haringer, selbstredend gänzlich unschuldig, aber was wäre bei diesem Traunsteiner Gericht wohin nicht möglich. Wir erinnern nur an die stenographisch aufgenommene Schilderung Haringers einer Traunsteiner Verhandlung, die wäre sie nicht so tragisch für die ärmsten Opfer, von Zwerchfell erschütternder Komik. – Die sehr zahlreich anwesende Presse notierte sich fleißig über das unglaubliche, unerhörte Material. Wir sind überzeugt, dass unsre Rechtsprechung doch nun bald besseren Wegen entgegen geht. Eine schärfste Säuberungsaktion ist mehr als angebracht."

Am 16.5. 1931 ging folgender Brief bei der Staatsanwaltschaft Traunstein ein:

Betreff: schwere Ausschreitungen durch den Staatsanwalt Engel, beim Landgericht Traunstein.
Hiermit mache ich das bayerische Justizministerium auf einen Beamten aufmerksam, mit dem sich, und nicht im guten Sinne, bereits zahlreich die gesamte Große Tagespresse beschäftigt und so lange beschäftigen wird, bis die maßgebenden Stellen Abhilfe geschaffen.

Betreff meines Namens, verweise ich auf sämtl. Literaturgeschichten und Lexikas, besonders auf Meyers Konvers. Lexikon und den Brockhaus. Meine Bücher sind in alle Kultursprachen übersetzt, würden durch zahlreiche grosse Literatur Preise ausgezeichnet (Schillerpreis, Kleistpreis, Gerhard Hauptmannpreis, Sächsischer Staatspreis). Als nebensächlich erwähne ich, dass ich bayerischer Staatsangehöriger und bayerischer Schwerkriegsbeschädigter bin. Vor 5 Jahren wurde ich anlässlich eines Umzugs des Vergehens der Zollhinterziehung bezichtigt. Dass ich natürlich völlig unschuldig ist gänzlich einerlei, jedenfalls wurde ich, nachdem mehrere Nobelpreisträger, viele hunderte große Dichter und Schriftsteller des In-und Auslandes beim Reichsjustiz Minister, energischst protestiert und mehrere bedeutende Abgeordnete (Prof. Dr. Dr. Dr. Dessauer usw. usw.) persönlich beim Herrn Min. vorstellig wurden, „begnadigt. Nach über 5 Jahren also, fühlt Hr. Staatsanwalt Engel sich berufen, gegen mich eine Voruntersuchung, wegen wahrscheinl. Verführung einer Zeugin zum Meineid – einzuleiten. Das Verfahren, glaubt er sich dadurch wohl äußerst erleichtert, dass die Zeugin bereits vor 5 Jahren, scheinbar ohne Erlaubnis des Herrn Staatsanwalt verstorben. Ohne auch nur im geringsten mich über eine derartige Beschuldigung zu rechtfertigen (meine diesbezüglich weiteren Angaben stehn künftig hin im Berliner Tageblatt und den andern großen Tagespressen), ersuche ich das Justizministerium die diesbezüglichen Akten einzufordern. Es erübrigt sich wohl daraufhin alles Weitere.

Als eigentlich nebensächlich erwähne ich, dass Hr. Staatsanwalt A. Engel einen per Adresse Landgericht gesandten Brief für einen Traunsteiner Rechtsanwalt, bis heute – also nach über 2 Monaten – nicht ausgehändigt.

Nachstehende Münchner Persönlichkeiten sind jederzeit bereit für meinen Ruf als Dichter und Menschen zu bürgen: Heinrich Mann, Dr. Hans Carossa, Dr. Bruno Prank, A. de Nora, O.Behrend (Redakteur der Münchner Neusten Nachrichten), Prof. Karl Muth (Herausgeber vom "Hochland"), H.L.Held, Stadtbibliothekar der Stadt München, und viele andere.

Ich ersuche das bayerische Justizministerium gegen ein derart über-

eifriges Gebahren, das ungerecht, wie beschämend für die Justiz, die
nötigen Schritte zu unternehmen und danke im Voraus dafür.

Vossische Zeitung
Gez. Haringer
Berlin, am 7. Mai 31

Diesem Brief lag der bereits angeführte Zeitungsausschnitt „Die Liga
für Menschenrechte und die Bayerische Meineidsseuche" sowie ein
Zeitungsausschnitt "Sadistische Richter" mit folgendem Wortlaut bei:

"Zu dem gestrigen Aufsatz von Oberstaatsanwalt Köhler über dieses
Thema, teilen wir mit (heute nur in Kürze, wir kommen aber darauf
noch ausführlich zurück!), dass der Name dieses gewissenlosen, trau-
rigen Strebers Engel ist, um den sich wohl vorerst das bayerische
Justizministerium noch sehr ernstlich kümmern wird. In Traunstein
sind es allein jährlich noch ca. 30 Meineidsverurteilungen. – Auch der
Briefunterschlagung hat sich dieser holde Engel schuldig gemacht.
Einen p. Adr. Landgericht gesandten Brief für einen Traunsteiner
Rechtsanwalt hat er unterschlagen. Nun, es wird kürzestens dafür
gesorgt werden, dass die Austreibung dieses Engels aus seinem Meineids
Paradies nicht mehr zu lange dauert."

Der gleiche Brief, der am 16. Mai 1931 bei der Staatsanwaltschaft Traunstein einging, erreichte am 18. Mai 1931 mit den selben Beilagen den Generalstaatsanwalt des Oberlandesgerichts München, der feststellte:

"Diese Handlungen erfüllen den Tatbestand dreier fortgesetzter rechtlich zusammentreffender Vergehen der Beleidigung rechtlich zu-
sammentreffend mit je einem Vergehen der üblen Nachrede gem. §§
185,186 RStGB. Strafantrag ist gem. § 196 StGB gestellt. Gem. § 112
StPO wird hiermit angeordnet, dass Haringer, Jakob verhaftet und dem
unterfertigten Amtsrichter unverzüglich vorgeführt werde. Die Haft
wird angeordnet, weil der Beschuldigte unbekannten Aufenthalts ist
und sich der Strafverfolgung entziehen will. Haringer ist auf Grund des

Gutachtens der Psychiatrischen und Nervenklinik München vom 9.Juli
31 zurechnungsfähig.

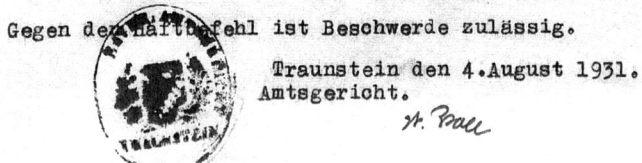

Gegen den Haftbefehl ist Beschwerde zulässig.

Traunstein den 4.August 1931.
Amtsgericht.

Rudolf Felmayer[55]

Jakob Haringer und seine Zeit

"Über der österreichischen Dichtergeneration der um 1900 Geborenen
waltet ein eigener, zäher Unstern. Diese heute ungefähr Fünfzigjähri-
gen durch die Reife ihres Lebens und ihrer Leistungen schon seit
mindestens einenhalb Jahrzehnten zur entscheidenden geistigen
Rolle in unserem Lande prädestiniert, sind heute mit ganz wenigen
Ausnahmen noch immer in die Außenseiterposition verwiesen, wie
nur je zu Beginn ihres Schaffens. Es ist, also ob sie für die unter un-
vergleichlich günstigeren Umständen errungenen Erfolge der ihnen
Vorangegangenen mitbezahlen müssten.

Schon ihre entscheidenden Lehrjahre wurden zunichtegemacht oder
mindestens empfindlich verzögert durch den ersten Weltkrieg. In den
darauffolgenden Jahren wurden die entscheidenden zeitgenössischen
Beispiele, wie zum Beispiel der Expressionismus, die Ausdruckskunst,
nicht von unserem plötzlich so eng gewordenen Vaterland geliefert.
Und die von außen kommenden Anregungen begegneten hier weit-
gehendem Unverständnis oder der üblichen Gleichgültigkeit. Als dann

---

55 Rudolf Felmayer, (24. Dezember 1897 Wien, † 27. Jänner 1970), war Bibliothekar, Absolvent
der Handelsakademie, Bankbeamter, dann freier Schriftsteller (literarische Tätigkeit ab 1929, erster
Gedichtband 1936 [„Die stillen Götter"]). 1945/1946 Neuorganisation der Literarischen Abteilung des
Rundfunks, danach Referent für Lyrik im Studio Wien, Bibliothekar in den Städtischen Büchereien,
Referent für Literatur im magistratischen Kulturamt und Volksbildner. Er verfasste Lyrik, schrieb
Beiträge für Zeitschriften (Mitarbeiter bei *Der Plan*, *Österreichisches Tagebuch*, *Die Brücke*). In Wien
wurde eine Gasse nach ihm benannt.

nach langer, stiller und zäher Arbeit diese österreichischen Dichter der Generation um 1900 ihren eigenen, unseren neuen Lebensverhältnissen angepassten neuen Ton zu finden begannen, wuchs gleichzeitig damit in Deutschland der Expansionstrieb um jeden Preis und mit allen Mitteln.

Er spaltete die hiesige Autorenschaft in drei Lager; in jene stetig wachsende, lediglich provinziell reagierende Gruppe, zu der auch die alten Großdeutschen

und Deutschnationalen gehörten, die dabei ein gutes ritterlich-romantisch verbrämtes Geschäft witterten; weiter in jene speziell wienerischen Gruppe der Älteren, die die gute Europäer Tradition aufrechtzuerhalten bemüht war, inmitten einer zunehmend gefährdeten Überlieferung; und endlich in jene, die nicht mehr die intakte Welttradition erfahren hatten und nun in einer chaotisch zerklüfteten, von schweren Geburtswehen geschüttelten Zeit sich ihrer wahren Stellung in der Welt vor ihrem Gewissen zu versichern suchten. Dann kam fast ein Jahrzehnt absoluter Barbarei mit ihren „Eingeborenen"-Riten und Medizinmann- und Geheimbund-Weltvorstellungen, mit Fruchtbarkeitszauber und Kriegsmagie. Sie wurde schallend von all denen begrüßt, die Großmütigkeit mit geistiger Priorität, und Engstirnigkeit mit Heimat- und Volksverbundenheit verwechselten, und die noch heute überzeugt sind, dass ihnen jetzt bitter Unrecht geschieht. Sie halten nämlich, und mit ihnen die vielen, die an den süßen, bequemen Vorurteilen lebenslang ihr Genüge finden, sie alle hatten ihren Dorf- und Kleinstadthorizont für maßgebender als die Meinung der gesamten übrigen fünf Weltteile.

In diesem stickigen, geistigen Bodendunst sollen nun die wirken, für die dieses karge und harte Leben eine Schule der Weisheit für sich und alle war. Sie stören die auf Leichtfertigkeit aufgebauten Hoffnungen, sie stören den alten abgetakelten Zirkus mit dem frischgestrichenen Ladenschild „Sagen wir es war nichts", sie stören die unentwegten Geschäftemacher und Verfechter der menschenfreundlichen Devisen „Aber das Publikum verlangt es", und „man muss den Menschen doch wieder Freude geben", wobei sie aber nur jene meinen, die sich in ihren Freuden sowieso nie stören ließen.

Wenn trotzdem einige der Generation um 1900 verdiente Anerkennung erreichen, wie Rudolf Henz, wie Brunngrabner, Csokor oder Hans Nüchtern, dann wird diese Einsicht sogleich geschmälert durch das laut verkündete gute Gewissen, nun doch wirklich gezeigt zu haben, wie dankbar und aufgeschlossen man für geistige Besinnung ist. Damit glaubt man sich weitere Unbequemlichkeiten erspart zu haben und Leute wie Leitheim, Theodor Kramer, Ernst Waldinger, Alfred Pentz, den zu früh Verstorbenen, oder Wilhelm Szabo, Paula Ludwig (die Reihe wäre ohne Mühe weiter fortzusetzen) oder Jakob Haringer weiter totschweigen zu können, besser gesagt, mit Brosamen abzuspeisen, um uns mit den Ladenhütern aus der Nazizeit, gefälligst überreicht durch sattsam bekannte Nur-Poeten, weiter sattsam notfüttern zu können.

Es ist nicht üblich, eine Betrachtung zu einer absolut lebensbejahenden, weltzugewandten Dichtung, wie es die Jakob Haringers ist, so abseits von positiven, optimistischen Ausblicken zu halten, aber selbst diese gibt nur eine schwache Vorstellung von der Verbitterung, die aus den Briefen dieses wahrhaft urwüchsigen, volkstümlichen und selbst aus dem Urkern unserer Bevölkerung stammenden Dichters schreit, der als geachteter Schriftsteller „bei vollen Schüsseln" in seiner Schweizer Emigration sitzt und sich vergeblich zur Übernahme einer wirklich lukrativen Hilfslehrerstelle irgendwo in seiner Heimat in den Bergen angeboten hat. Der 1898 Geborene wurde 1938 von einem freundlichen Berufskollegen, der noch heute sehr aktiv und hochgeehrt im Salzburgischen wirkt, radikal von seinem kleinen Grundbesitz samt Haus, Kunstschätzen und Habe befreit, wobei allerdings dieser Kollege sämtliche Manuskripte Haringers gewissenhaft der Gestapo übergab. Die ganze Umgebung dort kennt den genauen Vorgang. Man teilte dieses Wissen auch dem im Ausland weilenden Dichter mit, aber sonst befleißigte man sich vornehmster Nichteinmischung. Dazu kommen die Gastspiele neugebackener österreichischer Demokraten in der Schweiz, die der jahrelang selbstlose Antifaschist Haringer in ganz anderen Rollen gekannt, beziehungsweise deren damaliges Wirken er am eigenen Leib gründlichst verspürt hat. Dass solche Gepflogenheiten dem wahrhaftig nicht geringen ehrlichen und opferwilligen Teil der Österreicher indirekt mehr Schaden zufügen als dem geschädigten Haringer selbst, ist wohl das Traurigste an dieser Sache. Einem einzelnen zu seinem Recht zu verhelfen ist nicht so schwer, aber die gute Meinung über ein ganzes Volk wiederherzustellen, bedarf sehr, sehr vieler Mühe…

Nun zur künstlerischen Bedeutung dieses Dichters, dessen Popularität mit der schwindenden Selbstständigkeit Österreichs gegenüber Deutschland ebenfalls verschwindend gemacht wurde. Wir nannten vorhin Haringer einen Volksdichter. Das war und ist er in ganz selbstverständlicher und eben darum eigenartigster Weise. Nicht wie Theodor Kramer, seinem dichterischen Gegenpol, ist ihm der schwere rhythmische Schritt auf schwerer, haftender Erde zu eigen, nicht wie bei Kramer ist sein Werk ein Kompendium ethnographischer und geographischer, geologischer, ja geopolitischer Hinweise, nein, Haringer singt, und immer aus übervollem Herzen. Auch seine Landschaften sind eigentlich nur die des Herzens, vergebens wird man genaue Darstellungen der äußeren Situation suchen. Aber dass es Österreich und darin das von ihm so geliebte Land Salzburg ist, tönt aus jedem Laut seiner Waldvogel Lyrik. Gegen ihn wirken alle die hinaufgelobten Blut- und Boden-, das heißt jetzt als Heimatdichter betitelten, wie Reiter auf hölzernen Ringelspielpferdchen, die immer wieder in dieselben Gegenden kommen. Denn Haringers Weg ist der stets vorwärtsführende jedes Menschendaseins: von der Jugend nach Zielen seiner Sehnsucht und auf dem Pfad ins Dunkel, rück-gewandt nach den goldenen Stätten der Erinnerung. Was sich bei ihm wiederholt, ist nur der Ausdruck immer wieder aufbrennender, jugendalter Sehnsucht, der Ausdruck des Leides das unser tägliches Brot ist, und der Freude, die ihre Früchte für die seltenen Festtage spart. Seine Formgebung hierfür ist geschmeidig und locker, allen Nuancen angepaßt, ein fließendes Kleid, darein sich keine Falte einpreßt. Seine Gedichtbände, heute Unika, warten vergebens auf Neuauflegung. Und doch beweist ihre stattliche Anzahl, dass unser Volk seinen Dichter ebenso erkannte wie diesem Leid und Freude seiner Brüder vertraut und zu sagen gegeben war. Literaturgeschichtlich sehr interessant und ein lebendiges Beispiel für die Haltlosigkeit der auf alle unmöglichen Gebiete verpflanzten Rassentheorie ist der Umstand, dass eine ähnlich freimütige, tiefmenschlich lebensbejahende, dem täglichen Atem abgelauschte dichterische Aussage lediglich in der frühen Lyrik des weltläufigen Großstadtdichters Franz Werfel, der in Prag geboren wurde, zu finden ist."

∗∗∗

Der Text erschien im *Österreichischen Tagebuch – Wochenschrift für Kultur, Politik, Wirtschaft,*[56] Nr. 33 29.8. 1947. Es dürfte der letzte Artikel sein, der noch zu Lebzeiten Jakob Haringers erschienen ist.

---

56 Die von der KPÖ finanzierte Wochenschrift erschien erstmals im April 1946 und etablierte sich unter der Redaktion von Alexander Sacher-Masoch als offenes, antifaschistisches Diskussionsforum. 1947 übernahm der kommunistische Publizist Bruno Frei die redaktionellen Agenden. 1950 wurde das Adjektiv „Österreichisches" weggelassen und der Politiker und Schriftsteller Ernst Fischer sowie Viktor Matejka, der zwischen 1945 und 1949 als Wiener Stadtrat für Kultur und Volksbildung fungierte, wurden als Redakteure eingesetzt. Ein Schwerpunkt der Zeitschrift lag auf Kurzberichten, Notizen und Glossen.

Zur Eigenvorlesung am Samstag, 28. Juni

Jakob Haringer
Aufn. Atelier Jacobi, Charlottenbur

Von Dr. Siegfried Freiberg

Haringers Dichten ist sein Leben. Jeder seiner unzähligen Verse ist sein Atem, sein Gefühl, ist er selbst. Dieses, daß man sein Leben liest, wo immer man seine Bücher aufschlägt, ist das Charakteristische, das Auszeichnende für diesen Dichter. Dichter wahrlich noch im edelsten Sinn des Wortes, denn seine Gedichte sind nicht erquälte Produkte kühler Überlegung, sie stehen ebenso weit ab von jener konventionellen Gefühlsschwärmerei des Heeres der dilettantischen Versemacher. Sein Schaffen ist Notwendigkeit, ehrliche Befreiung. Seine Worte sind wie Bitten und Gebet, sind Rufe aus leiblicher und seelischer Not von seiner rastlosen Wanderschaft, sind Impressionen, aneinandergereiht in der Unbekümmertheit seines Wesens, aus Freude und Trauer des Tages, der Stunde, und in jener höheren Bindung von Musik und Gefühl, wie es süddeutsche, österreichische Art ist.

Haringer ist arm, blutarm, trotz der Anerkennung vieler Großen und trotz mancher Preisverleihung — er ist Träger des Gerhart-Hauptmann-Preises 1925 — weil er auch den Armen lebt. Sein Leben ist ein abseitiges, eigenwilliges, das eines Brudermenschen auf der Landstraße, in Cafés, Spitälern und Armenhäusern und auf Rummelplätzen des niederen Volkes, eines Originals. Seine Welt ist die der armen und naiveren Menschheit, aber es weiß auch von der Gnade der Armut, jenem „Glanz nach innen" Rilkes, die ihn so besonders befähigt, all die Dinge dieser Welt in einer Tiefe und Schönheit, in ihrer Wahrheit zu erspüren, wie es ähnlich nur Altenberg oder Hille gegeben war. Mancher sieht in solcher scheinbar hemmungslosen, nur seinem Ideal zugeneigten Existenz ein Verächtliches, diejenigen, welche die Maske vorm Gesicht haben, können es nicht vertragen, daß einer unter ihnen offen und konsequent sein Leben führt, seinen Schmerz aussingt und zur Schau trägt, ja sie schämen sich für ihn, anstatt für sich, weil er ihre künstliche Welt und ihre falsche Moral verachtet.

Haringer hat Berge von Manuskripten geschrieben, ein umfassendes lyrisches und zum Teil auch episches Werk ist die Frucht vieler Jahre, von allem Urgefühl der Menschen, von Freude und vor allem von Trauer, von Sehnsucht, Heimweh, Einsamkeit und Verzweiflung spricht sein Inhalt. Ein Stück Ur-Leid liegt in den Ergüssen dieser mystischen Seele. Er ist groß in den Stimmungen, den blitzschnell hingetuschten Bildern von Farbe und Klang, und wie alle Überschriften seiner Gedichte glänzend, so überraschend von Ursprünglichkeit sind die Gedanken in den Versen. Ein Großteil seiner Gedichte ist gesammelt in den Bänden „Die Dichtungen" 1925, „Kind im grauen Haar" 1926 und „Heimweh" 1928, und in seiner Zeitschrift „Die Einsiedelei". Eine Reihe von Romanen und Geschichten sind in dieser erschienen. Und manche sind so verrückt maskiert und grotesk wie das „Räubermärchen", eine Satire in der Art Fischarts auf das öffentliche Leben, und sind dabei ernste, tiefernste Bücher in dem Unverstand der Zeit.

Bei diesem Ausmaß seiner Dichtung ist es nur verständlich, daß manches in der Form zu Saloppe, Krasse, Banale darin zu finden ist, denn Haringer hat absolut kein Gefühl für Form, und aus mancher seiner zu freimütigen und ungezügelten Außerungen in seinen Versen resultieren die Angriffe seiner Gegner. Noch einmal: wer Haringer verstehen will, muß auch einfach werden können und kindlich, man muß Gefühl haben für eine warme Dichterstunde. Dann wird sein volkstümlicher Ton, das „Glück seiner Schwermut Guckkästen", die „Trostspielzeuge", die er schenkt, den Mitkameraden auf der Schattenstraße des Lebens erkennen lassen, sie werden den im Mitgefühl beglückten und dankbaren Empfänger finden müssen. Denn diese Gedichte sind wie keine dazu berufen, in unserer der Lyrik so feindlichen Zeit die breite Masse durch ihre volkstümliche Note dem Gedicht wieder zuzuführen. Dieser Erfolg gibt Haringer vielleicht die Möglichkeit, seinem Werk die letzte Härte und Geschlossenheit zu geben, die ihm bisher mangeln mußte, daß er dem überschwenglich prophezeienden Urteil seiner begeisterten Verkünder zurechtkommt, daß er seiner Dichtung der flüchtigen Stimmung das Bleibende gibt.

Der „Dichter" Jakob Haringer

Die im Dienste der Katholischen Aktion stehende Wiener Zeitschrift *Monatsschrift für Kultur und Politik* brachte in ihrer Juni-Nummer eine wohlwollende Würdigung des Dichters Jakob Haringer und verwies auf sein bei *Pustet* in Salzburg erschienenes Buch „Vermischte Schriften". In den *Nationalsozialistischen Monatsheften*[57] erscheint im Oktober 1936 u.a. in Bezug darauf folgende Kritik:

> „Die Persönlichkeit Haringers umgibt ein Hauch von Bohéme. Vieles Eigenartige und Sonderbare in seinen lyrischen Werken ist darauf zurückzuführen, doch das ist nur ein Nebenmoment, unbestritten bleibt die Bedeutung der künstlerischen Anlage und die Entschiedenheit, mit der sich sein Schaffens-trieb durchsetzt. Wenn sein Talent auch nur einen verhältnismäßig kleinen Ausschnitt aus dem menschlichen Seelenleben beherrscht, so

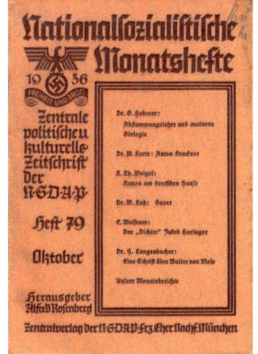

gestaltet sich seine Welt doch sowohl im Lichte einer herzensseligen Überschwänglichkeit als auch von der Seite einer abgeklärten und im Humor beruhigten inneren Freiheit... Man kann ihm nicht böse sein, denn er ist bei der ganzen Abenteuerlichkeit seiner geistigen Erscheinung nach eine Stimme aus dem innersten der Seele... Dank dem mutigen Wagnis des Verlages Anton Pustet ist es gelungen, die schönen Dinge in Gedicht und Prosa, die Haringer geschaffen hat und die den Eingeweihten zum Teil schon seit Jahren bekannt waren, nun einem größeren Leserkreis zugänglich zu machen.'

Man weiß nicht, worüber man sich mehr wundern soll, über die neue religiöse Lyrik der Muse Jakob Haringers oder über die Instinkt-losigkeit, mit der man sich im katholisch-konfessionellen Lager für diesen Dichter einsetzt.

---

57 Zentrale politische u. kulturelle Zeitschrift der N.S.D.A.P., Heft 79, Oktober 1936. Herausgeber Alfred Rosenberg/Verantwortlicher Schriftleiter Matthes Ziegler – beide Berlin.

Die, in dem bei Pustet erschienenen Band von Haringers „Vermischte Schriften" angeschlagenen religiösen Töne vom „lieben hl. Joseph und vom liebsten Herrn Jesus und von der schönsten Jungfrau Marie" – nehmen sich recht sonderbar aus, wenn man sie mit den schamlosen Lästerungen und schmutzigen Zoten vergleicht, welche dieser Dichter Jakob Haringer, „diese Stimme aus dem innersten der Seele" in so überreicher „Überschwenglichkit" anderweitig geschrieben hat.

Der Dichter Jakob Haringer, für dessen fromme Muse sich heute Organe der katholischen Aktion glauben einsetzen zu müssen, gehört zu jenen üblen Vertretern des jüdischen Kulturbolschewismus, die in der vergangenen Systemzeit es sich zur Aufgabe gesetzt hatten, das ganze deutsche Schrifttum systematisch zu verseuchen und für den Bolschewismus reif zu machen, indem sie hemmungslos alle religiösen und kulturellen Werte des deutschen Menschen begeiferten und lächerlich machten. Es ist nicht möglich, auch nur andeutungsweise die Zoten und Blasphemien wiederzugeben, von denen die zahlreichen Werke Haringers strotzen, ja, deren nahezu einzigen Inhalt sie ausmachen. Die absurdesten und perversesten Vorstellungen, die schauerlichsten Wortverrenkungen und Satzgebilde kennzeichnen Haringers Muse als typische Irrenhauspoesie des verflossenen Dadaismus.

„Ich bin der letzte Morgengast der müden Hur'" bekennt Haringer in seinem Buch „Die Dichtungen". Das „Marienbuch", „Das Schnarchen Gottes", verlegt bei Brundel in Amsterdam, „Deutsche Latrineninschriften", verlegt im Stromverlag, Berlin, – um nur einige Beispiele zu nennen – sind geradezu Orgien der Unflätigkeit und des Schmutzes. Zur Kennzeichnung der Muse Haringers einige Kostproben:

„Der liebe Gott schimpft von der Kanzel und
Die Bibel sein Geschäftsbuch ist schmutzig
Die Herzzwiebel schält er ab. Ich bin
fast schon töter noch wie tot. Ja,
ich fehl mir immer. Schaut einmal nach
ob ich noch da bin. Was soll ich

mit so treuherzigen Kalbsaugern machen.
Ein Pfaff im Luxuswagen breviert. Des Herzens Neidkrokodile
Schlafen. Lieg ich im Bett und bild mir ein
Ich sei krank. Könnt ich doch
mich auch zur Wäsche geben. Mein Schatten erhängt sich
und die Sonne dieser Bauer, diese wacklige Henne
gackert. Alle wir Schiffbrüchige und Verbrecher. Tja
scharfe Gläser sind noch keine Augen
Und Martin donnert; tortenfein und kuchenschön warm
Deine Schenkel. Ein Polizist paßt auf, daß kein
Stern gestohlen wird. Solang die Pfaffen auf Erden
ist Gott im Himmel tot. Schöne dumme Sonne
dich frißt die Winternacht. Denn
Glückliche sind stets geistlos. Eigentlich
hätt ich mir ein anderes Jahrhundert gewünscht. Stürmt
mein Herz, der hungrige Wolf. Frühlinge kommen und
du bist schon tot. O wie mich ekelt vor euren
Metzgerfreßen. Glotzt nicht so dämlich, seid
so wie so schon blöd genug …"

***

„Eine Kirche bei einem unerhört frechen Turm.
Wie kann man nur zu einem Vieh Ochs sagen.
Mit schön großen Aborten rum sind die
Häuser der Stadt gebaut. Eine Blechbüchse
Denkt: mein Gott ist der mensch ein Affe!
Zwei Milchkannen gehen spazieren.
Träumen von Schulkameraden die längst Ziel und Weib.
Ich der Spieler, Gott der Würfel, Satan der Becher!!
Schlaftrunkner Schädel schwimmt holzklotzig.
Ein Hund macht an die Telegrafenstange ein Sonett.
Froh schmunzelt einsamer Zecher im Wartesaal."

***

„Die Vorstadtwaschfrau flittert blaue Zithern
Und möchte ins Bauerntingeltangel gehen.
Gaskessel donnern unsre Schwermut nieder,
Zimmer draus Polka dich allein.
O Haus, da tauben dunkle Pferdelauben,
O Magd, dein Ankerhalsband mosst wohl Tod.
Der Bettler will uns Abendtreppen zaubern,
Ein Schwalbenfluß sternt wintern Schmugglerboot.
Bald sterben wir an ewigen Maschinen
Und träumen mondig elfner Heimat See.
Nun dolcht unsäglich Nachtfrost dich zu sühnen,
Das Kind ertrank. Kaserne schleet im Schnee,
Und möcht blau Vesuv. Dein granatner Park
Vergißmeinnicht aus lindem Prager Bänkel
Und birkner Pyramide Henkersarg,
Die Tischlertochter schmiegt Planeten mondig.
O Herz, an irdner Angel arg zerfischt,
Viel angst vertraut ihr purpurn Jesuhonig,
Der Vater früh im Hemde sie erwischt."

***

Hat der Dichter solcher Verse, vom Inhaltlichen einmal abgesehen, auch nur eine Ahnung von den Geheimnissen unserer deutschen Sprache, die er zu einem unverständlichen Kauderwelsch herabwürdigt, weiß er etwas über die Würde schöpferischer Arbeit, um Sammlung und Ernst oder erinnert diese Dichtersprache nicht vielmehr an die Fieberphantasien eines Kranken? Von dieser Art ist das gesamte künstlerische Schaffen des Dichters Jakob Haringer, dessen Obszönitäten und widerliche Gotteslästerungen, noch einmal sei es gesagt, auch nicht andeutungsweise wiedergegeben werden können.

Und dieser „Dichter", der sozusagen berufsmäßig mit dem hehren Gut unserer deutschen Muttersprache Schindluder treibt und sie hergegeben hat als Werkzeug der jüdischen Literaturverseuchung, wurde 1926 für eine Parodie auf das Königtum, betitelt „Räubermärchen", mit dem Gerhard-Hauptmann-Preis ausgezeichnet. Damals redete eine angesehene literarische Wochenschrift ganz offen von einer „Dichterschiebung" und äußerte sich dahin: „Irgend jemand – es ist nicht zu erfahren wer – hat also einen Gerhard-Hauptmann-Preis gestiftet? Niemand weiß, wie hoch der Preis ist, wer den Preis vergibt und nach welchen Grundsätzen er vergeben wird. Man weiß nur, daß der erste Gerhard-Hauptmann-Preis auf Jakob Haringer gefallen ist, und zwar wegen seines Buches: „Das Räubermärchen". In dunkler Erinnerung taucht uns der Name Haringer auf als Verfasser anspruchsvoller, wertloser Werke, die man durchblättert und beiseite legt, jetzt wird der Mann gemanaged. – Dieses „Räubermärchen" ist ein Krampf eines witzlosen und geistlosen Dichterlings, der überhaupt nicht auszuhalten ist. Und Gerhard Hauptmann läßt es sich gefallen, daß sein Name mißbraucht wird, diesen Dichterling zum Dichterkönig zu krönen. Die Unfähigkeit nicht das Wichtige an der Sache, sondern daß hier offensichtlich ein frecher Versuch vorliegt, mit Hilfe einer gut vorbereiteten Organisation, die vielleicht aus wenigen Personen besteht, und mit Hilfe eines Gerhard-Hauptmann-Preises dunkler Provenienz über Nacht einen „großen deutschen Dichter zu fabrizieren, wobei man sich erst auf die Kritiklosigkeit des Publikums und später auf die Feigheit der Kritiker verläßt." Tatsache ist jedenfalls, daß von diesem Zeitpunkt an die widerliche, echt jüdische Reklame für Haringer einsetzte. Die damalige jüdische Presse konnte sich gar nicht genug verkünden, welch großer Dichter dem deutschen Volk in Jakob Haringer erstanden ist. Von einer einzigartigen fabelhaften Begabung war da die Rede, von einer unerhörten Erscheinung, die zu den bedeutendsten nicht nur der deutschen, nein, der Weltliteratur gehört, von einem Dichter, dessen Haltung klassisch, dessen Verse liedhaft-süß und voller Lieblichkeit seien. Man hat Haringer mit Hölderlin, Kleist, Paul Verlaine verglichen. Ein Gipfelpunkt jüdischer Reklametechnik, der Welt einen großen Dichter aufzuschwatzen, bedeutet es, als Haringer zu seinem „eigenen Gedächtnis" ein kleines mit Sowjetstern geschmücktes Heftchen „Die Einsiedelei" in einem Amsterdamer Verlag erscheinen ließ. In diesem 40 Seiten starken Heftchen wird, von ein paar nichtssagenden Reimereien abgesehen, für das urteilslose Publikum alles zusammengetragen, was die „Prominenten" von Jerusalem und Umgebung über Jakob Haringer geäußert haben. „Was ist", heißt es da beispielsweise, „die ganze Generation gegen Haringer? Luft! Inexistenter Äther. Nichts. Der Rest wuchert am Rande der Zivilisation wie weiße Kitschneger." „Hier ist der deutsche Villon, der alle Klassiker unserer Zeit endgültig entthronte." Ein anderer ruft aus: „Erzbischof deutscher Dichtung, Kardinal der Worte, Papst des Verses." Ein anderer beginnt: In hundert Jahren sind wir alle verreckt. Ich liebe Haringer und mein Leben." Wieder ein anderer, der Haringers, des „ehemaligen Benediktinermönches" Buch „Kind im grauen Haar" der Bibel an die Seite stellt, nennt ihn wie Karin Michaelis (Karin Michaelis 20.3.1872 in Randers als Katharina Marie Bech-Brondum; † 11.1.1950 in Kopenhagen – dänische Journalistin und Schriftstellerin.) „den größten Dichter der Welt, weil keiner wilder schluchzen, keiner zärtlicher lieb sein könne als er es kann.

Auf diese Weise von der jüdischen Asphaltpresse und vermittels eigener Propaganda als literarisches Genie von fabelhaftem Ausmaß auf den Schild erhoben, gelang es Haringer bei bedeutenden Zeitschriften und Tageblättern Eingang zu finden. Es gelang das um so leichter, als er seine eigentliche Tendenz geschickt zu tarnen wußte. An Stelle der übel riechenden Kaschemmenposie blöder Absurditäten und frecher Blasphemien, die für die Werke Haringers so kennzeichnend sind, hatte er sich bei den „bourgeois" auf das Bürgerlich-Romantische mit einem reichlichen Schuß Sentimentalität eingestellt.Und dieser Dichter, Jakob Haringer, ein Schänder unserer deutschen Sprache, einer der übelsten Vertreter literarischen Unrats – macht heute in katholischer Frömmigkeit. Er, Jakob Haringer, der schrieb:

„Der Schnee des Herzens wird zu Dreck
Und die Sterne Gottes Unterhosenlöcher schwindeln."

Redet heute vom keuschen heiligen Joseph und vom lieben Jesulein. Er, der Dichter Jakob Haringer, der in seinen „Dichtungen" sagt, „ich bin der letzte Morgengast der müden Hur", der in seinem „Marienbuch" nicht wiederzugebende Unflätigkeiten geschrieben hat, tritt jetzt als Sänger der Marienminne auf.

Es ist uns unverständlich, wie man sich im katholisch-konfessionellen Lager für eine solche literarische Erscheinung wie Jakob Haringer einsetzen kann. Nach den Auffassungen und Grundsätzen, welche wir heute im nationalsozialistischen Deutschland vom Dichterberuf haben, ist es ein Verbrechen am deutschen Gedanken, einen Dichter zu propagieren, der so maßlos am deutschen Schrifttum sich versündigt hat, ein Verbrechen am deutschen Volkstum, einen Dichter zu propagieren, der in zahllosen Werken in unglaublichen Schamlosigkeiten und Gotteslästerungen sich ergangen hat. Im Namen der Sauberkeit müssen wir von diesem „Erzbischof deutscher Dichtung, Kardinal der Worte, Papst des Verses" müssen wir von solchem Sänger Katholischer Aktion Abstand halten."

E. Wolfram

Dankesbrief von Jakob Haringer an den Salzburger Landeshauptmann Rehrl, der Jakob Haringer nach 1933 mehrere Male mit kleineren Geldspenden unterstützte:

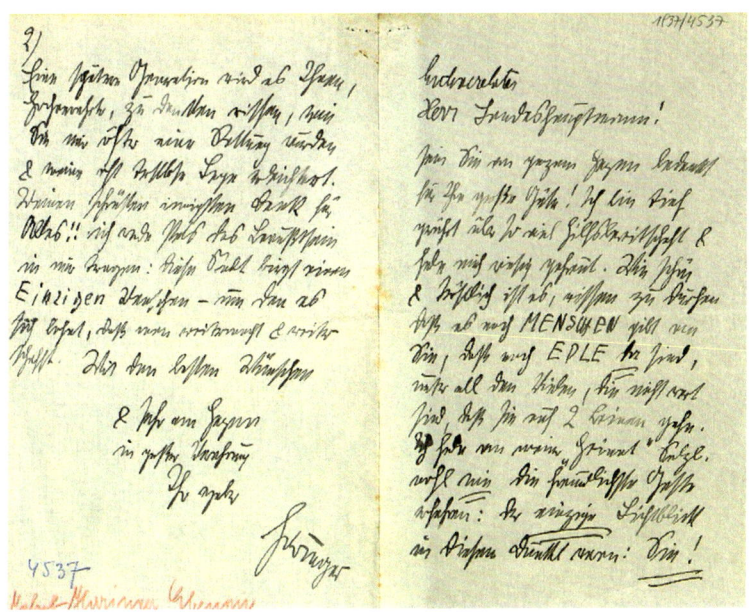

Hochverehrter
Herr Landeshauptmann

seien Sie von ganzem Herzen bedankt für Ihre große Güte! Ich bin tief gerührt über so viel Hilfsbereitschaft & habe mich richtig gefreut. Wie schön & köstlich ist es, wissen zu dürfen daß es noch MENSCHEN gibt wie Sie, daß noch EDLE da sind, unter all den vielen, die nicht wert sind, daß sie auf 2 Beinen gehen. Ich habe von meiner „Heimat" Salzb. wohl <u>nie</u> die freundlichste Geste erfahren: Der <u>einzige</u> Lichtblick in diesem Dunkel waren: Sie! Eine spätere Generation wird es Ihnen, Hochverehrter, zu danken wissen, wie Sie mir öfter eine Rettung wurden & meine recht trostlose Lage erleichtert. Meinen schönsten innigsten Dank für A l l e s!! ich werde stets das Bewußtsein in mir tragen: Diese Stadt birgt einen E i n z i g e n Menschen – um den es sich lohnt, daß man weitermacht & weiter schafft.

Mit den besten Wünschen
& sehr am (?Herzen)
in großer Verehrung
Ihr ergebener
Haringer

DIE EINSIEDELEI

Die Einsiedelei

Ein Stundenblatt

Christof Brundel Verlag Amsterdam

Die Einsiedelei

* * * * * * * * * * * * * * * * * *

Ein Stundenblatt
Nummer VIII
Chinesische Strofen

* * * * * * * * * * * * * * * * * *

Christof Brundel Verlag Amsterdam

Su Dung Po / Hoffnung *

wieder flattern die Schwalben. Drinnen im Haus ist's still
[und leer.
Die Pfirsichbäume flüstern müd im Nachmittagswind.
Bald wird ein Mann kommen; ich steig ins Bad und mein
[Herz ist so schwer;
und spiel mit meinem blauen Fächer als wär ich noch ein Kind.
Leis naht der Schlaf. Ich schlummre schon. Wer klopft?
Wer stört mich plötzlich . . . o ich bin doch so müd.
Ach nur ein Baum der an mein Mädchenfenster klopft,
Ach nur das Herz die wilde Frühlingsharfe klimpert ihr
Alle Blumen sind fast schon erloschen.   [letztes Sommerlied.
An Dich denk ich mein Liebster und leis brech ich einen
[Granatblütenzweig.
Ach wie bald wird auch dies letzte Rot verrosten,
Und es kommt der böse Kummer der Mich und meine schöne
Ja die letzten Blumen will ich treulich hüten   [Jugend beugt.
und warten bis Du kommst mit dem schönen Frühling und
[mich küßt,
Oder rinnt mein Glück wie der Tau von den Granatblüten,
oder wie ein Lied das einst eine späte Abendflöte lind hin=
[blies . . .

* * * * * * * * *

Li Duan / Neumond *

Den Vorhang zog ich tändelnd auf,
der schöne Mond grüßt mich vertraut,
ein einsam Licht brennt noch im Haus,
Weh, der den menschen ich vertraut!
Der Mond küßt lieb die heiße Stirn,
Ich wirf ihm weiße Rosen zu,
Es wird kein mensch mein Herz entwirrn!
Ein Wind verfängt sich lieb im Haar

1*   * 3 *

296

und wirft mir rote Rosen zu,
und löst mein Kleid ... du schwarzes Jahr,
wann spielt wohl über Dich ein Wind,
der Dich befreit du armes Kind?

* * * * * * * * *

Tin-Tun-Ling / der Schatten *

Du harter Arbeitstag wie müd läßt Du der Jungfrau Hände
[sinken.
Plötzlich klingt eine Abendflöte in ihre einsame Kammer,
rührt ihr verlaßnes Herz und sie träumt
von des Frühlings holder Zauberstimme.
Durchs Fenster fällt der Schatten des Orangenzweigs auf
[ihr Knie,
Als hätt ihr Liebster das seidne Sommerkleid zerrißen.

* * * * * * * * *

Dschung Schu / Lotosblumen *

Das Laub des Ahorns rötet meine Sorgen,
Dazwischen blitzt der Teich und Kühle naht,
Wie ist es doch auf einmal Herbst geworden,
Ein Abendgott steigt leise aus dem Grab.
Und viele Feen umwandeln nun die Schatten,
an ihren Wangen lacht ein Frühlingsfest.
Der Mond wirft rosa Blätter an die Matten,
O Rot das wieder uns ans Leben preßt!
Und von den Herbstfeen gleiten helle Tage,
und übers Wasser wogt ein dunkles Lied,
Verborgner Sängerinnen weiße Klage
abseits zu Deiner blaßen Blume glüht.
Die schlägt dann heimlich lieb die Augen nieder,
und keusch küßt sie am Teich der Erste Stern—
Du goldne Blume ach wann kehrst Du wieder
in meiner Seele dunkle Angstzistern?

* * * * * * * * *

Ou Yang Siu / nach dem Gewitter *

Über den Bergen rollt noch ein Donnern,
Leis wie ein Dieb kommt der Regen und singt.
Sieh wie am Ufer ein purpurner Sommer
in deinem magdlichen Lächeln verklingt.
Wie von den Blättern die Wasser abtropfen,
rinnt auch das Leid dir vom bangenden Herz.
Bald hörst du Apfel zur Erde klopfen,

* 4 *

silbern erinnert dich wieder ein März.
Blau grünt im Garten ein Regenbogen,
Goldene Schwalben umflattern den Kahn,
Leis wie ein Glück kommt die Mondfrau gezogen
und ich bin traurig voll Kummer und Gram.
Matt hingelehnt an Oktoberterraßen,
Harr ich des Ersten Sterns und am Haus
flattert ein Vorhang . . . und ich bin wieder verlaßen,
und die Liebe weint sich die Augen aus.
Und ich denk lind an ein seidenes Zimmer,
Spangen verstreut in Märzkissen und Haar.
Ach es wird wieder Frühling und nimmer
singst Du das Lied das Erinnrung mir war . . .

* * * * * * * * * *

Wang An Schi / Frühlingsnacht *

Lang losch der goldnen Schale Weihrauch schon,
Vorbei der Wasseruhr verschwärmter Ton.
Ein leiser Schauer weht uns seltsam an,
Der Morgenwind lullt ein des Herzens Wahn.
Die kalte Frühe rauscht ins Zimmer und
des Frühlings Jugend zaubert rosenwund.
Die schöne Stunde scheucht den Schlaf und macht
Daß süß mein Herz der alten Zeiten wacht.
Der Mond fällt purpurn übers Gartentor,
sein goldner Schatten ruht im Blumenflor . . .

* * * * * * * * * *

Wang Fong Yüan / Frühlingsabschied *

Schon sanken des Mais erste Blumen und
Dein Frühlingskleid träumt im Schrank. Schon
flattern die Schwalben am Dach und ruhlos
schluchzt die Nachtigall nach Deinen
Wimpern und den Dingen des Mais.
Ach sie kanns nicht glauben,
Daß wie der Frühlingswind, bald
Alles vorüber— —

* * * * * * * * *

Dschung Tsü / Sehnsucht *

Im fernen Tal wo leis die Nebel zittern
hängt eine Brücke und am Ufer träumt
ein Fischerkahn. Und hinter diesen Gittern
da singt das Leben das ich lang versäumt.

Den ganzen Tag schon Pfirsichblüten schwammen,
Ach wenn ich einmal wieder glücklich wär!
Ich spür der Seligkeiten grüne Flammen,
O öffne mir ein Tor Du kleiner Stern.

* * * * * * * * * *

Wang Gia / das Mädchen im Garten *

Vorm Regen sahst du kaum die zarten Knospen.
Nun haben sich alle Blumen himmlisch geschmückt.
Schmetterlinge gaukeln berauscht über die Mauern.
Die Bienen vergeßen vor Glück die weißen Blüten.
Schon schimmern Sterne. Wohnt denn der ganze
        Frühlingshimmel
in Nachbars Garten?

* * * * * * * * * *

Du Fu / im Kahn *

I.

Die Sonne sinkt. O wie schön
wenn die Blüten vom Wald leis herwehn,
grüne Sterne so zaubrisch uns nahn . . .
Und am Ufer still schaukelt mein Kahn.
Der Lotos hinduftet wie Du,
Und die Blumen gehn alle zur Ruh,
ein Vogel nur schluchzt aus dem Rohr —
Und wo bist Du die Treu mir einst schwor?
Goldne Kühle die winkt uns hinaus.
O lösch mir das Licht noch nicht aus!
Die Mädchen wie Blumen süß spieln
Und das Eis wird den Kummer lind kühln.
Da plözlich graun Wolken. O singt
Mir noch rasch ein blaus Lied das süß klingt —
von der schönen, der kindlichen Zeit,
eh der Regen uns gläsern einbleit — —

II.

Der Regen tropft die purpurn Teppich silbern.
Ein kecker Wind spielt Haschen mit dem Kahn.
Des schönen Fräuleins rote Kleider knistern.
Des Lebens Schminke fängt zu sterben an.
Das Schiff hält still. Der Ufer Schatten flecken.
Ein Vorhang flattert gelb den blauen Fluß.
Ein Schauern fröstelt Deine irre Seele
Und Herbst und Sommer liegen süß im Kuß.

Die Einsiedelei

* * * * * * * * * * * * * * * * *

Ein Stundenblatt

Nummer IX

Unbekannter Dichter / Verse für einen Freund

* * * * * * * * * * * * * * * *

Christof Brundel Verlag Amsterdam

Hängt in grauen Wolken das Rot vor dem Zubettegehn,
Wir sind ständig Kinder vor dem Schlafengehn.
Über Steine will der Wind gewiß vergeblich wehn,
Aber doch kann er das Rot in unsre Hände wehn.

* * * * * * * * *

Ich wache auf. Die Wand ist schief.
Das macht, ich lieg so nah beim Dache.
So hoh bei Gott, und doch so tief,
Daß ich am frühen Morgen lache.
Wo bist Du? bist Du? fremd! wie fremd!
Weißt nichts von meinen trocknen Tränen.
Fast wissen mehr mein Bett, mein Hemd,
Und jene, die mich glücklich wähnen.

* * * * * * * * *

Die goldne Kugel Mond rollt aus der Nacht
In meines Freundes kahle Trauerstube.
Der hat sein töricht Schicksal ausgelacht
Und hockt am Boden wie ein müder Bube.
Der spielt mit Tüchern wie ein kleines Kind
Und freut sich um den Schein in seinen Haaren.
Viel schwere Trauer von den Wänden rinnt,
Der goldne Mond ist langsam fortgefahren.

* * * * * * * * *

Süße Bäche stürzen aus Deinen Augen.
Ich fange sie auf und schlürfe sie bis ich tot bin.
Dann brechen goldene Tränen aus deinen Augen,
die trinkt mein feuchtes Grab, wenn ich ohne Dich tot bin.
Hast Du aber kein Wasser mehr in Deinen Augen,
Wirst Du erst vollauf begreifen, daß ich auch tot bin.

* * * * * * * * *

* 7 *

300

Die runden Tage sind vorbei,
Mein Herz zersplittert sich und schreit.
Wie war das Kind im grünen Mai
Verzaubert in die Kinderei!
Doch nun sind Blut und Blatt verschneit.
Was rührt dies Dämmern noch den Mund?
Der Finger gräbt sich hart ins Eis.
Die Zunge schmeckt noch süß und wund
Und sehnt sich nach dem Kunterbunt.
O Traum der zu erzählen weiß!
Hier stehn die Binsen kahl und schmal
Am Ufer wo die Scholle knirscht.
Ich fröstle nieder in mein Tal
Und such mir karg ein Abendmahl
Zum Trotz für den der Heimwärts pirscht.

* * * * * * * * *

Der Himmel ist rein und hell wie das Auge des Geliebten
[als er siebzehn Jahr alt war.
Heute ist sein Gesicht welk und sein Auge nicht mehr so
[juniklar.
Aber mein Sehnen ist immer noch heiß wie die Sonne des
[Sommers ist,
die über mir brennt und über die Welt in strahlendem Licht
[hinfließt.
Meine Wünsche sind noch so leicht und froh wie die Lerche,
[die über mir singt,
und mein armes Leben ist noch so zart wie der Traum, den
[der Schlaf des Geliebten bringt.

* * * * * * * * *

Blumen hab ich gebrochen,
O Gott, wem schenk ich sie nur?
Kein Mädel hats Herz mir versprochen;
mich liebt nur im Dunkel die Hur.
So müssen die Blumen hinsterben
und dürfen niemand erfreun.
Mein Herz aber muß wie die Blumen
verwelken und einsam sein.

* * * * * * * * *

Die Straßen sehen aus wie Masernkranke,
Nur daß sich grau und weiß die Farben mischen.
Hoch oben unterm Dach in engen Nischen
Sperlinge frieren zwischen Blechgeranke.

* 8 *

Aus bleichen Wolkenschultern strahlt die Sonne
Ein mattes Gold auf stumme Häuserwände,
Das schleicht dann müd hinaus ans Dorfgelände,
Wie sanftes Lächeln einer jungen Nonne.
Die Kälte frißt das letzte warme Flüstern
Den Dingen weg und alles ist erstarrt,
So wie nach einer langen schweren Fahrt
Dein Blut raucht und der Tod schon leise düstert.

* * * * * * * * * *

Mit einem seidnen Tuch *

I.

Nimm dieses Tuch o Liebster von mir Deinem Freunde,
Ich hab es früher oft in besseren Stunden getragen.
Leg es des Nachts unter Dein geliebtes Haupt, und kühl die
[Stirn
und wenn Du irgend eine müde Träne hineinweinst, so wird
[mein Herz sich freun.
Schilt nicht den Duft den ich hineingetan,
ein matter Abglanz nur von jenen trügerischen Welten,
die längst für mich dahin. — Aber wenn er für Dich
ein leicht purpurn Erinnern ist, an schöne sommerliche Fraun,
die deinen Traum beschatten, so ist sein Dienst erfüllt.
Ein wenig an Erinnrung laß für mich, der ich demütig
[abseits stehn will . . .

II.

Als ich zerbrochen in der Einsamkeit
Schon die Entfernung bis zum Grabe maß,
Fand eines Menschen Worte ich und las
Und stand erschüttert nun vor fremdem Leid;
Das so viel tiefer als mein eignes weint,
So daß ich, als ich seinen Grund erkannt
Für meine eigne Qual ein Lächeln fand
Und heiße Tränen für den fremden Freund!

III.

Wir sind die Straßen lange nicht gegangen,
Da Sonne unsern müden Fuß begrünt.
Aus Gräbern wächst ein totes Winterbangen
Zu furchtbar wird die Einsamkeit gesühnt!
Verirrter Falke schaust du trotzig nieder,
Von deinem Haupte rieselt schwarzer Schnee.

Nimm, Bruder, deine sanfte Flöte wieder
laß sie vom schönen Sommer lächeln, geh
An deine Gärten, die uns heilig sind;
die weiße Schwester steht im blauen Wind
Und winkt sehr leise mit den goldnen Händen.
und an den Wäldern reift ein dunkler Wein.
Dein Leben glüht um meiner Armut Stein,
Und Sterne blühn aus Deinen Königshänden— —

IV.

Die Straße . . . tote Lampen . . . Haus, sehr matt beschienen.
Im dumpfen Hausgang irrt ein dunkler Mann.
Was les ich nur in dieses Menschen Mienen,
geht mich der Fremde hier doch gar nichts an.
Es fällt ein Tor ins Schloß, wie ich erschrecke,
es bellt ein Hund, das alles reißt mich mit,
und was ich fühle ist zu keinem Zwecke,
und sinnlos ist mein dumpfer müder Schritt.
Und weiter fort die huschenden Gestalten.
Wie sie entschwinden . . . Warum sie entfliehn?
Ob sie nicht doch vielleicht ein Glück enthalten,
an dem ich oft vorbei gegangen bin?
Ach wir sind blind, ins Blinde zuckt das Leben!
Und du mein Freund, du bist so fern, so fern . . .
Ich hab mich tot ins Dunkle hingegeben
und finde keinen Trost und keinen Stern.

* * * * * * * * * *

S o n a t e *

Schwermut und herbstliche Trauer,
todrotes Laub uns umweint,
Bäume an purpurner Mauer,
Hände in Sterben vereint;
läutet ein blutendes Singen
einmal noch über den Wald,
sanfter im Abend wir gingen,
schmerzlicher Sterne Verfall.
Tau rieselt silberne Tränen . . .
Schwester — Dein tulpiger Mund —
lang lauschst Du wandelnden Tönen,
fernen aus dunklem März-Grund.

* * * * * * * * * *

Die Einsiedelei

* * * * * * * * * * * * * * * *

Ein Stundenblatt

Nummer X

Verse aus dem ägyptischen

* * * * * * * * * * * * * * * *

Christof Brundel Verlag Amsterdam

So du ans Grab denkst, das ist recht traurig,
Das bringt Tränen und rührt uns wild.
Dann kommst du nimmer zur Morgensonne.
Ach die aus rotem Granit so Herrliches gebaut—
ihre Opfersteine stehn leer wie die Müden die am Ufer geendet,
mit denen die Fische spielen.
Hör auf mich Bruder, schau die Sterne!
Folg dem frohen Tag, vergiß das Sorgen,
Gib mir achtzehn Schalen süßen Weins—
Sonst ist mein Herz wie Stroh voll Sorge.
Trink bis dich trunken der Morgen weckt,
Feire noch eine schöne Stunde.
Hör was deine Nachbarin sagt.
Werd nicht müd der süßen Lust,
Denk nicht der Tränen des Sterbens.

* * * * * * * *

Schönes Andenken du, bin ich Deine Erste Schwester noch?
Den Garten bepflanzt ich mit Rotdorn.
Lieblich duften die Kräuter.
O der süßen Kühle des Winds am Teich. Ach
der stille Ort unsrer Liebe strahlt, so deine Hand sanft auf
[meiner.
Deine Stimme ist wie Wein und Fink.
Was die Mutter befahl, vergaß ich lang,
ach ich leb ja nur weil ich Dein sein darf.
Süßer bist du als Speis und Trank—
du mein Leben, mein Sterben du . . .

* * * * * * * *

Diese schwere Stunde spricht Keiner mit mir.
Ach wie bitter und dumm und frech alle Herzen.
Die Mörder verdunkeln die Sonne.
Unter gehn alle Sanften, Gerechten;

* II *

304

Nur der Tod rührt mich leis wie Myrthenduft,
als säß ich in Sturm unterm Segel —
als ständ ich schon vom Krankenlager auf,
im Duft der Lotusblüten, in der Amsel Klage.
Der Tod steht da wie ein Weg im Regen,
als säß ich trunken mit einem Freund am Ufer,
als kehrt ich, ein Krieger vom Schiff heim,
als säh ich wieder der Heimat Hütten —
da ich ewge Jahre gefangen litt.

* * * * * * * * *

O du zerbrochnes Ruder am Schiff!
Nimmer rührst du die Harfe nun . . . ich bin
ein Haus ohne Brot, eine Kapelle ohne Gott;
Aber laß das Herz vergeßen. Ach sei froh,
All die Götter, die Edlen die einst waren,
alles verhallt wie ihre stolzen Paläste.
Keiner nimmt auch bloß das Kleinste mit.
Die Sprüche der Dichter und Weisen — was wißen sie?!
Niemand kehrt zurück und erzählt von Drüben was;
folg Deiner Lust, so lang du lebst. Streu
Myrrhen, Rosen aufs Haupt, ins schönste
Linnen wirf dich — o so lang
noch Wunder deiner Stirn blaun,
Sei lustig, laß dich nie ermatten!
Noch bist du da, aber nie mehr kehrst du.
Verrichte all die Sachen die man auf Erden tut
und quäl dein Herz nicht, denn der Tod
kommt wie ein Abendstern — —

* * * * * * * * *

Die Einsiedelei

* * * * * * * * * * * * * * * * *

Ein Stundenblatt
Nummer XI – XIII
Lieder von den Salomo=Inseln

* * * * * * * * * * * * * * * *

Christof Brundel Verlag Amsterdam

Tubu / als er die Flöte blies ... *

Warum geschah mir dies am Weg,
als hinterm Busch du wild mich nahmst und
Alles wolltest. O denk doch
dann ans rote Muschelgold!
O denk was du erwirbst und lock mich im silbern Tausch fort...
Wie deine Flöte meinen Schoß umstöhnte!
Warum muß All dies am Weg schon sein,
als wüßtest du nicht wie klein ich bin.
O denk purpurn ans goldne Halsgeprunk
und was du erwirbst, wie das Leben dann schön — —
O wie süß deine Flöte mein Knie hinklagt.
Ach all mein Sehnen schläft nimmer ein.
Immer gingst du zu mir dann. Aber
denk daß drüben bräutlich
der rote Schmuck glänzt,
Dort unter des Vaters Bett,
drauf sein Lager für die süße schöne Nacht.

* * * * * * * * *

unbekannte Dichterin / Klagelied fürs tote Kind *

Es ist ein Baum der noch im Wind sich neigt,
es ist einer Morgenröte schönes Bildnis noch —
Nur du kehrst nimmer zum schönen Fest heim
und bereitest süßen Braten mit mir.
wo unsre Heimat lacht —
es ist kein Baum mehr der sich im Wind leis neigt,
ach keiner Morgenröte schönes Bildnis.
Der Häuptling denkt an den braunen Knaben.
O lauf voraus — — —

* 13 *

306

Móruko / Zu meiner Trommel sing ich ⋆

Daß du's im Keulenort dem Großen sagst,
Hast du vergeßen was dir die Mutter rief?
O laß, das Worte machen laß. Ja
als wir deine Leute wild heimgesucht,
da machten Wir viel Junges tot
und wir Mörder heulten und teilten Geld aus.
Ach was blieb, vergoß Tränen.
O du Fremder von Drüben —
wenn Unsre schönen Kinder süßen Wein bereiten,
und du lüstern nach unsern Früchten langst
magst du deines Bruders Knochen abnagen
Und ich sing zu meiner Trommel . . .

* * * * * * * * * *

Läme / Jugendliebe ⋆

O faule Frucht, du ekles Maul —
wie bist du trügerisch.
All die Schätze des weißen Manns ließ ich dir
und sagtest du süß mir stolzem Papagei:
in dein Haus hin möcht ich so gern;
so du ein spottend Lied hörst, lächle drüber,
o mag Er dann die verlaßnen Schoßtücher beklagen —
die Er, der Verfaulte mir gab,
als Er so jung mich ins Haus geholt . . .
Und schimpft dein Mann auch o verbirg ihm Unsre Lieb
klag es mir dem starken Donnerbaum —   [nicht,
Ja, da du so klein noch warst,
Deines zarten Schoß' junge Nüße beschlief ich süß,
o die verborgnen Lager die du meinen Gelüsten bereitet . . . .
Nun fliehst du faulige Haut und versagst
Mir dein Verborgnes.
Ach dein Leib ist wie dort drüben der Basiliskenstein,
als ich ihn sah kam große Furcht über mich,
dein Verborgnes ist wie drunt im Tal die purpurne Muschel
und deine Freunde sind drum müd und schwach geworden.
O du verwesend Faulholz, dein Verborgnes ist wie das
   [schamlippige Zauberbild in des hohen Seehäuptlings Halle,
mit groß rotem Schoßspalt;
Ach des Weibes Reize sind ja für alle, alle . . .

* * * * * * * * * *

Tom Kikion / deine Worte *

hör! du verwandter Bauch!
das morsche Weibholz sucht schon wieder die Weg ab,
ach während sie ihr Kleid wild fallen ließ
sprach sie: komm in die Nacht, daß ich den Gatten vergeße —
aber plaudre nicht aus daß dich mein Spiel und Essen umsorgt.
Dein ödes Feld bebaun dann meine Leute,
tausend Schweine müssen sie für Dich füttern,
viel Geld ist für dich aufgestapelt —
und die Halle geschmückt . . .
aber was sprichst du drin im Ort so übel von
deines Manns Liebetreiben,
und jammerst dann nach Mir dem stolzen Papagei?
Was soll ich dir denn schenken du fester Kokossaft . . . .
o hol mich heim nach dem andern Dorf!
Dann kehrn wir in silberne Heimaten zurück.
O ruh aus, das schönste Lager bereit ich
und schliefen wir süß im Spiel hin, dann
reden Wir lauter Lustiges —

* * * * * * * * * *

Kukue / Wünsche *

Hört Freunde wie ich glücklich bin,
die stolze Fremde
mit den purpurn Perlenhalsbändern,
o wie sehnt sie sich nach Mir dem stolzen Papagei.
Ach ihre Klage zittert wild und sagt süß:
komm in die goldne Silberlaube ach,
dort wo am Wald der Bach ins Meer verrinnt,
verbirg dich o und harr meiner blonden Schenkel.
Mag auch der blöde Mann, der Schmiegsame verärgert
[schelten.
O meine Freunde wie beglückt ist der rote Papagei;
ach, die mit den purpurn Halsbändern, sie klagt so süß nach
[meinem Haar und weint:
o führ mich ins schöne Gebirg hin und
Wir Zwei
kehrn heim ins bessere Land.

* * * * * * * * * *

Kukuma / schüchterner Jüngling ich muntre dich auf ✶

Einmal gingst du mir schon heimlich nach,
ach was bliebst du wieder so dumm zurück!
O du schöner Nashornvogel wart, ich fang dich ja doch noch —
an den Bananen der rosa Wälder.
Ach du Vöglein deine stolzen Federn bind
ich wohl um mein schwarzes Armband.
O früher gingst du mir schon so heimlich süß nach,
ach was bliebst du nur wieder zurück!
O ich fang dich noch schöner schöner Kakadu unterm
[Vogelbeerbaum
und bind dann ums rote Armband dein stolz Gefieder.
Schau, die blaue Fransenschürze schenk ich dir,
ich hab sie mit goldnen Schoßblättern ach bestreut
und wenn sie mein Mann sucht, sag ich ihm
das Wasser schwamm dies Ding fort . . .
Ja, und du bringst mir große Liebesperlen mit.
Aber, wenn du kommst, mein schönstes Hemdlein sei dein
Das schenk ich dir fürs süße süße Schlafen.   [eigen —

* * * * * * * * * *

K a i k u o / s c h o ß b e r e i t . . . ✶

Augenrollerin, verrückst du alle Säfte . . .
Zum andern Dorf hin folgst du meinen Pfaden
und hast du Besuch so seufzt du über Mich,
der schlanken Botin sagst du: den schönsten Baum —
ruf ihn, daß er meiner Wege folgt,
und süß in den Liebesblättern ruht.
Ein ewiges Lager bereiten wir leis zusammen.
O ich sag dir, ich heul nach dir
und unserm Ruhn in süßen Liebesblättern . . .
Ach von tausend Zweifeln verfolgt
lief ich am Waldweg zur Hütte hin
und harr so trostlos und einsam auf dich.
Du roter Papagei, du junger stolzer Vogel!
nach deinen Liebesblättern heult die Kokosmilch,
weil ich des Goldschoß Schürze für dich so süß gewunden.
Ich hab mich nur für Dich gebannt und sag nur Eines,
wenn du bei mir einst lagerst roter Papagei,
in den lärmenden Kampf ja zieh ich mit dir
und richt dein Mahl als wär ich dein Weib, dein Weib — —

Tékunai / deine Liebe nur ... *

O du junger Nashornvogel!
wenn dir des Mondes glänzendes Auge weint,
mach dich auf an der Wasser kleinem Ufer entlang
duftet dir meiner Schürze Sommer.
O ich schläfre dich sanft hinüber,
süß soll dein Schlaf sein, goldner Papagei.
O gib mir nichts, ach nichts dafür,
sonst reden die Andern über Uns zwei übel.
Aber etwas guten Pfeffer heb auf!
O wenn du hinkommst ach nichts laß uns von Liebe reden.
O deinem Speer bereit ich meiner Schenkel Würze;
Aber gib mir keine großen Blutperlen.
Du weißt ja wie neidig und bös die andern,
Doch bring Tabak mit während ich mit deinem süßen Zopf
Aber kein Gespräch über der Liebe Tun,   [spiel.
vielleicht laß uns rauchen im schönen Feuer;
Doch gib mir keine gläsern Zauberperlen,
sonst höhnen die Andern voll Spott und Neid —
Ja, viel Kokosnüße bring mit, während du mir Alles gibst,
aber sprich nicht von der Liebe Ding
da wir beide uns rasend betrinken;
weiße Tücher schenk mir nicht —
Du weißt ja wie die Menschen gleich reden,
Doch während Unsre Leiber rasen bring süßes Feuer mit
und kommst Du hin,
keine Worte ach über diese Liebelein
nur ein scharf Schmecken all roter Reizungen

* * * * * * * * * *

Róukuani / Wind sind all deine Worte *

Schöne Botin, schlanker Pfeil, ach Wind sind all deine Worte.
Mich starken Wunderbaum hast du wieder betrogen und
                                                [sprachst,
so du oben am Wald der Sonne dunkles Aug blickst,
lauf in die purpurn Büsche, harr aus ...
Ach bange Stunden hab ich dich heiß ersehnt;
wie warst du trügerisch du Teufelsfrosch,
und ich schalt verärgert betört
mein Spiegelbild im Teich drin.
Ach noch warst du so dumm, ein ganzes Kind!
keine Liebe wuchs an dein Knie.

Es war aber Der mit dem ganz großen Dingding. Ach
nun entjungfert, starbst du fast,
und der Tod saß lang bei dir.
Ach nur dein Augverdrehn war da immer schuld dran,
wenn du blonder Zaubervogel im Dorf herumflogst . . .
Nun bist du klug in aller Liebe Tun—
Aus dem gefüllten Fruchtkorb deines herrlichen Schoßes
langt sich Jeder heraus was er mag . . .
und wenn sie nachts toll deines Goldleibs Früchte zerstoßen—
Ach wie oft, wie oft fließt Blut dein schöner wilder Garten.

* * * * * * * * * *

Romari / von Dir ein Lied *

Du Strotzende; zu meiner Pfeife sing ich von Deinem Lager.
Man sagt: dein Mann sei krank von dir.
Immer, wo ich auch hingeh wirfst du deine heißen Blicke zu
[mir hin,
und deine großen schwarzen Augen sprechen: du schöner
komm, wirf dich aufs süße Lager, ich streif rasch   [Papagei:
mein Kleid ab—denn Den, der mich einst nahm
veracht ich so sehr und laß ihn nimmer zu mir.
Immer kriecht er an der klebrigen Erde und nie
besteigt er die stolzen Bäum. Ach keine Speise
bringt er mir heim. Stets
ließ er mich hart im Garten graben. Alles
nahm nur er was ich schön gekocht.
Da befällt mich junges Weib ein heißes Schämen— —
O du, bleib Du bei mir. Du Starker
jagst den Bär und Wir
leben von Braten und Obst.

* * * * * * * * *

unbekannte Dichterin / schönste Speise . . . *

o tausend Seufzer lockst du
mir um die schönste Speise des Sommers.
Geh, tausch mich um's grüne Tuch ein!
ach lieb flammende Wunder sollst du essen,
du Zauberblatt am Himelsbaum.
mit großen Perlen wirb um meinen Schoß, mit einer Art—
um alle Dinge ach machst du mich seufzen;
o Held gib rote Tücher um mich, einen schwarzen Armring.
Ach schenk mir, schenk mir all das Liebe
nachdem mein Herz und Schoß so hinseufzt.

* 18 *

unbekannte Dichterin / Die treue Witwe *

o geh vergreister Zwerg und stirb!
haft Freundschaft du geheuchelt,
ach falsch warn fauler Speer deine Pfade . . .
bei dem ich früher lag,
das war ein süßer Herbstbaum.
O wie schläft er nun bei den Leuten des Jenseits.
Du' aber fauler Speer versprachst mir schöne Wege.
Ach und immer denk ich an den Andern,
und bist du gar nichts.
O was ging er fort von mir . . .

* * * * * * * * *

unbekannte Dichterin / Die Witwe *

und wenn ich im Garten dort grab, so komm, so komm, ach
und spiel mit des Schürzleins roten Fransen,   [komm
ruh aus an meinem braunen Schoß!
Dem ich zu eigen einst war, der zog in die Fremde schon lang
und schützt mich Keiner wenn ich am Weg müd einschlaf . . .
Erst gestern ach taten mir Zwei so Übles.
Wie ich mich auch ärgerte, es half ja nichts,
sie blieben drei Nächte lang — drum
komm o komm du, im dunklen Bambus
verbirg dich, o komm wenn ich im Garten grab,
so Süßes sollst du bei mir tun . . .
und dann schenkst du mir auch ein gutes Pfeiflein
und ich zieh ganz die duftenden Blätter aus
und mach mich dann wieder schön
und wirf dann 's Kleid wieder weg.
wenn du Süßer ans Bad kommst;
o schmieg dich sanft zu mir.
o komm und ruh — —
und lagern Wir im sanften Grün,
ich bind mein schönstes Kleidchen um
Und rote Freude uns befriedigt.

* * * * * * * * *

Tobore / des Geliebten heiße Qual *

Zwar bist du frisch und strotzend wie die jungen Kokosnüße,
Was aber schmähst du den Mann und sinnlos
sprizt du stets den Saft zu Boden. Ach und damals
trieb's ihn doch so sehr zu Dir. Was wehrst du ab

312

wenn er füß mit den schönen Goldfröschen deiner Schenkel
spielen möcht. Und Mich den stolzen Papagei,
an deinem dunklen Ort hast immer mich
bloß so matt gemacht . . . es ist ja so lieb
wenn du nachts nie schläfst und lustig bist. Aber
was preßt du mich dann so rasch immer aus!
O du schwarzer Kuckuck du lachst wohl über alle Männer;
du kranke Banane, du faules Zuckerrohr, verfleckte
Brotfrucht — vom Regen dorr! Ach was
mühst du dich dann noch bis wir ausgepumpt?
O du wirst durchs viel Essen schwer krank werden.
Bist schon gezeichnet wie der Flußhai als ihn
unser Schlag betäubt, wie des Krebs Eingeweide
bist du. Aber
ein Mandelbaum rasend verbrennt. O schütt
deine Liebe mit des Tümpels braunen
Wassern zu . . .

* * * * * * * * * *

Nänako / meine Pfeife hört verfluchtes Teufelspack . . . *

Was tat ich schöner Papagei euch Übles?
Warum droht ihr ängstlich und grifft doch nie zum Speer
wenn ich, der Liebe Zauberkraut euch höhnte —
und spielte über euer dummes Leben?
Du Söhnlein meiner schönen Schwester, sei nicht bang,
nie trifft mich meiner Leute falscher Schmutz.
Nimm rasch den Speer und töte sie scherzend
und ich spotte über dies Teufelspack.
Ach warum geschah nur MIR von euch so viel Unrecht?
Aber wenn ich wieder feiernd ein Schwein hinschenk,
Dann mögt ihr armselige Schlangen knabbern,
Denn Mein gutes Herz ist doch der Welt bekannt — —

* * * * * * * * * *

Die Übertragung der gesamten fremden Dichtung besorgte Haringer

Die Einsiedelei

* * * * * * * * * * * * * * * * *

Ein Stundenblatt

Nummer XIV

Verse nach Ronsard

* * * * * * * * * * * * * * * * *

Christof Brundel Verlag Amsterdam

Hör auf mit deinen Tränen Mein Buch. Was soll
Dein Grämen, wo längst doch Gottes Rat,
Daß Du vergessen bist und keiner weiß
Von Deinem Weinen.
Bevor ich nicht fuhr über den schwarzen
Fluß wird Dir der goldne Ruhm nicht;
Und Keiner ehrt Deine hiazintnen Trauersterne.
Vielleicht nach tausend Jahren trinkt ein Fremder
In der purpurn Loire meines Herzens und wäscht
Im Musenweiher die vom Lieben ach
So müde Hand . . . Und staunt daß ich
Sein Leid so weiß. Und schaut er mein kleines Heimatdorf,
Glaubt er nimmer daß
So ein armer Winkel
Mich gebar . . . Mut, mein blaues Buch!
Die Menschen beflecken ja immer dumm
was schön und 's Erste Grün der Seele,
Die kostbaren Vasen des Todes . . . Sobald ich
Aber abgeschieden, denken nicht nur die Blumen mehr
An Mich. Und der Neid frißt nur die Lebenden,
An den Frühlingen eines Verstorbnen nagt er
Nimmermehr. Und die
Später kommen schenken mir Ehre und keine
Mißgunst tropft mehr ans rote Fenster . . .

* * * * * * * * *

Ihr Bäche und Felsen und Grotten ihr
Eichen — des Schweigens Götter — hört meiner
Inbrunst Seufzer — seid das Liebes-Album, das
Süße Testament, seid der letzte Brief eines
Freundes und verratet mein Unglück nicht.
Brennen die kleinen Sterne es wild in Eure Wälder. Damit
Es weiterwächst wie die Blumen des Armen

Vorm Fenster. Ich — ach geh ja hinab,
Meiner selbst beraubt und im Blut krabbeln schwarze
Fette Spinnen. O weil du so schön bist Maria —
Muß ich sterben . . . Glauben, Liebe, Ehrlichkeit —
Alles ist Dir bloß ein Lächeln. Du goldne Tigerin
Hast schon all mein Blut getrunken.
Lebt wohl Ihr Wälder, lebt wohl!
Leb wohl du mein silberner, grüner Sarg.
Und ich würd vielleicht wie du alle Jahr blühn,
Hätt ich Venus nie gekannt — ach wütend
Verbrennt sie der Stirn verschneeit
Erstes Veilchen . . .

* * * * * * * * * *

Ich bin ein fauler Sternknochen . . Meiner Seele
Skelett schreit . . . ein dorrer Baum —
Der Tod vergaß mich erbarmungslos.
Immer zittre ich — schau ich meine magern Arm. Kein
Vers, kein Lied, keine Blume — o Maria Deiner Blicke
Liebeswein — nichts kann mich mehr heilen;
Abschied heißt mein Kalender nun.
Leb wohl schöne Sonne, mein Auge
Ist mit Stroh verdorrt. Bald bin ich dort
Wo Alles Trennung singt. Aber so schön
Wär's gewesen, hätt ich nicht vergebens gebetet.
Ach der Tod sitzt schon auf meinen Augen
Und schläft. Alle Freunde
Die von mir eilen, kommen in Tränen
Nach Haus — o wie falsch
War ihr Trost . . . keine Schwester küßt
Die Mohnlippen, die so viel Dummes sprachen.
Lebt wohl ihr Mägde, die ich
Stolz tanzen sah.
Leb wohl Kummer — froher Gefährte,
Ich geh als Erster dorthin . . .
Unter des Monds Veilchenschatten
Mach ich auch euch
Ein Lager für die ewige Nacht . . .

* * * * * * * * * *

O ihr ewigen Winternächte! ihr Henkerinnen
Meines ach so kranken Lebens,
Schenkt mir Geduld, laßt mich noch einmal schlafen!
Ach hör ich bloß euren bösen Namen
Zittert schon die sterbende Seele und von der

* 22 *

Abendstirn tropft grausam roter Schweiß der Hölle.
O Schlaf nimmer fächeln Deine safirn Flügel
Meinen ewig offnen Spitalaugen!
O Augen kein Maiwind seufzt über euer Grünes Meer!
Ach eure Heimattüren schließen sich nie mehr
Und kann ich bloß klagen noch und weinen.
Wie Marsyas quält mich die Todesstunde.
O Schatten meiner armen, doch so sonnigen Erde —
Zur Hölle geworden — öffnest du meine Traumlider
Mit Viperketten. Und der Tag
Verzehrt mir 's letzte Kinderbett.
O Sterben, Sterben — Du Mutter Näherin,
Mit tausend Stichen zermarterst du's Leichenhemd.
O Tod du — uns allen gemeinsam,
Begrabe die Wälder meines Leidens,
Schau, ich falte die Hände wieder —
Aber Du stärkst mich nicht mit Deinen himmlischen
                                          [Kräutern . .

* * * * * * * * * *

Wie meine Seele schläfst du
Schon erstickt unterm Steinkissen der Schmerzen?
Der Ewigkeit Posaune gewittert. Ach allein
Stapfst du durch der Stunden Eisfelder.
Mach dich auf — bald bist du bei Jesu am Ölberg,
Es ist ein schwerer Weg . . . aber ich
Erlös keinen kranken Hund, keine Sünder —
Bloß die Vögel schaun groß
Wie mein Blut tropft;
Kein Holzhauer kommt und reicht mir einen
Letzten Trunk.
Der Jahre Dornen pflastern Sterben, ach
Wie wuchsen Disteln wo einst Veilchen warn,
Und doch hab Mut, mein kleines Herz —
Harr aus du Schiffer, wer wird
Der Hoffnung Pflug ins Gestrüpp werfen,
Schau nimmer rückwärts. — Wenn du
Schon Knecht bist — so laß die Sterne . . .
Und die goldnen Falter der schönen Fraun —
Leute wie ich dürfen keine Heimat haben . . .

* * * * * * * * * *

O ihr bösen Winternächte, ihr Töchter der Wut und des Lasters!
Schon sitzt ihr wieder schleimend an meinem Sterbebett,
Ach geht doch schneller vorüber.

* 23 *

316

Was weilst du Sonne so lang im Schoße des Meeres?
O auch ich weilte—hätte ich eine Liebe—so lang bei ihr,
Steh auf schöne Sonne schau wie die Unzucht mich
Schmerzlich fesselt. Bin ich eine graue
Leiche des Wahnsinns! O einmal möcht ich
Wieder schlafen. Mein Leben! Du
Traurige Kummerlache! Ach sechzehn Stunden
Täglich mit offnen Augen sterben!!
O Leib du ewiger Nagel der keinen Grund fand,
Ewig sich krümmen wie ein scheidender Wurm—
Was hilft mein Schrein? mein Verzweifeln??
Ruhlos foltert mich die Nacht. Ich rufe
Umsonst nach dem goldnen Tag,
Nach der schönen Sonne
Und der Tod ist taub meiner letzten Bitte,
Ach Gott,
Er will nicht zu mir kommen . . .

* * * * * * * * * *

Der Trauer Nebel tropft auf mein Feldhaar.
O gib o Gott mir Deine schönen Blumen wieder,
Schenk mir ein Lied von lauter Sternen,
O tauch Deine Kummerzweige in des
Vergessens Bach und bespreng
Mein altes Bettelkleid. Schläfre
Meine armen, blinden Augen ein
Und die Schmerzen der langen, langen Nacht;
O schiff mich noch einmal an einer goldnen
Herbstfrau Pestinsel. Erschüttre Fieber
Meine kleinen Martern. Daß mein Blut
In den verbrannten Adern
Einmal noch glühend rast . . . Glücklich ach ihr
Tiere des Winters—süß
Unter der Erde versteckt,
Träumend von Waldwiesen und silbernem Mondhügel;
Die euch der Mohn der Liebe schlafen läßt;
Der mich niederschlug wie ein Knabe
Des Löwenzahns Kerzen—
Ich ach trank aus seinem vergeßnen Abendbecher
Und doch kam der alte Narr Schlaf nicht
Und sezt sich auf meiner Augen
Zerbrochne Frühlingsbank . . . .

Die Einsiedelei

* * * * * * * * * * * * * * * * *

Ein Stundenblatt

Nummer XV

Verse nach Mathurin Régnier

* * * * * * * * * * * * * * * * *

Christof Brundel Verlag Amsterdam

Ich muß die Stadt verlassen . . . die schönen
Sanften Häuser, die Obstgärten. Nimmer ach
Trink ich aus Deinen Hochzeitsgefäßen.
Mein Begräbnis besing ich wie ein Schwan der süß
Seinen Tod an den blonden Ufern Deiner
Locken versingt . . . Nun ist's
Vorbei. Die Schnur meines Schicksals ist
Abgesponnen. Ich habe gelebt . . .
Meinen Namen, den manche liebe Frau sang
Schenk ich den Vögeln. Meine
Ungeschriebnen Verse flattern zum Himmel,
Um dort als ein Abendwölklein zu verglühn —
Fern von den matten Kerzen der Greisin Erde.
Nun betrübt mich nichts mehr . . . glücklich,
Der überhaupt nie war. Und nicht wußte
Was Heimat, Freundschaft, und
Sterne sind;
Glücklicher der ins Nichts zurückkehrt, aus dem
Er kam oder zum Engel
Ward und bei Jesu thront . . .
Des Frohsinns Katze spielt noch träumend
Mit'm Zufalls-Knäuel.
O Leib, schon im Leben so gilb und arm,
Blühst auch im Tod nimmer
Aus Gewürm und den paar Astern
Am Grab . . .

* * * * * * * * *

Ach schon dreißig Jahr
Fraßen am Vogelherz. Immer
Werd ich ärmer und noch kleiner. O Gott was ist
Aus meiner Jugend geworden —

Ach im Augenblick geboren und
Schon so alt sein . . . Einst warn die Tage
Goldene Wiegen, nun sind's lauter Särge.
Tausend Schatten fallen von mir wie welke Blätter,
Es sind meine Träume und Wünsche die keine Sterne
Fanden . . . Die Menschen
Schneein wie weinende Blumen, ewig dorrend.
Unser Morgenrot: das Ende—
Unser Abend: Scheiden . . . Die Jahre
Verschießen wie giftige Pfeile. Was bleibt??
Kein glorreicher Name und die schönen Häuser verfallen;
Aber
Auch ich war ein blühender Schleedorn und
Grün und sang vom Frühling. Damals: Im Sommer . .
Aus den Lauben schluchzten Gitarren. In meiner
Brust herbergten achtne Hochzeiten. Und
Die Seele küßte Der Dämmerung Brot und Wein. Ach
Und Nichts blieb. Meine Hoffnung sicht
Dahin wie ein sterbend Kind.
Ach in einer Nacht—
Wie kann man glücklich und traurig sein!!
Nun sticht mich des Schmerzes giftige Nesselkutte,
Die Stunden sind Würmer des Teufels. Meine
Schönen Lieder sind schwarze Martern geworden und
Mein gilbes Herz harrt nur noch auf das Grab.
O ich bin ein Bronnen, tausend Leiden fließend,
Ich bin schon ein Toter, schief über die Straße taumelnd,
O könnt doch meine Seele
Bald ertrinken im Meer der Sorge . .

* * * * * * * * * *

Mein Hirn ist starr und stumpf und dies
Gräslein Liebe stößt mich noch tiefer in Graun und Elend.
Und die Erinnerung
An in Tollheit vergeudete silberne Zeiten
Gießt Galle
In die eiternden Wunden. Und die Güte
Blieb nur um den letzten Höllenbecher zu leern.
Ach du jammervolles Erinnern
An blaue Bergaugen und Kirschenmund und leise
Sommerklage. Was soll
Schließlich aus mir werden?! dies bißchen Mut
Erzwingt mir keinen Himmel mehr. Wer
Wird mir denn noch Kräfte schenken um die

* 26 *

Letzte Waisenhaussonne zu büßen. Was
Ist noch an mir!! Meine Hand ist
Ach so schwach und mein Herz
Nur das Herz eines Menschen . . . Ich bin
Nicht aus Eisen und Stein. Zeig
Dich sanfter o Herr in meinen Leiden. O — — — der
Gewitter Deines Zorns!! wo ich zerbrechlicher
Als Glas!!! Aber was hast du mich geschaffen,
Wo ich so unvollkommen —
Und du mich nur — zerstörst. Ich bin
Bloß ein Mensch und du bist
Der milde Gott — —
Sei doch lieb und straf Deine Sünder
Nur als Vater.
Mein Auge ist versiegelt mit dem eisernen Petschaft
Des Satans — aber
O Gott lächle
Und alles wird wieder gut und
wie früher sein . . .

* * * * * * * * * *

Ich schreibe nur selten. Nicht
Weil ich faul bin. Aber
Immer — nehm ich die Feder zur Hand wird sie
Zum Galeerenruder.
Ich glaub mein Herz niederzuschreiben
Aber es sind bloß Worte. Und jeder Vers
Schneeit Wahnsinn. Oft ach
Ärgert sich das Papier, daß ich es
So sündhaft beflecke,
Aber ich muß
Weil ich sonst noch elender bin.
O Tyrannei des Himmels!
Das Gestirn des Marsyas zermartert meinen
Grünen Leichenschädel . . . Und doch
Pflück ich manchmal eine blaße Rose
Aus dem See meines Kummers
Und schenk sie Gott
Der sie fortwirft — —

* * * * * * * * * *

Christof Brundel Verlag Amsterdam

Die Einsiedelei / ein Stundenblatt

* * * * * * * * * * * * * * * * * *

Früher erschienen:

Nr. XVI Chinesische Strofen * Nr. XVII Verse nach du Bellay *
Nr. XVIII Verse nach Samain

Es erscheinen:

Negerlieder * Prosa von Rimbaud * Verse nach Lermontoff *
Der von Morungen / Lieder * Petrarka / Oden * Tristan Cor-
bière / Verse * Escousse / Verse * und andere Dichter *

Haringer / Weihnacht im Armenhaus [vergriffen]

Haringer / Tobias [vergriffen]

Haringer / Das Marienbuch [bis auf wenige Stücke ver-

Betzler / Haringer, Litografie [vergriffen]   [griffen]

Betzler / Haringer, Holzschnitt [fast vergriffen]

Zerle / Haringer, Büste

Mänicke & Jahn A.-G., Rudolstadt.

Dank

Mein Dank gilt den Mitarbeiterinnen und Mitarbeitern vom Staatsarchiv München, dem Zentrum für verfolgte Künste Solingen, dem Landesarchiv Salzburg, der Universitätsbibliothek Salzburg, der Dokumentationsstelle für neue österreichische Literatur im Literaturhaus Wien – Dr. Astrid Wallner, Universität Innsbruck, dem Forschungsinstitut Brenner-Archiv – Dr. Annette Steinsiek M.A., Dr. Ilse Stahr, Jürgen Serke, Bernhard Heinzelmann und vor allem Camilla Elle, die als Lektorin, Gestalterin und Setzerin hervorragende Arbeit leistete. Darüber hinaus sei dem ungenannt bleibenden Haringer-Sammler, der uns zum Abdruck das Original von *Die Einsiedelei – Ein Stundenblatt* Nr. VIII. bis Nr. XV zur Verfügung stellte, herzlicher Dank ausgesprochen.

Archivalien

Staatsarchiv München
Zentrum für verfolgte Künste Solingen
Landesarchiv Salzburg
Universitätsbibliothek Salzburg
Dokumentationsstelle für neue österr. Literatur im Literaturhaus Wien
Forschungsinstitut Brenner Archiv-Universität Innsbruck

Werke (Auswahl)

Die Dichtungen. (Bd.1) G. Kiepenheuer. Potsdam, 1925. 241S.
Heimweh. (Gedichte.) P. Zsolnay. Wien, 1928. 206S.
Abschied. (Gedichte.) P. Zsolnay. Berlin, 1930. 124S. ÖNB 578.648-B
Der Reisende oder Die Träne. Grigat. Ebenau, 1932. 67S. (Die Denkmäler. 48-51. Fiktiver Verlag, fiktive Werkausgabe.) ÖNB 636.595-C.48-51
Andenken. Christof Brundel. Amsterdam, 1934. 83S. ÖNB 293.642-B (Fiktiver Verlag und Erscheinungsort, in Wirklichkeit Selbstverlag in Ebenau).
Mein Leben. Selbstverlag o. J. Wien, (um 1934). 1Bl. (MS). ÖNB 637.182-C
Vermischte Schriften. Anton Pustet. Salzburg, Leipzig, 1935. 255S. DBF ÖNB 643.888-B
Das Fenster. (Gedichte.) Pegasus. Zürich, 1946. 159S. UB I 573.428
Der Orgelspieler. (Gedichte.) Steinklopfer. Fürstenfeldbruck, 1955. 17 S.

Neuausgabe mit einem Aufsatz von Paul Heinzelmann: Jakob Haringer in memoriam (1. Auflage 1955). Steinklopfer. Egnach, 1963. 34 S.

Das Rosengrab. (Gedichte.) Auswahl / Einleitung Vino Schwertl. Steinklopfer. Fürstenfeldbruck, 1960. 27S. (Neuausgabe Steinklopfer. Egnach, 1963.)

Lieder eines Lumpen. Aus dem Gebetbuch des armen J.H. Einleitung Peter Härtling. Werner Classen. Zürich, 1963. 125S.

Der Hirt im Mond. (Gedichte.) (Hg.) Theodor Sapper. Stiasny. Graz, 1965. 128S. (österr. 135S).

Das Schnarchen Gottes und andere Gedichte. (Hg.) Jürgen Serke. Hanser. München, Wien, 1979. 124S.

In die Dämmerung gesungen. Ausgewählte Gedichte. (Hg.) / Nachwort von Wulf Kirsten. Aufbau Verlag. Berlin, Weimar, 1982. 188S.

Leichenhaus der Literatur oder über Goethe (Die Einsiedelei – Ein Stundenblatt, Nummer V-VII). Der Strom Verlag. Berlin, 1928. Neuauflage Berlin, 1982 (2. Aufl. 1983), (Hg.) / Einleitung Hansjörg Viesel. Weitere Neuauflage Siegen 1996 bzw. 1997 u.d.T. Leichenhaus der Literatur (Reihe Vergessene Autoren der Moderne, Bd. 69), (Hg.) / Nachwort Christoph Kahl.

J.H. 1898 - 1948. Prosa und Gedichte. (Hg.) Kurt Faecher. Gratis und Franko. Wien, 1983, 1986. 32, 47S. (u.weitere) ÖNB 1.225.511-C. Neu-Per.

Aber des Herzens verbrannte Mühle tröstet ein Vers. Ausgewählte Lyrik, Prosa und Briefe. (Hg.) Hildemar Holl. Nachwort: W. Kirsten. Residenz. Salzburg, 1988. 206S. UB I 1.090.673 ÖNB 1.280.337-B (Mit Literaturangaben und Werkverzeichnis).

Sekundärliteratur

Killy: Literaturlexikon 5, 18f. Handbuch der deutschsprachigen Emigration II, 459. Handbuch der Nachlässe (1995), 136. (Hg.) Walter Dettwiler. J.H. Materialien 1-20 (Köniz).

Werner Amstadt: Jakob Haringer – Leben und Werk. Dissertation Universität Freiburg/Schweiz, 1966.

Erich Mühsam: Tagebücher Ausgaben Bände 1-11 / 1910 bis 1922.

Erich Mühsam (Hg.) Kain 5. Jahrgang Hefte 1 – 9 / 1918-1919.

J. Serke: Die verbrannten Dichter. Weinheim, 1977. 144-159.

C. Zuckmayer in Sachen J.H. In: Literatur und Kritik, Nr. 261/262 Salzburg, Februar 1992. 71f.

M.G. Hall: Der Paul Zsolnay Verlag. Tübingen, 1994. 234-236.

Hildemar Holl/Britta Steinwendtner: J.H. In: MdZ 16 (1999) 2, 40-44.

 **Dieter Braeg**, geb. 4. April 1940 in Ravensburg: Volks-schulbesuch in Hermannstadt, Siebenbürgen/ Rumänien. Hauptschulbesuch in Zell am See und Villach/Österreich, Lehre und Abschluss als Groß-handelskaufmann, Hilfsarbeiter in einem Baustahl-walzwerk in Wien Favoriten, Binnenschiffer auf der Donau. Automatenbestücker auf Berliner S- und U-Bahnhöfen, Schalterbeamter der Reichsbahn in Berlin – Bahnhof Zoo. Kaufm. Mitarbeiter im Wareneingang der BMW -Motorradwerke in Berlin-Spandau. Ab 1971 Versuchsdisponent/Be-triebsrat, Betriebsratsvorsitzender und später Abteilungsleiter bei einem großen deutschen Automobilzulieferbetrieb in Neuss bis zum Rentenan-tritt 2004. 1996 bis 1999 Vorsitzender des BIS-Zentrum für offene Kul-turarbeit (größtes Mönchengladbacher Kulturzentrum mit etwa 300 jährlichen Veranstaltungen). Lebt seit August 2005 in Bad Reichenhall und Salzburg. In den letzten Jahren intensive Mitarbeit im kleinen großartigen Berliner Verlag *Die Buchmacherei*. Herausgeber zweier Bücher („Wilder Streik das ist Revolution" und „Erwitte – Wir halten den Betrieb besetzt".) Mitinitiator der *Kritischen Literaturtage Salzburg*, die 2017 zum dritten Mal veranstaltet werden. Veröffentlichungen im *Fischer TB-Verlag* und im *Bund Verlag* (im Rahmen der Arbeit und Mitgliedschaft im *Werkkreis Literatur der Arbeitswelt*): *Rotbuch Verlag* („Krise und Gegenwehr" Gewerkschaftliche Jahrbücher herausgegeben von Rainer Duhm und Harald Wieser) teilweise unter Pseudonym, um politische Restriktionen zu vermeiden. Berichte und Reportagen in den Gründerjahren der *taz* (Redaktion Betrieb & Gewerkschaft unter M.Kempe – z.Bsp. Kommen-tare zu den IG Metall Gewerkschaftstagen). Beiträge im *Kürbiskern* und *Kursbuch*; *GEGENWART* (österr. Literaturzeitung), *Deutsche Volkszeitung*, *Der Gewerkschafter* (Funktionärszeitung der IG Metall), *Freitag, Literatur und Kritik* (*Otto Müller Verlag Salzburg*), *Sterz* (Literaturzeitschrift). Mit-herausgeber der Tagebücher von D. Dr. Viktor Glondys – Landesbischof der ev. Siebenbürgischen Landeskirche von 1933 - 1941. Beiträge zu politi-schen und kulturellen Themen sind auf der Homepage *www.kossawa.de* veröffentlicht.

Inhaltsverzeichnis